深入浅出
ICT热点系列

深入浅出
数字经济

郭全中 ◎ 著

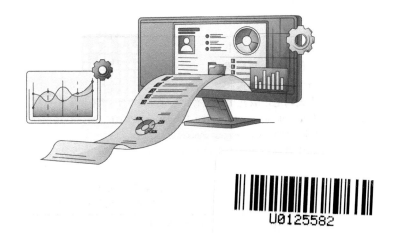

U0125582

人民邮电出版社

北 京

图书在版编目（CIP）数据

深入浅出数字经济 / 郭全中著. -- 北京 : 人民邮
电出版社，2024.2
（深入浅出. ICT热点系列）
ISBN 978-7-115-63380-4

Ⅰ. ①深… Ⅱ. ①郭… Ⅲ. ①信息经济 Ⅳ. ①F49

中国国家版本馆CIP数据核字(2023)第249409号

内 容 提 要

　　本书采取理论联系实际的写作方式，系统地梳理了数字经济的相关理论、发展现状、存在的主
要问题、发展趋势，重点分析了数字化转型的目的、重点难点、转型路径与方式。本书内容分为八
章，第一章概述数字经济及其发展脉络；第二章重点介绍数字经济相关理论；第三章介绍了世界与
我国数字经济发展现状；第四章阐述世界与我国数字经济发展新趋势；第五章介绍了数据价值化；
第六章介绍了数字产业化；第七章重点围绕数字化转型案例分析产业数字化；第八章介绍了数字化
治理。

　　本书主要面向人文、社科专业的读者，适合对数字经济、新兴技术较为感兴趣，同时也乐于通
过梳理历史脉络对前瞻性科技有所了解的人群阅读。

◆ 著　　　　郭全中

　　责任编辑　苏　萌

　　责任印制　马振武

◆ 人民邮电出版社出版发行　　北京市丰台区成寿寺路 11 号
　　邮编　100164　　电子邮件　315@ptpress.com.cn
　　网址　https://www.ptpress.com.cn
　　固安县铭成印刷有限公司印刷

◆ 开本：720×960　1/16
　　印张：21　　　　　　　　　2024 年 2 月第 1 版
　　字数：308 千字　　　　　　2024 年 2 月河北第 1 次印刷

定价：89.80 元
读者服务热线：(010)81055493　印装质量热线：(010)81055316
反盗版热线：(010)81055315

前言

PREFACE

数字经济的重要性无须多言，国内外知名学者和从业人员都从不同视角、不同领域给出了各自的答案，其价值已经在政府、社会、业界、学界达成了广泛共识。但是，当谈及如何理解数字经济时，不同领域的人员有着不同的看法。总体来说，有的是基于经济学理论视角，有的是基于信息技术视角。然而，仅仅从某一学科出发的视角过于狭窄，数字经济虽然名为经济，其影响却不局限于个别领域，而是波及各行各业、生产生活、社会运行、公共治理等方方面面。因此，本书将尝试基于数字文明视角对数字经济的全景做出一个简要的勾勒。

本书主要分为两部分，第一部分包括第一章至第四章，对数字经济的概念、理论、发展现状和发展趋势进行分析。第二部分包括第五章至第八章，基于中国信息通信研究院提出的数字经济"四化"框架，即数据价值化、数字产业化、产业数字化和数字化治理 4 个部分进行详细分析。

第一章为数字经济概述，首先回顾了数字经济这一概念提出的背景并分析了数字经济的特点与价值，其次梳理了数字经济发展脉络、我国数字经济发展的关键政策演进，介绍了数字经济背景下进入全球化 4.0 时代的崭新特点，最后介绍了数字经济的构成与分类。读者通过阅读第一章可以对数字经济形成较为完整而系统的印象。

第二章以阐释理论为主，包括互联网相关理论和数字经济相关理论。互联网相关理论主要包括边际收益递增理论、长尾理论、摩尔定律等，这些理论揭示了互联网对市场结构、竞争格局、商业模式等诸多方面的影响。数字经济相关理论主要包括数字经济的核心技术、数字经济的增长理论和数字经济增长下的创新理论。读者通过阅读这一部分可以发现，数据与技术发挥着越来越重要的作用。

第三章介绍了世界与我国数字经济发展现状。首先分析了世界数字经济发展现状，从规模、世界格局、各国数字经济发展特点等方面，比较了不同国家和地区的数字经济发展水平和差距，然后从总体情况、区域差异、未来趋势等方面，总结了我国数字经济发展的成就、优势与突出问题。总体来看，我国数字经济水平位居世界前列并探索出了一条具有中国特色的数字经济发展道路。

第四章介绍了世界与我国数字经济发展新趋势。在国际方面，数据的价值开发、数字新基建的加快推进、制造业的数字化转型、虚拟沉浸技术的投资研发成为各国大力推进的方向。在国内，《数字中国建设整体布局规划》为我国的数字经济发展勾画了宏伟蓝图，组织领导、健全体制、营造氛围是顶层设计，自主与创新是两大关键词，全方位数字化转型是重点。值得强调的是，维护网络空间的数字安全成为各国关注的重点内容。

第五章介绍了数据价值化。农业经济时期，土地和劳动力是重要的生产要素；到了工业经济时期，技术和资本两大生产要素的活力得到充分释放；而数字经济时期，数据成了新的主要生产要素。本章主要围绕数据的资源化、资产化和资本化3次跃升，讲述了数据从数据源到数据资产的价值化过程，包括数据采集、数据清洗、数据确权、数据标准、数据标注、数据定价、数据交易、数据流转、数据保护等诸多环节。

第六章为数字产业化的相关内容，围绕着一个主体和两个基础展开。一个主体是指互联网企业，从信息经济走向数字经济，互联网企业实现了3个转变。一是角色的转变，从受益者转变为贡献者，为数字经济的发展提供了动力和支撑；二是职能的转变，从消费互联网转向产业互联网，互联网企业更加注重输出自身的技术与经验，为各行业的数字化转型提供解决方案；三是地位的转变，互联网企业成为数字经济发展的领军者和引领者，在创新、竞争、合作等方面发挥着重要作用。两个基础分别是硬件与软件，前者包括数据中心、5G基站等硬件基础设施，为数字经济的平稳运行提供了最基础的物质保障；后者是数字经济的逻辑载体和驱动，发挥着为硬件赋智的作用。

第七章介绍了产业数字化。首先为读者系统介绍了企业数字化的转型框架，并通过案例分析的研究方法为读者详细介绍了制造业、金融业和快消品行业的数字化转型实践，并得出结论，数字化转型是大势所趋，各行业头部企业都提出了具有特色的数字化转型战略，取得了初步成效。

第八章关注的内容是数字化治理，核心观点是多元治理将成为新的治理方式，并通过阿里巴巴参与杭州"城市大脑"和腾讯参与社会公共服务建设的两个案例进行佐证。

通过梳理和分析，笔者将书中的主要观点概括如下。

第一，互联网企业的引导与治理是不容忽视的议题。互联网企业作为数字原生企业，对数字经济的发展起着重要作用，其影响不仅体现在数字技术的外溢上，还包括互联网思维的传播、产业的数字化转型以及新生态构建等方面。本书向读者展示了互联网企业在数字经济中的重要作用。互联网企业不仅在过去几十年推动着经济发展，而且在当前各行业的数字化转型中发挥着重要作用。更重要的是，在未来，互联网企业的强大研发实力也会持续引领数字经济的发展。

第二，数字空间将会得到极大探索。2021年元宇宙概念备受关注，但随着探讨的深入，社会上对于元宇宙的质疑声音也越来越大。笔者认为元宇宙或许是一场短暂的狂欢，但它预示着人类社会的未来形态。在农业社会，人类完全生活在现实世界中，日出而作，日落而息，靠天吃饭。到了工业社会，人类逐步走向虚拟世界，随着电报、广播和电视的发展，人们花更多的时间沉浸在数字世界中，依靠数字信号来传递、感知、认识这个世界。进入21世纪之后，随着计算机和智能手机的普及，人们的生活方式变得更加数字化，同时，数字孪生技术也推动了生产领域的仿真化。2023年Apple发布的Vision Pro预示着头显设备或将成为下一代接入数字世界的入口。总体来看，人类社会是一个逐步从现实走向虚拟的过程，而元宇宙意味着构建一个完全沉浸式的虚拟数字空间，现实生活中的一切都可以在数字空间中得到映射，并实现在物理空间中不能实现的事情。但这并不意味着人类将完全脱离现实社会，而是人类拓展出了新的发展空间。

第三，持续的技术创新导致的不稳定将会是常态。农业经济时期，社会历经千年才会有大的变化；工业经济时期，历经百年，具有决定性意义的技术才会出现；而数字经济时期，技术的更迭速度加快，迫使着各行业主动寻求变革，因为只有不断接纳新技术、探索新业态、打造新模式才有可能生存得更好。

为了能让读者更好地了解我国数字经济发展的具体情况，本书引用了大量数据并做了可视化处理。考虑到广大读者的专业背景不同，本书绘制了数百张插图，对于书中重要理念、核心观点以及较难理解的内容都配置了相应的图片，使读者可以更为直观地了解书中的内容。同时，书中引用了大量的政策文件，笔者认为国家出台的政策兼具记录过去、引导现在与预示未来 3 种作用。一是政策文件发挥着记录历史的功能，通过回顾过去的文件，我们可以了解当时的人们对于数字经济的看法以及社会不同发展阶段对于数字经济的发展需要，从侧面了解数字经济的发展历程；二是政策是对当下数字经济发展现状的直接反映；三是政策具有导向作用，为企业的实践指明了方向，在一定程度上影响了数字经济的发展方向，我们通过对政策文件进行分析，可以了解数字经济的未来走向。

　　本书在撰写过程中参考和借鉴了大量文献和研究报告，在此，对相关作者和研究机构表示感谢。由于作者水平有限、经验不足，加之时间比较仓促，书中难免有不足之处，挂一漏万，恳请读者批评指正。

郭全中

2023 年 7 月

目录
CONTENTS

第一部分　数字经济整体概貌

第一章　数字经济概述　003
　第一节　数字经济的提出与内涵　004
　第二节　数字经济发展脉络　015
　第三节　数字经济的构成与分类　024

第二章　数字经济相关理论　031
　第一节　互联网相关理论　032
　第二节　数字经济相关理论　045

第三章　世界与我国数字经济发展现状　061
　第一节　世界数字经济发展现状　062
　第二节　我国数字经济发展现状　079
　第三节　我国数字经济发展中存在的突出问题　102

第四章　世界与我国数字经济发展新趋势　123
　第一节　全球数字经济发展趋势　124
　第二节　中国数字经济发展趋势　139

第二部分　数字经济构成剖析与案例

第五章　数据价值化　159
　第一节　数据采集、数据清洗、数据确权　160
　第二节　数据标准、数据标注　172

第三节　数据定价、数据交易、数据流转、数据保护　182

第六章　**数字产业化**　**197**

第一节　数字经济的领跑者——互联网企业　198

第二节　数字经济的新型基础设施——通信基础设施　210

第三节　软件和信息技术服务业　222

第七章　**产业数字化**　**237**

第一节　数字经济的重点与核心——数字化转型　238

第二节　制造业数字化转型：美的——系统化的数字化
转型　251

第三节　金融业数字化转型　265

第四节　快消品行业数字化转型　277

第八章　**数字化治理**　**289**

第一节　多元治理：数字化治理新思路　290

第二节　数字技术＋治理：杭州"城市大脑"　302

第三节　数字化公共服务：腾讯的文化科技　313

参考文献　**323**

第一部分

数字经济整体概貌

这部分内容从整体上分析了数字经济的概念、理论、发展现状和发展趋势，旨在帮助读者对数字经济有一个整体的了解和认识。

第一章

数字经济概述

第一节　数字经济的提出与内涵

　　数字经济是当今世界经济发展的重要趋势和方向，它对社会生活和产业变革产生了深刻的影响。数字经济自 1996 年被提出，至今已有近 30 年的时间，厘清其缘起、内涵、发展脉络、层次划分、分类等，有助于我们更好地理解和认识数字经济，助力经济高质量发展。

一、数字经济出现、发展的背景

1. 数字经济的缘起

　　20 世纪 90 年代，信息通信技术（ICT）的快速发展和扩散引发了技术经济范式的革新。在此背景下，美国商务部陆续发布了《浮现中的数字经济》等多部有关数字经济的专题研究报告，经济合作与发展组织（OECD）也开始测算各国数字经济情况。这些文件为后续数字经济的研究、测算与发展提供了重要的参考依据。

　　数字经济的出现有其深刻的历史背景：一是信息和数据以指数级增长，知识作为生产要素的作用日益显现，虚拟经济和网络经济推动经济发展新模式的诞生；二是微电子、互联网和通信等技术的发展为数字经济奠定了技术基础；三是全球化推动着中低端产业加速向发展中国家转移，而以美国为代表的发达国家则集中发展高新技术产业，如图 1-1 所示。

2. 数字经济的诞生

　　1994 年 3 月，*The San Diego Union-Tribune* 的一篇报道率先使用了 "Digital

Economy"这一词语，不过，彼时的数字经济概念与今天的数字经济概念相去甚远。1996 年，经济学家唐·塔普斯科特（Don Tapscott）编写了一本名为《数字经济：网络智能时代的前景与风险》（*The Digital Economy: Promise and Peril in the Age of Networked Intelligence*）的书籍，并在书中首次提出了数字经济这一概念，因此被誉为"数字经济之父"。不过，在这部专著中，Don Tapscott 只是用"Digital Economy"来泛指互联网对经济运行、商业模式、传统业务和政府管理等方面的影响，并未对数字经济的概念进行精确的界定。Don Tapscott 认为数字经济有以下几个显要特征：经济附加值是通过脑力劳动创造出来的，而不是体力劳动；互联网推动着网络智能时代的到来，经济的发展更多是依靠数字技术与数据；互联网和万维网让人类的智慧可以在网络中互相连接，从而形成了一种基于网络智能的经济；在数字经济中，个人和企业通过知识的广泛应用，从制造业、农业和服务业的融合创新中创造新的财富；在数字经济的世界中，发展驱动力、游戏规则、对成功的定义或将重新洗牌[1]。数字经济的显要特征如图 1-2 所示。

知识+信息
知识和信息驱动传统产业转型升级

信息技术
微电子、互联网和通信等行业加速发展

全球化
产业转移加速，世界各国间的联系日益紧密，经济全球化深入发展

图 1-1　数字经济出现的背景

3. 数字鸿沟扩大

1998—2000 年，数字经济尚未在各国兴起，对数字经济发展技术的理解仅围绕互联网这一概念，而美国商务部陆续发布的《浮现中的数字经济》等多部有关数字经济的专题研究报告首先将数字经济扩展到信息通信技术产业，丰

富了数字经济的内涵。这样一来，数字经济带来了新的经济增长点，本就落后于工业时代的发展中国家再一次错失新的发展机遇，数字鸿沟不断扩大。2019年数字鸿沟概况如图 1-3 所示。

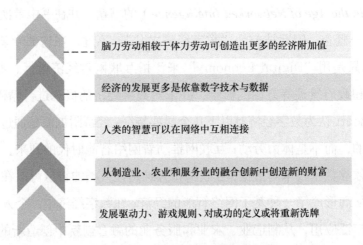

图 1-2　数字经济的显要特征

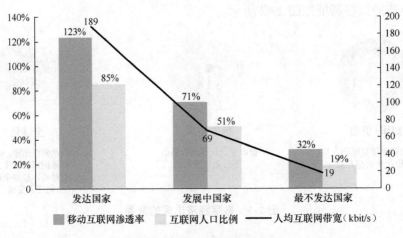

图 1-3　2019 年数字鸿沟概况

数据来源：国际电信联盟（2019 年）

4. 数字经济成为驱动经济增长的新解决方案

自 2008 年美国金融危机爆发以来，全球经济一直处于复苏乏力的状态，中国的经济增长率在 2010 年后也呈现下滑趋势。这表明现有的经济增长模式已无法满足全球经济持续高速发展的需求。在这样的历史背景下，我们需要全面把握两个大局。首先，百年未有之大变局正在全球范围内上演，世界范围内的不稳定性和不确定性因素不断增加，全球产业链正在发生深刻变革，国际交往、国际关系和国际秩序正在经历重构。其次，中华民族伟大复兴战略全局也正在新经济范式的影响下展现。特别是随着数字经济的崛起和新一轮科技革命的浪潮，中华民族伟大复兴战略全局面临一个关键议题：如何利用数字经济作为新的驱动力量，促进经济增长，以满足国内人民群众对美好生活的热切向往。面对复杂的经济发展环境，探索新的经济驱动方式至关重要。数字经济的兴起为我们提供了机遇，它开辟了云计算、大数据、人工智能、物联网等新兴领域赋能产业发展的新增长曲线，数字经济的高效、灵活和创新的特点，为各行各业提供了巨大的发展潜力和机会。

5. 数字经济具有强大韧性

面对全球经济下行压力，数字经济逐渐发挥经济稳定器的作用。据世界银行 2020 年《全球经济展望》发布的数据，全球人均国内生产总值（GDP）同比下降了 3.5%，在世界 47 个主要经济体中，有 35 个经济体的 GDP 为负增长，47 个经济体的 GDP 平均同比名义增速为 −2.8%。然而，在这样的经济背景下，数字经济却表现出了强劲的增长势头，成为全球经济的一大亮点，根据中国信息通信研究院发布的《全球数字经济白皮书》显示，2020 年全球数字经济总值为 32.6 万亿美元，同比名义增长了 3%，占全球 GDP 比重为 43.7%。可以说，数字经济能够顶住压力，保持稳定增长，甚至逆势上扬，显示出强大的抵御风险和创造价值的能力。

6. 各国对于数字经济的关注度提升

近些年来，世界经济发生了深刻的变化，传统生产方式对经济发展的驱动力不足，而数字赋能下的经济价值却在逐年提升，在此背景下，二十国集团

（G20）出台了中长期数字经济发展战略，为全球经济增长和经济范式变革提供了宝贵的借鉴和参考。

在2015年土耳其G20安塔利亚峰会上，数字经济相关议题首次被纳入G20议程。这表明，G20认识到，数字经济时代已然来临，将会给全球经济增长带来机遇和挑战。

在2016年杭州峰会上，G20成员再次深入讨论了数字经济在经济增长和创新中的重要性，并发布了《二十国集团数字经济发展与合作倡议》。这个倡议是全球首个旨在加速数字经济发展和促进数字经济包容性提升的战略性举措。通过这一倡议，国际社会进一步认识到数字经济的重要地位和发展潜力，G20成员意识到数字经济不仅对经济增长具有积极的推动作用，还对创新、就业和社会发展起到重要的引领作用。这一共识的形成标志着数字经济的地位在全球议程中的再次提升。

在2016—2017年德国担任G20主席国期间，数字经济发展进入一个新的阶段。2017年4月，G20举行了第一次数字经济部长会议，发布了《二十国集团数字经济部长宣言》。该宣言明确了在数字经济领域合作的愿景和原则，为全球数字经济发展指明了方向，强调了数字经济是促进经济增长、推动创新和实现可持续发展的重要引擎。同时，该宣言还强调了数字经济的包容性发展，确保数字化红利惠及各国人民，特别是发展中国家。各国数字经济部长就数字经济的发展、数字化创新、数据保护与隐私等重要议题进行了广泛讨论和深入交流。

通过梳理发现，在2015年发布的《二十国集团领导人安塔利亚峰会公报》中，"数字"一词只是在一段专门讨论互联网经济的段落中被使用了2次。然而，在2016年发布的《二十国集团领导人杭州峰会公报》中，"数字"一词在文件的多个段落中被使用了14次。在2017年发布的《二十国集团数字经济部长宣言》中，专门有一节"利用数字化"的内容，其中仅"数字"一词就被使用了18次。时隔两年，"数字"一词的使用率提升了9倍，使用范围也逐年扩大，如图1-4所示。

总体来讲，G20为世界各国的数字经济发展提供了重要的指导和借鉴，这些规划也为各国提供了可行的框架和策略，并向世界各国传递了一个积极的信号，即经济发展有了新的希望和机遇。

图 1-4　2015—2017 年"数字"被提及情况

二、国内有关数字经济的研究

国内有关数字经济的研究主要分为两个阶段，早期以引入数字经济概念、介绍国外数字经济发展情况为主，2016 年以后，国内有关数字经济的研究爆发式增长，其中，数字经济为各界赋能成为研究重点。

1. 国内学界对数字经济的早期研究

1994 年，袁正光在《自然辩证法研究》期刊上发表了一篇题为《数字革命：一场新的经济战——世界数字技术发展的趋势及我们的对策》的文章，并在文中分析了数字革命对世界经济范式的影响，这是早期研究中较早关注经济形态变化的文章之一。以此为时间起点，在中国知网（CNKI）检索"数字经济"，查询到最早使用这一词汇作为标题的文献是 1998 年姜奇平发表在《互联网周刊》上的《21 世纪数字经济与企业未来——本刊主编姜奇平在英特尔"企业决胜世纪论坛"上的主题讲演》。不过，姜奇平只是将数字经济这一概念引入国内，介绍了国外的相关发展情况，并未对其进行明确的定义。他认为数字经济带来了技术与生产力的融合，而融合的技术根源为互联网，技术的融合又导致了业务的融合，最终表现为产业融合。此外，信息技术减少了生产与消费的中间环节，使得两者关系更加紧密 [2]。同年，姜奇平在《软件工程师》期刊上发表了论文《唯有美国意识到的数字时代秘密——读〈浮现中的数字经济〉》，文章对《浮现中的数字经济》进行了简单的介绍。随后，陆续有学者对数字经济的概念和价值进行了讨论。进入 21 世纪之后，探讨数字经济对具体行业影响的论文逐渐出现。不过总体来看，论文多集中在分析数字经济对经济运行的影响，视角比较宏观。

总体来讲，21 世纪初期，学者们对于数字经济的研究多围绕着"信息化"这一概念，与这一时期的数字经济实践和政策基本吻合。

2. 2016年成为国内数字经济研究转折时间点

2015 年，习近平总书记在第二届世界互联网大会开幕式上强调，"中国正在实施'互联网＋'行动计划，推进'数字中国'建设"。随后，一系列与数字经济相关的政策文件相继发布。2016 年，政府进一步加大了对数字经济发展的引导和支持力度。同年 5 月，国务院发布《国务院关于深化制造业与互联网融合发展的指导意见》；同年 9 月，国务院发布《国务院关于加快推进"互联网＋政务服务"工作的指导意见》，特别是在 G20 杭州峰会上发布的《二十国集团数字经济发展与合作倡议》使得数字经济再次引发热潮。"数字经济"的概念和发展理念被纳入国家"十三五"规划，该规划对制造业数字化提出了明确的发展规划。这一规划为数字经济的发展提供了系统性的指导，并强调了数字经济在经济增长、经济结构调整、创新驱动和生态环境保护等方面的重要作用。

在这样的背景下，国内学者对数字经济的研究达到了高潮。各界开始深入探讨数字经济的概念、特点和发展路径，积极探索数字经济对产业转型升级、创新创业、就业和社会发展等方面的影响。学术界的研究不断丰富和深化，为数字经济的实践和政策制定提供了理论支持和借鉴。

3. 数字经济的性质

数字经济是随着互联网发展而诞生的新型经济形态，受摩尔定律、达维多定律及梅特卡夫定律的支配，数字经济呈现以下显著特性，如图 1-5 所示。

一是数据依赖性。数据作为关键性生产要素，不仅是通信行业、软件产业、数字平台企业的支撑动力，也深刻影响着加工制造业、交通运输业、轻工业等传统行业。数据不仅在工业生产中扮演着重要角色，也在个人生活和政府管理等领域中发挥着不可或缺的作用，已成为这些领域不可分割的重要组成部分。

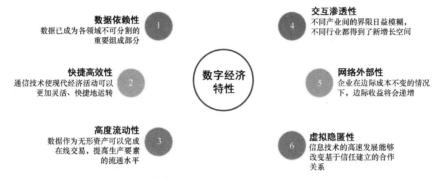

图 1-5　数字经济特性

二是快捷高效性。通信技术的不断发展使得现代信息可以实现光速传输，组织可以借助先进的技术和工具，近乎实时地采集、存储、分析和应用各种数据信息，助力现代经济活动更加灵活、快捷地运转。

三是高度流动性。互联网技术的不断进步，显著降低了组织管理与生产沟通的远距离成本。通过虚拟网络环境的支持，数据作为无形资产可以完成在线交易，从而极大地提高了生产要素的流通水平。这种流通性的提升，不仅促进了组织间的合作与交流，还为经济发展注入了新的活力。

四是交互渗透性。数字贸易业、数字服务业大规模地向其他产业扩张，不同产业间的界限日益模糊，不同行业都得到了新增长空间。

五是网络外部性。与传统边际效益递减规律不同，在数字经济下，用户人数越多，企业获得的收益越多，创造的价值就越大，企业在边际成本不变的情况下，边际收益将会随着用户人数增加而递增。

六是虚拟隐匿性。信息技术的高速发展能够改变基于信任建立的合作关系。数字经济下的经济活动可以建立在虚拟的环境中，并可以建立在虚拟的身份之上，这种"非物质化"的虚拟性质带来了低成本的对接，但是彼此之间确认真实身份的难度增大，区块链技术的提出与应用为这一难题提供了解决方案[3]。

4. 数字化转型的一般性框架

数字化转型是指在信息技术应用不断创新和数据资源呈指数级增长的双重影响下，经济、社会和治理经历深度的变革和重塑的过程。数字化转型的一般性框架由数字经济、数字政府、数字社会和数字生态 4 个部分组成[4]。

数字经济是数字化转型在经济活动中的映射，这一转型使数字经济的角色发生转变，从单纯地促进生产效率提升和结构优化，转变为更加强调公平与效率的统一。这一转变正在深刻地重塑经济发展模式，使它们更加适应现代社会的发展需求。

在数字技术与大数据的赋能下，数字政府得以实现从经验决策向数据驱动决策的转变，构建智能、高效、精准的决策运营体系。这不仅能有效推动行政管理体制改革，实现政府治理模式的创新，更能推动高水平数字政府建设实现新的突破。

数字化转型能够重构社会运行模式。从当前发展阶段来看，消费侧的数字化活动，如在线社交、在线购物、移动支付、在线教育、线上会议深刻融入人民生活，嵌入社会运行。网络的发展有助于解决传统经济形态下发展不平衡所带来的问题，具体措施如通过全面推进乡村振兴以解决城乡区域发展不平衡问题等。通过网络的发展，也可以促进落后地区的经济发展，进而实现更平衡、更协调的发展。

数字生态并非环境生态，而是在数字经济形态下，由一系列伴随数字化转型产生的问题所构成的体系。这些问题包括数据市场的规范、良好发展环境的营造、网络安全的保护，以及网络空间命运共同体的构建等。特别是在全球数字治理体系当中，新一轮的数字博弈与数字竞争改变了以往的竞争格局。发展中国家如何改变不平等的发展秩序，维护自身数据安全，已成为不容忽视的全球性问题。

三、数字经济的内涵

1. 我国官方文件对数字经济的表述

2016 年，G20 杭州峰会发布的《二十国集团数字经济发展与合作倡议》

和 2022 年 1 月国务院印发的《"十四五"数字经济发展规划》都对数字经济进行了明确定义。数字经济是继农业经济、工业经济之后的主要经济形态，是以数据资源为关键要素，以现代信息网络为主要载体，以通信技术、全要素数字化转型为重要推动力，促进公平与效率更加统一的新经济形态，如图 1-6 所示。数字经济正推动着生产方式、生活方式和治理方式的深刻变革，成为重组全球要素资源、重塑全球经济结构、改变全球竞争格局的关键力量[5][6]。

图 1-6　数字经济的概念

2. 数字经济的 4 个特征

通过对数字经济的缘起和内涵进行梳理，本书总结出了数字经济的 4 个特征，如图 1-7 所示。

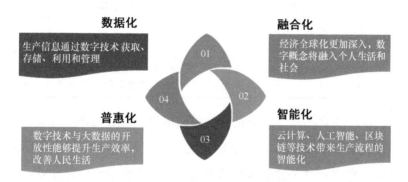

图 1-7　数字经济的 4 个特征

第一，数据化。有学者将大数据称为数字时代的"新石油"，数据将成为国民经济发展的重要资源，能够与其他生产要素相结合并赋能各行各业。数据的另一特征是数量庞大、种类丰富、成分复杂，充分"开采"这一资源需要技术的支撑与协助。

第二，融合化。融合化主要体现在两方面，一是国际层面，区域化、全球化更加深入，依托数字经济的影响，各国产业的融合与合作将会更加紧密。二是国内层面，微观上，企业将推动自身的生产体系和管理体制实现数字化转型；宏观上，数字将给个人、社会、政府带来深刻的影响。

第三，智能化。云计算、区块链、人工智能等技术将会影响更多行业，数字技术逐渐成为推动产业数字化发展的主要力量。

第四，普惠化。数字技术与大数据的开放性能够为更多人创造就业与发展的机会。它通过降低技术门槛、提供多样化的服务和产品、降低成本和提高效率等方式，提升了经济的包容性和公平性，推动社会的可持续发展。

3. 数字经济与传统经济的根本区别

数字经济与传统经济（如农业经济、工业经济）存在根本区别，主要表现在 3 个方面，如表 1-1 所示。

表 1-1　数字经济与传统经济的根本区别

	生产要素	生产工具	生产形式
农业经济 工业经济	技术、资本、劳动力、土地等传统生产要素	手工劳动力、传统机器	流水线生产
数字经济	数据和数据赋能下的技术、资本、劳动力、土地等生产要素	高效的信息网络和人工智能支撑下的数字化现代设备	大规模个性化定制生产

第一，生产要素不同。无论是围绕数据信息收集、清洗、存储、加工、传输形成的现代化智能制造业，还是依托大数据、人工智能、5G 等信息技术的现代服务业，数据都是关键的生产要素投入，而在农业经济和工业经济中，技术、资本、劳动力、土地是最主要的生产要素。

第二，生产工具不同。数字经济以高效的信息网络和人工智能支撑下的数字化现代设备为主，而农业经济和工业经济以手工劳动力和传统机器为主。

第三，生产形式不同。数字经济下的制造业可以进行大规模个性化定制生产，农业经济和工业经济以流水线生产为主。

第二节　数字经济发展脉络

一、数字经济发展脉络

在数字经济概念出现之前，信息经济和互联网经济这两个概念的影响较为深远，笔者认为，信息经济和互联网经济分别是数字经济发展过程中的两个过渡时期，如图 1-8 所示。信息经济出现较早，信息技术的发展带来了信息产业的发展，这为数字经济的形成奠定了基础。伴随着信息经济的深入发展，诞生了互联网经济，推动着数字产业化和产业数字化的成长。而数字经济并不仅仅指代某些产业，而是成为影响各行各业转变发展方式的主流经济形态。

图 1-8　数字经济发展过程

1. 奠基时期：信息产业为数字经济奠基

信息经济这一概念最早可以追溯到 20 世纪 40 年代，进入 20 世纪 50 年代后，经济学家们对于知识生产相关内容的研究推动了信息经济概念的形成。1977 年，美国经济学家马克·尤里·波拉特（Marc U.Porat）陆续编写了 9 卷《信息经济》（*The Information Economy*），对信息活动、信息资本等相关概念进行了界定。目前，国内外普遍认为，信息经济所涉及的重点是信息产业部门经济，即信息产业经济[7]。信息经济对数字经济的奠基意义在于以下3点：一是信息技术向其他行业逐渐渗透；二是信息产品和知识成为重要资源；三是信息产业地位得到了前所未有的提升，成为独立于农业、工业和服务业的"第四产业"，如图1-9所示。

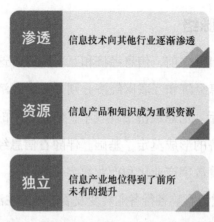

图1-9　信息经济对数字经济的奠基意义

2. 成长时期：互联网经济为数字经济的发展拓展了空间

2010年，经济合作与发展组织（OECD）年度全球经济展望报告首次用《OECD互联网经济展望》系列丛书替代了《OECD信息技术展望》系列丛书。与信息经济这一概念相比，互联网经济能够更为直观地体现出现代信息通信技术对于经济、社会的影响[8]。可见，互联网经济成了继信息经济之后又一新的经济发展阶段。互联网经济对数字经济的影响主要体现在以下两个方面。

一方面，互联网的发展推动了大批互联网企业迅速成长，如Alphabet、Amazon、腾讯、阿里巴巴、字节跳动等互联网企业迅速崛起，其市值、营业收入等多项指标甚至超过了诸多实体产业，并提供了大量的就业岗位，成为拉动区域GDP增长的重要力量，在这些企业的带动下，互联网产业的规模和市场不断扩大，为后续的数字产业化奠定了基础。

另一方面，互联网企业凭借先进的技术，为传统产业转型赋能。互联网能够实现广泛影响的重要因素就是互联网技术具有通用性，通过"互联网＋产业"的模式来释放数字技术的价值和传统产业的潜力，如特斯拉虽然从事实体制造业，但是很难将其归为传统的汽车厂商，因为特斯拉汽车的制造、服务和营销模式有着浓厚的互联网色彩，而这一特点使其成为汽车行业的领跑者之一。

总体来讲，互联网经济的发展为数字经济的扩展提供了基础，在互联网的影响下，更多新业态、新模式、新产品、新服务得以诞生，数字技术也更为深入地渗透到各行各业中，推动着数字化转型的快速发展。

3. 主流时期：数字经济成为继农业经济、工业经济之后的主要经济形态

随着技术的进一步发展、扩散与应用，数字经济的概念也逐渐得到广泛认可。人们开始意识到数字经济不仅仅是一个术语，还代表了一个新的经济模式和发展方向。

第一，从生产力角度来看，工业经济时期，农业完成了机械化改造，生产效率的提升是因为机械取代了人力，而在数字经济时期，算力将会取代或者部分取代人力，特别是人工智能的快速发展，大大加快了这一进程。同时，未来经济增长的动力和新的经济增长点在于数字经济，这就意味着各行各业都要完成数字化转型，无论是农业、制造业还是服务业，都要依靠数据要素、数字技术实现生产方式的变革。

第二，从生产关系角度来看，农业经济时期，手工作坊、家庭式集体农耕是主流；工业经济时期，工厂制度成为主要的生产关系，而在数字经济时期，以互联网平台企业为代表的各种数字平台将成为数字经济的微观基础。

第三，从文明的角度理解，数字经济是数字革命的成果，与数字文明相伴而生，呈现出以下3个特点。一是社会发展进程加快，农业经济时期，社会发展比较稳定，要用千年时间才能看出其变化；工业经济时期，社会发展变化速

度较快，要用百年时间才能看出其变化；数字经济时期，社会发展变化速度更快，只要用十几年时间就能看出其变化[9]。二是网络空间与实体空间相互映射，数字技术加速渗透实体空间。在生活上，网络空间活动占据了人们大量的时间；在社会治理上，更多线下业务转为线上业务，数字治理成为社会治理的重要转型方向；在生产上，数字孪生、产业互联网等技术推动着数字经济与实体经济深度融合。三是就业形态发生显著改变。农民在农业经济时代是社会的主要劳动者，到了工业经济时期，从事制造业的工人成为社会的主要劳动者，而数字经济时期，数字产业化和产业数字化为社会提供了大量就业岗位，劳动者的作业方式、工作模式也有了新的变化。

二、我国数字经济发展的政策演进

我国早期数字经济的相关政策主要围绕信息化和工业化融合展开。党的十九大之后，我国数字经济发展的政策演进呈现出范围广、业态新、内涵多元的特点。

1. 数字经济前期政策

1993 年，我国开始启动"三金工程"，其目标是建设中国的"信息准高速国道"，这也意味着我国的信息化进程拉开帷幕。1994 年 4 月，我国全功能接入世界互联网，推动了民用、商用互联网的发展。1998 年，随着信息技术的飞速发展，国务院机构改革中成立了"信息产业部"，主要负责研究拟定国家信息产业相关战略与政策，并对电子信息制造业、信息通信业和软件服务业进行监管。这一时期，我国的高新技术企业如雨后春笋般涌现、市场逐渐繁荣。信息产业部为我国信息产业的发展提供了强有力的政策支持和保障。2000年，党的十五届五中全会提出要以信息化带动工业化发展，推动国民经济和社会服务信息化转型。

2002 年 11 月，党的十六大再次强调"坚持以信息化带动工业化，以工业化促进信息化"。党的十七大于 2007 年明确指出了"发展现代产业体系，大力推进信息化与工业化融合"的重要性。这一指示进一步强调了信息化与工业化的紧密结合,为数字经济的蓬勃发展提供了坚实基础。在 2008 年的国务院机构改革中,政府将有关部门整合成立了"中华人民共和国工业和信息化部",体现了信息化和工业化间的密切关系。

2012 年,伴随着党的十八大召开,我国的工业信息化工作有了新的发展,这一阶段的政策重心不再局限于工业化与信息化的融合,而是强调借助"两化"更好地促进工业化、信息化、城镇化、农业现代化协同发展,即推动"两化"深度融合、着力促进"四化"同步发展。此时,数字经济这一概念在官方政策文件的表述中逐渐清晰,信息基础设施建设和现代通信技术产业体系构建被提上日程。2016 年发布的《中华人民共和国国民经济和社会发展第十三个五年规划纲要》明确指出了建设数字中国,拓展网络经济新空间,这表明我国的数字经济发展踏上了新征程,如图 1-10 所示。

1993年 ○ 我国启动"三金工程"
　　　　意义:建设中国的"信息准高速国道",经济信息化正式起步

1994年 ○ 我国全功能接入世界互联网
　　　　意义:推动民用、商用互联网发展

1998年 ○ 国务院机构改革,成立信息产业部
　　　　意义:电子信息产品制造业、通信业和软件业迎来新的发展机遇

2000年 ○ 党的十五届五中全会提出以信息化带动工业化发展
　　　　意义:工业信息化在第十个五年计划期间蓬勃发展

2002年 ○ 党的十六大再次强调以信息化带动工业化发展
　　　　意义:工业信息化持续发展

2007年 ○ 党的十七大明确提出大力推进信息化与工业化融合
　　　　意义:我国加快追赶信息化浪潮

2008年 ○ 国务院机构改革成立"工业和信息化部"
　　　　意义:为推进信息化与工业化融合提供了保障

图 1-10　数字经济前期政策

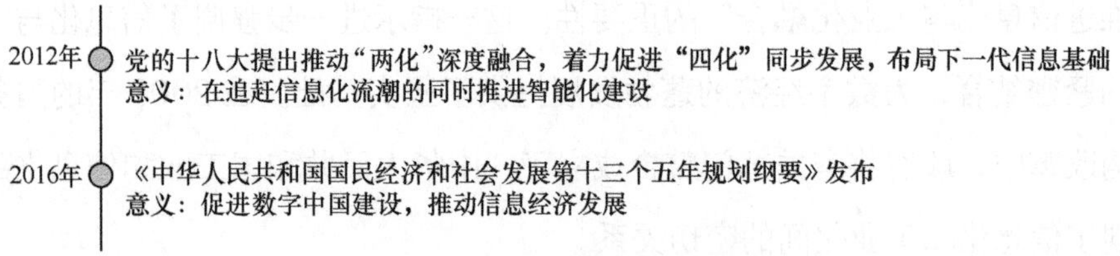

2012年 ● 党的十八大提出推动"两化"深度融合，着力促进"四化"同步发展，布局下一代信息基础
　　　　意义：在追赶信息化流潮的同时推进智能化建设

2016年 ● 《中华人民共和国国民经济和社会发展第十三个五年规划纲要》发布
　　　　意义：促进数字中国建设，推动信息经济发展

图 1-10　数字经济前期政策

2."十三五"之后的数字经济政策

党的十九大之后针对数字经济发展的政策更加明确，数字经济成为经济发展的重头戏，主要体现在以下 4 个转变上：一是从信息技术转变为内涵更为丰富的现代化数字技术；二是重新认识数据的功能不单是信息传递，更为重要的是作用于生产；三是从原来的工业化与信息化融合转变为数字经济与实体经济的融合；四是将数字经济视为新的经济增长点，如图 1-11 所示。

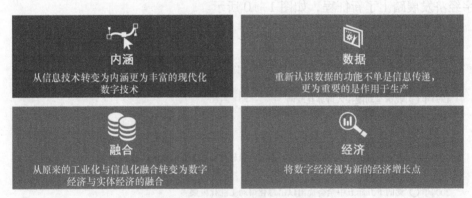

图 1-11　数字经济的 4 个转变

2021 年出台的《中华人民共和国国民经济和社会发展第十四个五年规划和 2035 年远景目标纲要》为我国未来一段时间的数字经济发展指明了方向，包括深度推进数实融合，加快数字化转型、建设数字中国等相关内容，如图 1-12 所示。

2022 年《"十四五"数字经济发展规划》出台，明确了优化升级数字基

础设施、数字化公共服务更加普惠均等、有效拓展数字经济国际合作、着力强化数字经济安全体系、构建数字经济健康发展的"四梁八柱",四梁八柱如图1-13所示。

2016年5月	《国务院关于深化制造业与互联网融合发展的指导意见》 核心表述：制造业　互联网　融合
2016年9月	《国务院关于加快推进"互联网+政务服务"工作的指导意见》 核心表述：互联网　政务服务
2016年9月	《二十国集团数字经济发展与合作倡议》 核心表述：全球　数字经济潜力　开放、安全的环境
2016年11月	《国务院关于印发"十三五"国家战略性新兴产业发展规划的通知》 核心表述：数字创意产业　网络经济　信息技术　人工智能
2016年12月	《智能制造发展规划（2016—2020年)》 核心表述：工业互联网　智能化改造
2016年12月	《国务院关于印发"十三五"国家信息化规划的通知》 核心表述：信息产业　数字中国
2016年12月	《工业和信息化部关于印发大数据产业发展规划（2016—2020年）的通知》 核心表述：大数据　产业发展
2017年3月	《2017年国务院政府工作报告》 意义：数字经济首次写入政府工作报告
2018年3月	《2018年国务院政府工作报告》 核心表述：壮大数字经济
2020年3月	《中共中央 国务院关于构建更加完善的要素市场化配置体制机制的意见》 核心表述：市场决定，有序流动　健全制度，创新监管　问题导向，分类施策　稳中求进，循序渐进
2021年3月	《中华人民共和国国民经济和社会发展第十四个五年规划和2035年远景目标纲要》 核心表述：建设数字中国　激活数据要素潜能　建设网络强国　数字化转型
2022年1月	国务院印发《"十四五"数字经济发展规划》 核心表述：数字基础设施　数字经济治理　数字经济安全体系

图 1-12　"十三五"之后的数字经济政策

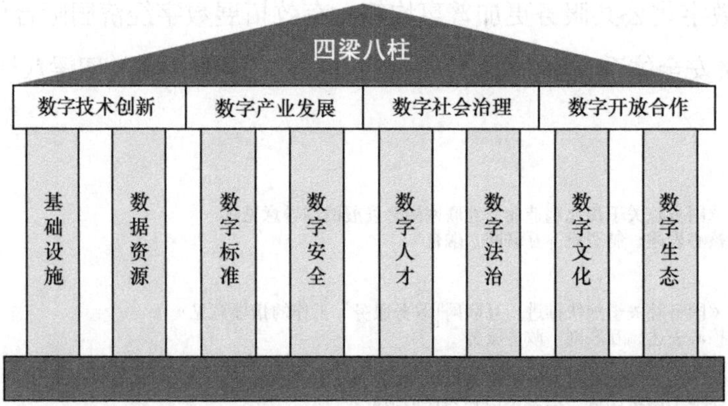

图 1-13　四梁八柱

3. 数字经济政策演变过程的4个特征

从信息经济到互联网经济再到数字经济，我国数字经济政策立足于实践、契合实际、符合客观规律，通过对数字经济相关政策进行梳理，可以概括出数字经济发展政策的4个演变特征。一是技术经济范式导向突出，政策关注的方向从知识化、信息化向数字化、智能化方向转变，强调发展新一代数字技术，推动数字经济发展进入更高层次。这体现了政府对技术创新和数字化转型的重视，以引领经济发展朝着更加智能、高效和创新的方向迈进。二是数据价值的地位得到了提升。三是"两化融合"到"四化发展"，早期的政策关注的是信息化与工业化的融合，当前数字经济政策分为数字产业化、产业数字化、数字化治理、数字价值化等多个维度。四是数字经济地位日益提高，政策文件中的数字经济发展目标、阶段性任务更加明晰和具体。

4. 数字经济带来新的全球化

科技革命的深入发展推动了全球化发生变化。科技历经机械化、电气化、信息化和数字化4次变革，全球化形态和特征也随之改变。

18世纪60年代，第一次工业革命极大地提高了生产力，同时也加速了资源的消耗。全球贸易以煤炭、贵金属、农产品和少量手工艺品为主要商品。这一时期，全球化还没有真正实现，在当时殖民体系是全球化的治理体系。19世纪后期，电气化革命使生产效率大幅提升，生产力先进的地区产生了过剩的工业品，开始向落后地区倾销。落后地区以低价出售能源、矿产资源和农产品，生产力先进的地区以高价出售成本相对低廉的工业品，区域间发展不平衡的情况加剧。20世纪后期，生产力先进的地区经历了百年的发展后面临严重的环境问题。同时，人们对生活条件的要求更高，通信技术的快速发展促进了产业链的全球布局。各地区充分利用自身的区位优势，生产力先进的地区提供先进的技术、管理经验和雄厚的资本，发展中国家依靠资源优势、低廉的人力成本和巨大的市场潜力承接部分劳动密集型产业。这一时期形成了以发达国家和地区为主导，部分新兴经济体参与的治理体系。21世纪，全球在进入数字经济时代后，进入了全球化4.0时代，其主要特征如下，第一，互联网企业成为推动全球化进展的新主体，促进了数据、技术、人才的全球流动；第二，数据在全球间的自由流动引起各国的关注，网络空间的安全问题受到全世界的重视；第三，区域间的联系增强，逆全球化的趋势出现；第四，产业链向有技术优势的国家和地区加速聚集，北美、东亚和欧洲成为全球创新和贸易的热点地区；第五，发达国家和地区在全球治理体系中的主导地位受到动摇，新兴经济体成为解决区域问题乃至国际问题不可忽视的重要力量，如表1-2所示。

表1-2　全球化4个阶段

	全球化1.0 资源全球流通	全球化2.0 产品全球销售	全球化3.0 生产全球分工	全球化4.0 数据全球流动
时期	18世纪后期	19世纪后期	20世纪后期	21世纪
技术革命	机械化革命：生产力大幅提高，自然资源全球流动	电气化革命：流水线作业带来规模生产，成本大幅降低	信息化革命：充分利用不同国家优势，提升生产效益	数字化革命：5G、云计算、人工智能、物联网、量子技术等数字技术与实体经济融合

	全球化1.0 资源全球流通	全球化2.0 产品全球销售	全球化3.0 生产全球分工	全球化4.0 数据全球流动
全球化特征	1. 全球化发展不完全，仍有大部分国家没有参与全球化进程； 2. 以矿产资源、农产品贸易为主	1. 生产地与销售地分离； 2. 以工业制成品贸易为主	1. 产业链全球布局； 2. 服务外包兴起	1. 区域间联系加强； 2. 数据跨境流动； 3. 数字平台成为跨国企业中不容忽视的力量； 4. 人工智能加速取代部分人工，产业链向有技术优势的国家和地区加速聚集； 5. 数字服务贸易迎来新的发展
全球化治理特征	殖民体系	发达国家和地区主导的世界贸易和治理体系	发达国家和地区主导，新兴经济体参与的治理体系	全球治理格局发生新的变化，新兴经济体地位日益上升

资料来源：中国信息通信研究院《全球数字治理白皮书（2022年）》

第三节　数字经济的构成与分类

一、数字经济的分类

国家统计局于2021年5月发布《数字经济及其核心产业统计分类（2021）》，将数字经济分为5个大类、32个中类、156个小类。5个大类分别是数字产品制造业、数字产品服务业、数字技术应用业、数字要素驱动业和数字化效率提升业，如图1-14所示。前4个大类为数字经济核心产业，即"数字产业化"部分，指为更多产业的数字化发展，提供数字技术、产品、服务、基础设施和解决方案，以及完全依赖于数字技术、数据要素的各类经济活动，主要包括计算机通信和其他电子设备制造业、电信广播电视和卫星传输服务、互联网和相关服务、软件和信息技术服务业等，是数字经济发展的基础。第5大类为"产业数字化"部分，指利用数据与数字技术对传统产业进行升级、转型、再造和融合的过程[10]。

数字经济核心产业/数字产业化				产业数字化
数字产品制造业	数字产品服务业	数字技术应用业	数字要素驱动业	数字化效率提升业
计算机制造、通讯及雷达设备制造、数字媒体设备制造、智能设备制造、电子元器件及设备制造、其他数字产品制造业	数字产品批发、数字产品零售、数字产品租赁、数字产品维修、其他数字产品服务业	软件开发，电信、广播电视和卫星传输服务，互联网相关服务，信息技术服务，其他数字技术应用业	互联网平台、互联网批发零售、互联网金融、数字内容与媒体、信息基础设施建设、数据资源与产权交易、其他数字要素驱动业	智慧农业、智能制造、智能交通、智慧物流、数字金融、数字商贸、数字社会、数字政府、其他数字化效率提升业

图 1-14　数字经济 5 大类
资料来源：国家统计局《数字经济及其核心产业统计分类（2021）》

二、数字经济层次的划分

根据中国信息通信研究院的报告，数字经济的构成与分类经历了"两化"框架、"三化"框架，目前演进到"四化"框架。

1."两化"框架

2017 年，中国信息通信研究院提出了数字经济的"两化"框架，初步明确了数字经济的内涵。数字经济主要由数字产业化和产业数字化两方面组成。

数字产业化也被称为数字经济的基础部分，具体指信息产业，且涵盖电子信息制造业、信息通信业、软件服务业等相关行业。信息产业以数字技术为基础，通过生产和提供数字化产品、服务和解决方案，推动经济增长和创新。

产业数字化也被称为数字经济的融合部分，是指各行各业在应用数字技术后所带来的产出增加和效率提升。传统产业通过应用数字技术来提高生产数量和效率，实现数字化转型和智能化升级，从而形成数字经济的重要组成部分。

"两化"框架突出了数字经济的双重特性，既关注数字产业的发展，也强调各行各业进行数字化转型的重要性。通过数字产业化和产业数字化的双重推动，数字经济不断发展壮大，为经济增长和创新提供了强大动力，如图 1-15 所示。

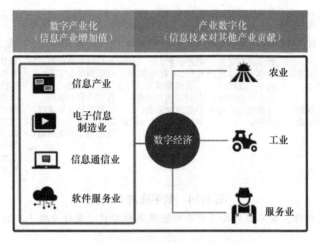

图 1-15　数字经济的"两化"框架

2."三化"框架

在《中国数字经济发展与就业白皮书（2019 年）》中，考虑到产业发展和社会形态的显著变迁，中国信息通信研究院又从生产力和生产关系的角度提出了数字经济的"三化"框架，即数字产业化、产业数字化和数字化治理。其中，数字化治理包括治理模式创新、利用数字技术完善治理体系、提升综合治理能力等，如图 1-16 所示。

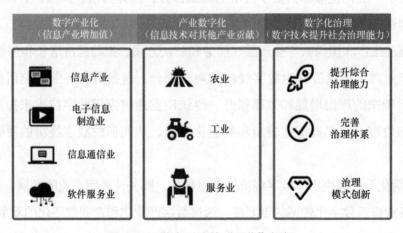

图 1-16　数字经济的"三化"框架

3."四化"框架

《中国数字经济发展白皮书（2020 年）》首次提出了"四化"框架，在数字产业化、产业数字化和数字化治理的基础上增加了数据价值化，并对另外 3 个概念进行了补充与更新。

数字产业化从信息产业扩展到了信息通信产业，具体包括电子信息制造业、电信业、软件和信息技术服务业、互联网行业等。

产业数字化的概念更为具体，指出了数字技术在相关产业中的边际贡献，如工业互联网、智能制造、车联网、平台经济等融合型新产业、新模式、新业态。

数字化治理更加强调以"数字技术＋治理"为典型特征的技管结合与多元治理。

数据价值化具体指大数据的开发与利用，如数据采集、数据标准、数据确权、数据标注、数据定价、数据交易、数据流转、数据保护等。

数据价值化是数字经济发展的基础，将会赋能传统产业生产体系。数据要素与传统生产要素相结合，推动技术、资本、劳动力、土地等传统生产要素优化重组，催生出区块链等"新技术"、数据金融等"新资本"、智能机器人等"新劳动力"、元宇宙等"新土地"[11]。数据还将推动国民经济发展，发挥出对传统生产要素的放大、叠加、倍增效应。数字经济的"四化"框架如图 1-17 所示。

图 1-17　数字经济的"四化"框架

资料来源：中国信息通信研究院《中国数字经济发展报告（2022 年）》

三、数字经济不同的测算方法

了解数字经济的具体贡献、精准监测数字经济的运行情况，对于推动数字经济的深层次发展具有重要作用。

1. 数字经济的测算方法不同

随着数字经济规模在 GDP 中的占比日益提高，以及社会对数字经济概念的理解更加深入，不同国家、组织和学者对数字经济的测算方法提出了不同的见解。总体而言，目前学界和政府部门对数字经济的测算方法研究大体可划分为 3 类，即增加值测算研究、相关指数编制研究和卫星账户构建研究，如表 1-3 所示。

表 1-3　对数字经济的测算方法研究

测算类别	国家/机构	测算方法
增加值测算研究	美国商务部经济分析局	利用供给使用表对美国数字经济增加值和总产出等进行测算研究
	中国信息通信研究院	从数字产业化、产业数字化等方面对数字经济总值进行测算
相关指数编制研究	经济合作与发展组织	构建了ICT与数字经济统计指标体系
	欧盟统计局	编制了数字经济和社会指数（DESI）
	世界银行	编制了知识经济指数（KEI）
	赛迪顾问	编制了数字经济发展指数（DEDI）
	上海社会科学院	编制了全球数字经济竞争力指数
	财新智库	编制了中国数字经济指数（CDEI）
	腾讯研究院	编制了"互联网+"指数
卫星账户构建研究	经济合作与发展组织	结合数字贸易维度框架与数字经济卫星账户基本框架，编制数字经济卫星账户的供给使用表
	澳大利亚统计局	建立了ICT卫星账户

资料来源：赛智时代《国内外数字经济统计测算方法研究》

2. 我国数字经济测算方法

中国信息通信研究院在对数字经济进行测算时采取了两种方法。

第一种是指数编制法。2017 年，中国信息通信研究院提出数字经济指数（DEI）的概念，以指数的形式概述、预测中国数字经济发展的轨迹和前景，为国家出台政策、民众了解经济运行情况、金融业进行投资融资等活动提供了重要参考。

第二种是增加值测算法。中国信息通信研究院对我国数字产业化规模和产业数字化总值进行测算，以衡量中国数字经济发展情况，并及时公布具体测算数值 [12]。2017—2023 年，中国信息通信研究院均在年度经济白皮书中注明并更新了数字经济增加值的测算方法。

就两者比较而言，DEI 从整体上反映出我国数字经济的发展历史波动情况和未来发展前景，可以有效衡量中国数字经济的状态。增加值测算法以具体数值的形式给予更直观的展示。二者的充分结合使得数字经济发展报告更能反映我国国情，将数字价值逐渐归入国民生产总值，这有助于更准确地反映数字经济对国家经济和社会发展的作用及影响。

第二章
数字经济相关理论

第一节 互联网相关理论

一、互联网三大定律

信息技术的发展带来了互联网革命，深刻地改变了经济社会发展的格局。在数字经济发展的过程中，摩尔定律、吉尔德定律和梅特卡夫定律经受了时间的考验，被称为"互联网三大定律"。这3个定律分别对应计算性能、网络带宽和网络规模3个方面，精炼表述了信息技术的发展逻辑，值得所有人关注。

1. 摩尔定律相关理论

（1）摩尔定律

20世纪60年代，英特尔公司联合创始人戈登·摩尔（Gordon Moore）通过对芯片上晶体管的集成度进行经验性观察，提出了摩尔定律，即每18～24个月，在芯片上集成的晶体管数目就会增加1倍，也就是处理器的性能约两年就会提升1倍，与此同时价格也会下降为原来的一半。

在摩尔定律的指导下，英特尔不断推出新产品并引领行业的发展。1971年，英特尔推出第一款4位处理器Intel 4004，其集成了2250个晶体管；1978年，英特尔推出16位处理器Intel 8086，其集成了约29000个晶体管；1982年，英特尔研制出的Intel 80286处理器，大约集成了12万个晶体管，具有更大的内存，能够以更快的速度实现多任务进程运行；1989年，英特尔推出的Intel 80486处理器集成了118万个晶体管。20世纪90年代以来，英特尔陆续推出了奔腾（Pentium）、安腾（Itanium）、酷睿（Core）等多款处理器，其芯片集成了上亿个晶体管[13]。可以看出，在芯片上集成的晶体管数量增长基本符合摩尔定律每18个月翻倍的预测，如图2-1所示。

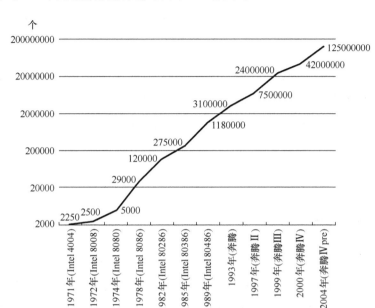

图2-1 1971—2004年英特尔主要处理器芯片上集成的晶体管数量

摩尔定律提示，互联网公司必须在一个波动的、大约固定的周期内完成下一代产品或者新产品的研发，否则将会面临危机。

（2）反摩尔定律

2006年，谷歌（Google）的前首席执行官埃里克·施密特（Eric Schmidt）首次提出了反摩尔定律的概念。它是对摩尔定律的一种颠覆性的解读，认为一个IT（信息技术）公司如果在18～24个月内没有创新或提高效率，而只是维持同样的产品类型和销量，那么它的收入就会减少一半[14]。换句话说，如果互联网公司不去创新，只推销旧产品，就会导致耗费了同样的劳动力，却只得到以前一半的收入。

反摩尔定律提醒芯片公司不能只追求量变，而要不断进行革命性的创新，因为一旦芯片公司更新产品的速度落后于摩尔定律所要求的更新速度，就很难再追赶上来。反摩尔定律同时也提醒了大公司，不要躺在"功劳簿"上，因为在新技术层面，小公司或是新兴公司和大公司可能站在同一起跑线上，它们随时会凭借革命性的技术、商业模式反超。在工业经济时代，大公司凭所拥有的资源、资金、人才等占据优势地位，新兴公司很难崛起。但在数字经济时代，情况发生了变化。一些小公司凭借创新的技术和商业模式，快速成长为某个领域或垂直赛道的领跑者，而大公司往往错过了这些细分市场中的发展机会。例如，2003年成立的特斯拉在汽车行业引领了电动汽车和自动驾驶的革命，在市值方面比肩甚至超越了成立多年且实力雄厚的传统汽车企业。在互联网、人工智能、生物科技等领域，这种趋势更加明显。

2. 吉尔德定律

吉尔德定律由数字时代三大思想家之一的乔治·吉尔德（George Gilder）提出。该定律提出，主干网带宽的增长速度至少是运算性能提升速度的3倍，即主干网的带宽将每6个月增加1倍。正是由于移动通信基础设施的高速发展，互联网能够为用户提供更快的网速和更宽的宽带。这使得边际成本能够大幅下降，数字经济可以实现广覆盖。

这一定律解释了两种现象，一种现象是在数字经济中，信息是最有价值的资源，而带宽是最便宜的资源。因此，最成功的商业模式是利用带宽来传输、存储、处理和分析信息，从而创造更多的价值。例如，云计算等技术都是通过消耗大量的带宽来提供更高效、更智能、更便捷的信息服务。另一种现象是纵观世界几十年来的工业原材料、农产品、能源的价格，没有任何一种工业原材料、农产品、能源的价格下降速度和程度可以和互联网行业中的资源的相提并论，这就不难理解，为什么近些年的具有颠覆性的科技总是出现在互联网领域中。

3. 梅特卡夫定律

梅特卡夫定律是用以太网的发明人罗伯特·梅特卡夫（Robert Metcalfe）

的名字命名的。该定律表示，网络的有用性（价值）与用户数的平方成正比，如图 2-2 所示。

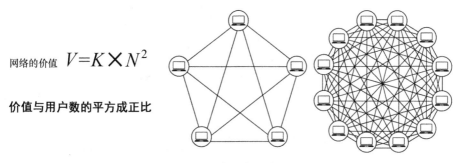

网络的价值 $V=K \times N^2$

价值与用户数的平方成正比

图 2-2　梅特卡夫定律

梅特卡夫定律的地位与摩尔定律相当，摩尔定律关注的是半导体技术更迭的速度与周期，梅特卡夫定律揭示了当用户规模达到一定程度时，它的价值将会呈爆炸式增长。而用户规模扩大的程度取决于用户进入互联网的代价，代价越低，用户进入互联网的速度越快，用户规模越大。这就不难理解，为什么众多互联网企业不惜采用"烧钱"的策略，只为吸引更多的用户参与进来，因为一旦有了足够的用户体量，企业拓展业务规模、实现盈利增收就有了最为重要的资源。

知识与信息作为资源的稀缺价值不仅在于它的无损耗性，还在于信息的消费过程也是再生产过程，这就意味着，消费信息的人越多，它所包含的资源总量就越大。互联网的普及使得信息触达对象的范围达到最大限度，还实现了传播与反馈的同时进行。所以梅特卡夫在 20 世纪 90 年代就曾指出，上网成本会日益降低，而且伴随着上网人数的增长，网络上的资源将呈爆炸式增长。

4. 互联网三大定律小结

互联网三大定律概览如表 2-1 所示。

表 2-1　互联网三大定律概览

领域	名称	内容
半导体	摩尔定律	摩尔定律：每18～24个月，在芯片上集成的晶体管数量就会增加1倍，也就是处理器的性能约两年就会提升1倍，与此同时价格也会下降为原来的一半
		反摩尔定律：一个IT公司如果今天跟18～24个月前一样卖掉同类型、同样多的产品，它的营业额就要降一半
带宽	吉尔德定律	主干网带宽的增长速度至少是运算性能提升速度的3倍，即主干网的带宽每6个月增加1倍
网络	梅特卡夫定律	网络的有用性（价值）与用户数的平方成正比

　　摩尔定律、吉尔德定律和梅特卡夫定律为互联网技术的发展指明了方向，经过了时间的考验。同时，互联网三大定律指明了互联网经济的发展最重要的3个基础：一是摩尔定律揭示了半导体技术的升级速度，推动芯片公司不断更新产品，技术与产品及时更新为互联网经济的发展提供了最基础的性能保证，成为增长动力；二是吉尔德定律指出通信成本会大幅下降，低廉成本使得互联网得以快速普及；三是梅特卡夫定律证明了广泛的受众参与的重要性，用户是互联网时代最重要的资源，如图 2-3 所示。

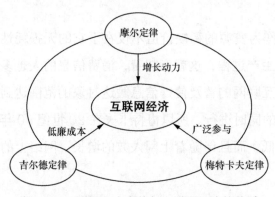

图 2-3　互联网三大定律与互联网经济的关系

二、互联网时代诞生的 12 个定律

　　除上述最基础的互联网三大定律之外，我们还需要进一步了解互联网时代

诞生的 12 个具有指导意义的定律。

这 12 个定律的核心要点如图 2-4 所示。

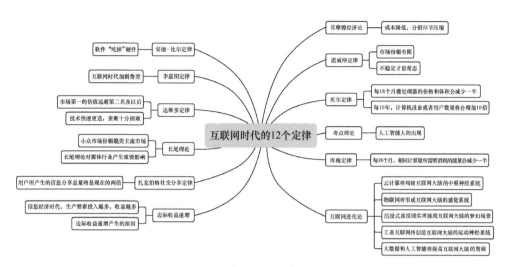

图 2-4 互联网时代的 12 个定律

1. 安迪－比尔定律

安迪－比尔定律是对 IT 产业中软件和硬件升级换代关系的一个概括。这一定律的英文出处是"Andy gives，Bill takes away"，翻译成中文是"安迪提供什么，比尔便拿走什么"。安迪是英特尔公司的首席执行官安迪·格鲁夫（Andy Grove），无论英特尔（这里其实指的是硬件制造商）生产制造出了多么高性能的芯片，微软的比尔·盖茨（这里指的是软件服务商）都会及时推出新的软件产品，带给用户更好的体验，并"消化"掉芯片的高性能。换句话说，摩尔定律促使芯片研发厂商不断提高芯片效能，软件公司都会以相对较轻松的方式将其消耗掉。例如，相较于 10 年前，智能手机的性能已经大幅提升，但是手机应用软件集成的功能越来越多、占用的内存也越来越大，对芯片性能的要求自然也越来越高。

此外，安迪－比尔定理还揭示了另外一个规律，在电子产品消费领域，高档耐用消费品最终会成为消耗性商品。例如，计算机、手机等在 10 年前价格高昂的电子产品如今成了消耗性商品，用户对于电子产品更新换代的需求越来越强烈。

2. 李嘉图定律

19 世纪，英国经济学家大卫·李嘉图（David Ricardo）提出了比较优势理论，在数字经济时代，这一理论得到了进一步的强化。大卫·李嘉图认为，越是好的土地，就越稀少，相应地，租金就越贵。租金从免费到最高，形成了一级又一级的价格落差。

互联网时代加剧了这种势差。占据市场领先位置的应用软件的获利十分可观，第二名却无法和第一名一样获利，而第三名及之后的产品不仅无人问津，甚至连运营下去都面临困难。在任何一个细分市场中，第一名几乎拿走了全部利润，第二名勉强能盈利，第三名及之后的产品都在亏损。

总体而言，互联网没有带来以往想象中的企业收入趋同，反而加剧了势差，甚至是两极分化。这样看来稀缺性这一特质永远重要，越稀少只会越来越贵。

3. 达维多定律

达维多定律是由英特尔公司高级行销主管和副总裁威廉·H.达维多（William H. Davidow）提出的，他认为在互联网环境中"强者愈强，弱者愈弱"的马太效应将更加显著，进入市场的第一家产品，往往能占据一半的市场份额，如果企业被动地以第二家、第三家的身份进入市场，企业规模和所获利润远不如第一家企业。因此，一个企业要追求利润最大化，应不断创新自身的技术产品，并勇于淘汰公司内落后的产品，抢占新的市场领域。

需要强调的一点是，尽管领域内第一家企业会占据大部分的市场份额，但是并不一定会造成一家独大的垄断现象。中国电商领域由最初的淘宝"一枝独秀"，到如今淘宝、京东和拼多多"三足鼎立"的局面，抖音也在电商领域中占据一定地位，可见互联网时代下的垄断较为困难。这与李嘉图定律并不矛盾，李嘉图定律更多的是从静态的角度分析当前的市场状况，达维多定律则是从动态长远的角度分析市场的发展趋势。

4. 长尾理论

"长尾"这一概念最早是由《连线》杂志主编克里斯·安德森（Chris Anderson）提出的，是一种描述市场中利基产品和热门产品相对重要性的理论。该理论的核心内涵是多个小众市场的份额也可以媲美主流市场份额，特别是在互联网环境中，规模化地满足用户个性化需求是发展的主流方向。长尾理论往往被认为是对传统二八定律的"反叛"，如图 2-5 所示。

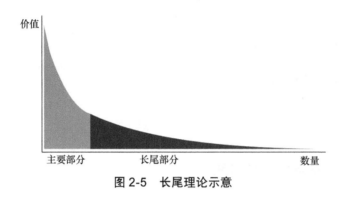

图 2-5　长尾理论示意

长尾理论对于媒体行业的影响体现在以下几个方面。

第一，从受众角度来看，曾被大众主流人群忽略和挤压的"个性化"需求得到释放。以往传统媒体在生产内容和传播信息的过程中，受成本限制不会过多考虑小众市场的需要，在互联网环境中，媒体可以触达更为庞大的用户群体，他们的需求也得到了充分地释放，所有非主流的市场累加起来的效益十分可观，重视小众市场的需求对于提升媒体影响力、传播力具有重要意义。

第二，从产品与成本的角度来说，媒体行业可以通过提供更多的内容品种，以及更低的获取成本来吸引更多的消费者，从而扩大市场规模和提升收入。亚马逊、Netflix、腾讯视频等在线平台可以提供数以万计的图书、电影、音乐等内容，而传统的实体店则只能提供有限的选择。

第三，从技术角度来说，媒体行业可以使用算法模型和其他过滤器来帮助消费者发现和选择适合自己的利基产品，从而提高消费者的满意度和忠诚度。例如，豆瓣、知乎、喜马拉雅等平台可以根据用户的喜好和行为数据来推荐相关的内容，提升用户的黏性和活跃度，如图 2-6 所示。

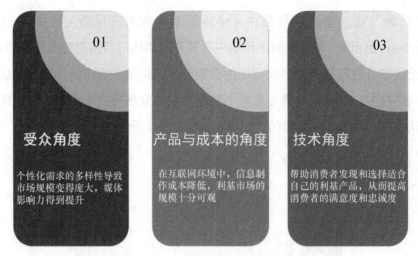

图 2-6 长尾理论对媒体的影响

5. 扎克伯格社交分享定律

脸书（Facebook）的创始人马克·艾略特·扎克伯格（Mark Elliot Zuckerberg）根据平台内的相关数据提出，社交分享的信息量正在成倍增长，用户分享信息的总量呈指数级增长，每两年翻一番。从现在起，每过一年，用户分享的信息量就会比现在多 1 倍。

扎克伯格社交分享定律可以用 $S=C\times 2^{T}$ 这一公式表示，S 表示用户的未来信息分享总量，T 表示时间（放在指数位），C 表示当前存在的信息分享量，如图 2-7 所示。

$$未来信息分享总量=当前存在的信息分享量\times 2^{时间（年）}$$
$$S=C\times 2^{T}$$

图 2-7 扎克伯格社交分享定律

6. 边际收益递增

在信息经济中，知识与技术要素的投入会带来产出和收益的指数级增长，这与工业经济时代的边际收益递减形成了鲜明的对比。出现边际收益递增主要有以下 4 个原因，如图 2-8 所示。

产品依赖
一旦用户选择某款产品并投入极高的时间成本，便不会再轻易地更换产品

资源积累
知识和信息资源具有共享性，可以被多人同时使用且不会磨损消耗

学习效应
生产者开发一款产品的成功经验可以用来开发新的产品

生产要素
知识、信息、数据等虚拟资源成为主要生产要素，物质性固定投入占比较低

图 2-8　出现边际收益递增的 4 个原因

一是产品依赖，即产品具备依赖性，用户需要经过一定的培训和学习才可以掌握知识产品，一旦用户选择某款产品并投入极高的时间成本，便不会再轻易地更换产品。在互联网时代，注意力是稀缺的，先进入市场的产品会博得用户的关注，用户选择使用该产品之后不会再轻易地更换产品，领先的生产者就能不断投入成本，吸引更多的用户使用，正反馈效应让领先的生产者一直保持优势。

二是资源积累，即信息、数据等资源具备积累性，土地、资本等传统的物质资源具有稀缺性和排他性，伴随着这些要素的不断投入，生产成本也会提高，而知识和信息资源具有共享性，可以被多人同时使用且不会磨损消耗，知识和信息资源一直处在积累和开发的过程中。

三是学习效应，学习效应推动边际收益递增，知识经济重视信息与经验的积累，生产者开发一款产品的成功经验可以用来开发新的产品，这大大降低了成本的投入。

四是生产要素，核心生产要素发生改变，知识、信息、数据等虚拟资源成为主要生产要素，而传统的物质性固定投入占比较低，例如芯片的生产与制造，受到原材料的限制较少，而知识资源的投入占据着主要地位，知识、技术等要素投入的越多，效应增长也就越明显[15]。

当然，边际收益递增效应不是无限递增，也并不排斥边际收益递减规律，它会受到市场的约束，出现收益递减的现象，只是发生的时间会推迟，或者总体呈现递增的趋势。

7. 非摩擦经济论

古典经济学认为，需求决定价格，价格会随着需求的上升而上升。这种摩擦给传统市场带来了周期性和不稳定性。非摩擦经济论是由美国计算机领域专家 T.G. 勒维斯（T.G.Lewis）提出的。该论断的核心观点是，互联网技术的不断发展使得某些产品的生产和交易成本趋近于零，与此同时，工业经济条件下的分销环节逐渐压缩，从而使得臃肿、高成本的流通环节变得简洁。在这种非摩擦经济背景下，经济运行遵循的是边际收益递增原则，企业占领的市场份额越大，企业的获利也就越多，通常会采用低价法则、规模法则、产品定价个人化法则等来达到占领市场的目的。

8. 诺威格定律

诺威格定律是由谷歌研究院院长诺威格（Norvig）提出的，他认为当企业的市场占有率大于 50% 时，市场占有率无法再翻番了，企业应当寻找新的市场。这一定律被认为是许多企业兴衰的根源，同时也有部分人认为诺威格定律与摩尔定律、安迪 – 比尔定律应当并称为 IT 产业三大定律。

诺威格定律包含两层意思：一是一家企业的市场份额总是有限的，达到一定市场规模后想要完全占领市场是十分危险的，所以企业应当在某一细分市场规模稳定之后，不断拓展新的业务领域；二是不稳定才是企业的常态，市场规模有限，不会一直扩张，如图 2-9 所示。此外，互联网行业与传统市场不一样，信息技术更迭的速度相对较快。

图 2-9　诺威格定律

9. 贝尔定律

在 1972 年，小型机之父戈登·贝尔（Gordon Bell）对个人计算机端使用的微型处理器技术发展趋势进行了预测。摩尔定律和贝尔定律是两个相辅相成的定律，摩尔定律指出微处理器的性能每 18 个月翻一番；贝尔定律指出在计算能力不变的情况下，微处理器的价格和体积每 18 个月减半。这两个定律都说明了同样价格的微处理器运行速度会越来越快，同样运行速度的微处理器价格会越来越低。

除上述版本外，贝尔定律的另一版本是计算机每 10 年将会产生新的一代，计算机设备或者用户数量将会增加 10 倍。

10. 奇点理论

"奇点"是数学和物理学用语，指代未定义的点。美国未来学家雷蒙德·库兹韦尔（Raymond Kurzweil）在此基础上提出了"奇点理论"，该理论的核心内涵是人类将会与其他物种或物体相互融合，人工智能与人脑智能融合的那个时刻就是库兹韦尔提出的"奇点"，如图 2-10 所示。

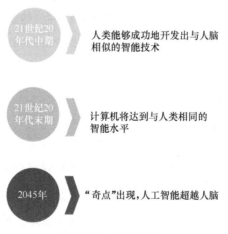

图 2-10　奇点理论

库兹韦尔对 21 世纪 20 年代中期人类能够开发出与人脑相似的智能技术持乐观态度。他认为到 21 世纪 20 年代末期，计算机将达到与人类相同的智能水平。他预测到 2045 年，"奇点"时刻降临。届时，计算机的性能和效率将大幅提高，而成本将大幅降低。他认为到 2045 年，人工智能将能够像人脑一样执行各种复杂的任务，如作曲、驾驶、决策、鉴赏等，并且我们无法区分真实的人脑和机器大脑，根据这一理论推断，计算机行业仍有巨大的潜力。

事实上，大语言模型和自然语言处理技术已经发展到了可以模仿人类写作的水平，如 ChatGPT 等；多模态能力也已经达到了可以让普通用户轻松制作逼真的图像和短视频的程度，如 Stable Diffusion 等。随着技术的持续进步和数据的爆炸式增长，我们有理由相信奇点理论是正确的。

11. 库梅定律

库梅定律由斯坦福大学教授乔纳森·库梅（Jonathan Koomey）提出并以他的名字命名，该理论认为每隔 18 个月，相同计算量所需要消耗的能量会减少一半。与之类似的理论还有摩尔定律和贝尔定律。三大定律的对比如表 2-2 所示。

表 2-2　三大定律的对比

名称	内涵
摩尔定律	每18个月微处理器的性能会提升1倍
贝尔定律	每18个月微处理器的价格和体积会减少一半
库梅定律	每18个月相同计算量所需要消耗的能量会减少一半

12. 互联网进化论

互联网进化论由中国科学院虚拟经济与数据科学研究中心特聘研究员刘锋提出 [16]。其主要内容包括以下两个要点：一是互联网将逐渐变得和人脑非常相似，并拥有相应的听觉、视觉、中枢神经等系统；二是科学家在不断增强互联网功能的过程中，可以借助互联网来揭示人脑的奥秘。比如，通过比较搜索引擎和人脑搜索信息的机制，可以发现两者之间的异同。

互联网进化论认为不断发展的数字技术将赋予互联网各种感知能力，云计算将构建互联网大脑的中枢神经系统，物联网将形成互联网大脑的听觉和视觉等感觉系统，工业互联网将创造互联网大脑的运动神经系统，沉浸式虚拟现实将展现互联网大脑的梦幻场景，大数据和人工智能将提高互联网大脑的智商，如图 2-11 所示。

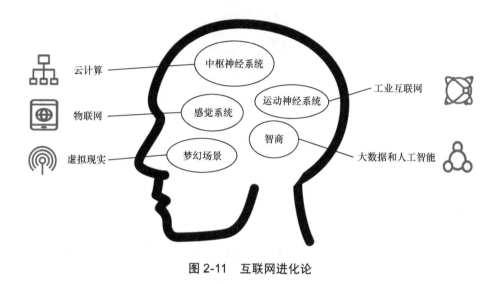

图 2-11 互联网进化论

第二节 数字经济相关理论

第一章已经对数字经济的概念进行了介绍，本节将围绕数字经济的核心技术、数字经济的增长理论和数字经济增长下的创新理论进行概述。

一、数字经济的核心技术

不同的国家、不同的行业和不同的企业，其数字经济发展的程度不同，但它们都离不开技术的支撑，并且技术对数字经济发展的驱动作用将越来越明显。梳理数字经济的 7 个核心技术，可以帮助我们掌握数字经济的发展动态和趋势，也可以为我们提供数字经济的创新思路和实践方法，如图 2-12 所示。

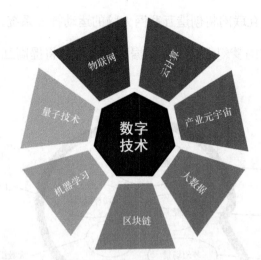

图 2-12　数字经济的核心技术

1. 物联网

国内外各大互联网公司、电信运营商和软件企业正在着力构建物联网生态系统，由 ToC(面向消费者) 转向 ToC+ToB(面向企业)+ToG(面向政府)，集中在企业云计算、产业数字化、工业设计、智能制造、无人工厂、虚拟局域网、数字孪生工厂、机器人制造等诸多领域。物联网布局主要体现在 3 个方面，即消费互联网、工业互联网和车联网，如图 2-13 所示。

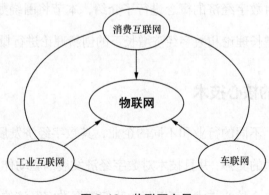

图 2-13　物联网布局

消费互联网面向的对象是消费者，消费需求是互联网发展的根本动力，消费互联网使得线下消费活动可以与线上消费活动进行融合互动。虽然当前消费互联网的发展势头放缓,但未来伴随着技术的更迭,该领域仍具有很大的发展潜力。特别是依托于传输感应装置、射频识别技术、全球定位系统、激光扫描器等多种设备与技术的智能家居,可以实现物与物、人与物的信息交互,使得产品具备"感知、思考和行动"的能力。

工业互联网是指新一代数字技术与工业产业紧密结合,涵盖了工业生产的全方位产业链、价值链和服务链,形成了数字化的基础设施、智能应用模式和新的工业生态,实现了人、机、物、系统等的全方位连接。

工业互联网具有以下特征:一是要求传输网络的可靠性更强、安全性更高、时延更低;二是连接具有多元性、专业性和复杂性,工业互联网并不是某一行业的互联网,而是工业门类下各行各业的互联网,不仅囊括了数字技术,还必须与其他行业紧密结合;三是平台构建操作系统,平台体系包括 IaaS(基础设施即服务)、PaaS(平台即服务)和 SaaS(软件即服务)等多个层级,在云平台对工业互联网进行控制与管理,如图 2-14 所示。目前工业互联网的短板在于线上经济与工业制造业能力的联系不深,缺乏生产与消费的直接沟通。

图 2-14 工业互联网的特征

车联网是指借助智能信息通信技术,实现车与车、人、路、平台之间的网络连接,进而提升驾驶服务水平,营造安全、舒适、智慧的交通环境,提高整体交通运行效率[17]。汽车与道路的数字化是无人驾驶的重要发展方向,当前无人驾驶还在汽车电气化、道路信息数字化采集、车辆低时延联网、机器学习应用的发展阶段，只有汽车设计与制造、道路设计、交通管理等整个交通体系实现数字化才能加快车联网的发展，值得强调的是，电动汽车、车机系统恰恰是车联网的实现路径，而我国在这方面所占据的世界领先地位对于未来车联网的建设具有极其重要的影响。当前民营企业在车辆制造和道路信息采集的数字化方面取得了一定进展，不过，交通管理体系与政策支持力度有待进一步提升。

2. 云计算

云计算的发展主要体现在以下3个方面，如图2-15所示。

云网融合
缓解算力问题。算力网络已经成为像水和电一样，可以随时随地按需使用的社会级服务

SaaS
提供多种服务。专业的企业做专业的事情，提供专业的服务

云存储服务
缓解存储问题。为企业数字化改造、工业数字化转型提供海量存储空间

图 2-15　云计算发展的 3 个方面

一是云网融合。2012年，中国电信启动天翼云计算战略，其核心为：网是根基，云为核心，网随云动，云网一体。云网融合可以驱动数据的跨域流动、实现算力的跨域调配，算力网络已经成为像水和电一样，可以随时随地按需使用的社会级服务，孵化出灵活多样的商业应用。中国电信目前形成了"$N+31+X$"的全国移动云布局。如今，中国电信已拥有700多个数据中心，48.7万架互联网数据中心机架，机架利用率达到72%。

二是SaaS。SaaS通过云端提供软件服务，能够降低企业的运营成本。SaaS覆盖客户关系管理（CRM）、客服、营销、人事管理、IT服务、在线开发、咨询服务、视频会议、商城建站系统等业务。国外知名的 SaaS 企业有 Workday、ServiceNow、Atlassian、Zoom、Shopify 等，国内著名的 SaaS 企业有中国软件国际、用友网络、金山软件、广联达、恒生电子等。SaaS 发展潜力巨大、前景广阔，相较于美国，我国仍有巨大的发展空间，有待出现新的 SaaS 巨头。

三是云存储服务。云存储是指依托集群应用、网格化处理和分布式文件系统等技术来实现在线存储功能。云存储具有成本低、可扩展、随取随用、安全性高、保存周期长、可分享等优点。

3. 产业元宇宙

产业元宇宙分为 3 个阶段，分别是数字孪生、数字伴生和数字原生，如图 2-16 所示。

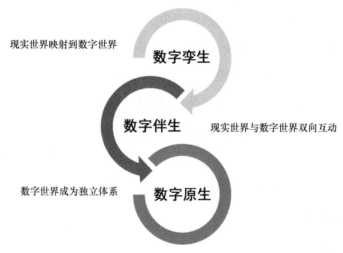

图 2-16　产业元宇宙的 3 个阶段

数字孪生的 4 个特点分别是动态仿真、全生命周期、实时和双向，如图 2-17 所示。动态仿真是将实体对象完全复现，如果需要改动或者检查，只需在数字孪生体上进行实验即可，这样既可以避免对本体的影响，也可以提高效率、节约成本。全生命周期是指数字孪生贯穿产品全生命周期，包括设计、试制、维护等环节。实时是指数字孪生体与实体对象并非相互独立，实体对象的情况可以实时反馈给数字孪生体。双向是指本体和数字孪生体之间的数据流动是双向交互式的，本体的数据能实时反馈给数字孪生体，数字孪生体的修改数据也可以传输给本体。

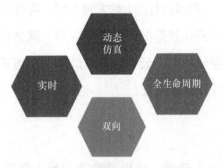

图 2-17　数字孪生的 4 个特点

数字伴生的主要任务是通过人工智能、机器学习等技术，利用数字虚拟世界的低成本和高效率来优化、解决现实中的问题，体现在生产模式的优化与革新上。例如创意生成、研发设计、生成制造等环节，在数字虚拟世界中更新迭代，并在其中寻找解决方案，经过模拟之后部署到现实世界中。数字伴生阶段将打通数据孤岛，采用统一的表达方式及通用的数据交互协议，以此实现全链路协同优化并取代现有的单点优化，实现产业升级效率的乘法增长、指数增长。

数字原生是产业元宇宙的最终阶段，数字世界是一个原生的经济体，有独立的运作规则，能够通过内嵌的价值体系实现自循环。此外，数字世界还将与现实世界无缝融合。

4. 大数据

当前，互联网消费群体更加重视自身的信息隐私与数据安全，并通过各种手段来保护和利用自身的数据资源。数字经济时代，数据产权的确定是一个创新的过程，不能单纯参照工业经济时代对物权和知识产权的理解对其进行界定和管理。因此，只有遵循市场运行规律，充分发挥资本作用，不断进行探索，才有可能规范数据产权的确定问题。

5. 区块链

区块链的提出是为了支撑以比特币为代表的数字加密货币体系，其核心优势是去中心化，通过数据加密、时间戳和分布式共识，在多个节点上建立无须信任的分布式系统，能够实现点对点协作[18]。基于以上特性，区块链技术在数字经济时代扮演着密钥的角色，如图2-18所示。

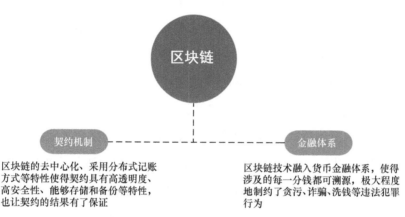

图2-18　区块链扮演的密钥角色

首先，区块链可以发挥契约机制的作用。当前，市场上的各种交易是通过有形的契约来实现相互约束的，在数字环境中，区块链的去中心化、采用分布式记账方式等特性使得信用机制扁平化、众筹化，实现契约的高透明度、高安全性、能够存储和备份，契约的结果也有保证。

其次，伴随着"数字货币"、数字藏品的发展，数字经济时代也需要新的金融体系。例如，中国人民银行尝试采用双层运营体系，先把"数字人民币"兑换给指定的运营机构，再由这些机构向公众兑换。区块链在这个过程中的应用，使得涉及的每一分钱都可溯源，极大程度地制约了贪污、诈骗、洗钱等违法犯罪行为。

6. 机器学习

机器学习的主要任务是指导计算机从数据中学习来改善自身的运算能力，

且不需要技术人员进行额外的编程。机器学习的一大特点是算法会从庞大的数据库资源中发现规律和模式，不断进行自我更正和训练，从而根据数据分析的结果进行决策和预测。

机器学习已经实现了一定程度的商业运用。常见的应用包括算法推荐、动态营销等；企业管理方面的应用有企业资源计划（ERP）数据库。ERP 数据库包含企业内部大部分数据，如销售业绩、消费者评论、市场趋势报告和供应链管理信息等，机器学习算法从这些数据中洞察数据之间的相关性、背后隐藏的模式，进而优化内部工作流程，对重复性任务或易出错任务进行自动化处理或辅助人工完成；工业上，通过物联网相关设备可以预测性维护供应链和智能工厂。通过云连接实现不同业务团队之间的数据共享，可以充分利用机器学习数据资源和各个团队的行为模式，有效预防潜在的问题，提高整个工业流程的可视程度和工作效率。此外，通过自动化采集和维护数据，可以避免手动操作中可能出现的无法预测的潜在问题和细小问题，从而更好地支持业务决策和流程优化。

7. 量子技术

量子技术对数字经济的影响主要体现在 3 个领域，即量子通信、量子计算和量子测量，如图 2-19 所示。当前，大部分量子技术仍在实验阶段，但是未来量子技术或许将成为数字基建的重要组成部分。

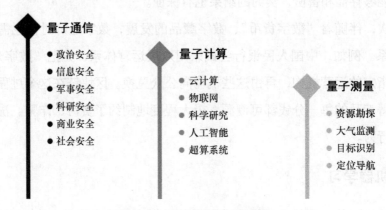

图 2-19　量子技术应用场景

量子技术与保密通信。基于量子力学中的不确定性、测量坍缩和不可克隆这 3 个原理，通信可以实现无法被窃听和被破解的绝对安全。从 2001 年潘建伟院士组建研究量子通信的团队开始，我国量子通信技术不断取得重大进展，2016 年 8 月，"墨子号"卫星发射，这是世界首颗量子科学实验卫星。2017 年，我国建成全长 2000 余公里的量子通信骨干网——"京沪干线"，这是世界上第一条量子通信保密干线。2021 年中国科学技术大学郭光灿院士团队实现了800 公里光纤量子密钥分发，刷新了世界纪录。2022 年，清华大学龙桂鲁教授团队与陆建华教授团队合作，成功实现了 100 公里的量子直接通信，这是目前世界最长的量子直接通信距离。

量子技术与超强计算。随着移动通信网速的提升、手机端等终端存储的膨胀和传统计算的瓶颈，量子计算机将在数据中心为各种智能化的应用提供算力服务，对诸多复杂数学问题进行高效计算，并为其提供解决方案。量子线性代数求解还可以应用在密码破解、人工智能、机器学习等领域，提升机器学习的计算效率。

量子技术在精密探测中的应用旨在实现超越传统的测量方法与测量精度，是原子物理、物理光学、电子技术、控制技术等多学科交叉融合的综合技术[19]。

数字技术的发展为数字经济的发展插上了想象的翅膀，在数字经济发展过程中遇到的困难又为数字技术的发展提供了动力源。分析数字经济的关键技术有助于认识数字经济，把握未来发展方向。

二、数字经济的增长理论

数字经济的增长理论较为丰富，不同学者各抒己见，但大多数理论都围绕着数字技术、生产要素、影响经济增长的机制、核心驱动力等方面展开，笔者通过梳理和归纳总结出了以下 3 点内容。

1. 人工智能提升生产率的3个方面

人工智能是数字经济环境中最重要的技术之一，对生产效率的提升作用主要表现在以下 3 个方面，如图 2-20 所示。

图 2-20　人工智能提升生产效率的 3 个方面

其一，人工智能促进生产要素功能倍增，部分生产要素的人工智能替代使其得以被高效利用。比如，现阶段的基础性体力劳动或是脑力劳动已经实现了人工智能替代，省下的人力和资金等要素可以用作其他用途。

其二，人工智能推动传统自动化向智能化方向发展。传统自动化机器人并非完全的自动化，智能化机器人通过强化学习、自我学习和深度学习，能够适应更为复杂的场景，处理更为困难的工作，具有一定的自主能力。

其三，人工智能提升科技创新及成果转化效率。依托庞大的数据库与强大的算力，科技创新将实现深度创新、迭代创新和开放式创新。另外，人工智能将推动创新组织、创新模式发生深刻变革，创新型研发机构将大量涌现，各门类的科技创新成果将相互渗透、溢出和扩散，共同助推全要素生产率的提升。

2. 驱动数字经济增长的要素

驱动数字经济增长的要素有 6 个，如图 2-21 所示。

一是数字技术的不断更新，驱动数字经济发展，为数字经济增长提供技术支撑。数字技术与工业生产、社会生活、政府治理的深度融合，将达到效率提升、范式革命、智慧节能的效果。

二是通信网络等设施建设为数字经济提供基础支持，它是夯实数字经济发展的重要载体，所以完善数字经济基础设施十分重要。5G 等通信网络的推广，能够普惠更多中小企业，降低其运营成本，推动数字技术快速普及。

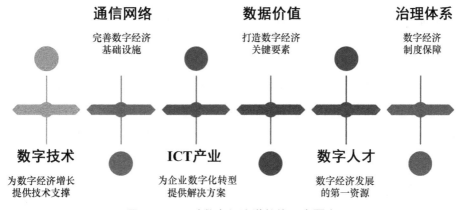

图 2-21　驱动数字经济增长的 6 个要素

三是 ICT 产业持续发展，"数实融合"不断深入。以华为、阿里巴巴、京东等为代表的企业，积极推进 ICT 业务板块发展，为企业数字化转型提供解决方案。

四是数据价值持续释放，数据成为数字经济的关键要素。伴随着国家一系列指导文件的出台和企业的积极实践，数据要素已经进入资源化阶段，且数据资源有了广泛的应用。下一步，数据将会朝着资产化和资本化方向发展，数据要素价值仍有较大的释放潜力。

五是数字人才。数字经济的持续深入发展，不仅需要数字人才进行创新，更需要人力资源对数字化改造后的产业进行操作与维护，所以数字人才是数字经济第一资源。中国信息通信研究院发布的《数字经济就业影响研究报告》指出，我国数字人才需求缺口已接近 1100 万，而且伴随着全行业数字化转型的深入与推进，数字人才需求缺口还会持续扩大。

六是加速构建数字经济治理体系，筑牢数字经济制度保障。当前，数字经济发展持续推进，相关政策也逐渐落地，但总体上尚未形成与发展相适应的制度框架与体系，规范平台竞争、保障数据安全、确定算法权力等方面的制度规则较为落后，数据确权、市场化交易、监管等方面存在一定漏洞，新技术下的新议题也不断涌现。

3. 算力是驱动数字经济增长的重要动力源

2022 年,IDC、浪潮信息和清华大学全球产业研究院联合发布的《2021—2022 全球计算力指数评估报告》显示,平均算力指数每提高 1 点,数字经济规模和 GDP 将分别增长 3.5% 和 1.8%,算力指数分值较高(60 分以上)的国家的算力对 GDP 的拉动作用相较于算力指数分值较低(40 分以下)的国家更加显著。算力能够对经济社会的发展产生强大的推动作用。因此,加大对数据中心、智算中心等算力基础设施的投资,将进一步推动"数实融合"的深入发展,提升数字经济的发展速度与质量。2021—2022 年各国算力指数分值及排名如图 2-22 所示。

图 2-22 2021—2022 年各国算力指数分值及排名

数据来源:《2021—2022 全球计算力指数评估报告》

当前,我国数据中心规模仅为美国的 1/3,算力规模仅为美国的 1/2,大规模数据中心数量也远低于美国,我国的高性能算力规模与美国仍有不小差距。在算力构成方面,我国的制造领域算力应用仅占 4%,互联网占 47%,政府占 14%,服务业占 9%。这些数据反映了我国数据中心行业发展不平衡和不充分的问题,也表明了我国在数据中心建设、运维、安全保障等方面还有较大的提升空间。为了缩小与美国的差距，我国需要加快数据中心建设，推动算力资源的优化配置和共享利用，提高数据中心的智能化水平，加强数据中心的安全保障和风险防范。

三、数字经济增长下的创新理论

开展数字经济研究，需要关注创新管理实践与理论创新。数字经济与传统经济有所不同，它的创新机制是基于大数据和智能技术，体现在数字产品创新、数字过程创新和数字商业模式创新 3 个方面。

1. 数字产品创新

数字产品创新指通过信息技术计算、沟通和连接组合成新的产品，主要包含两大类，即完全数字产品和数实融合产品。

完全数字产品的创新有 3 个主要特征：一是对数字技术的完全依赖，其存在方式、组成部分、呈现形式、制作流程等全部由数字技术支撑；二是创新和价值的虚拟与延展，也就是完全数字产品可以无限次地更新换代，其价值也不具备排他性；三是高度市场化，完全数字产品的创新从概念的诞生到后续的更新换代都是对于市场数据的实时反馈，如图 2-23 所示。

图 2-23　完全数字产品创新的 3 个主要特征

数实融合产品的创新是将数字技术与实体物理部件相结合，进而改变产品的体系架构，使其兼具虚拟与现实两种特性。这类产品一般包含 3 个组成部分，即存在与运行的实体部分、操作与管理的远程云端或软件部分、连接实体部分与虚拟部分的互联部分。数字虚拟部分的价值在于强化、倍增、智能替代物理实体，互联部件则搭建起数实沟通的桥梁，连接互联网或者局域网中的相关信息，让物理实体部分能"听到、听懂、理解"发来的指令。

不难看出，数字产品创新有以下 4 个方面的特征。其一，数字产品的创新需要建立一套完整且全新的技术支撑体系，这一体系不仅包括管理上的组织架构，还包括通信硬件、软件应用、云计算及安全加密等内容；其二，数字产品的创新不再局限于现有的分类，需要具备各种知识体系的人才参与进来，所制造的产品也具有多样性，不同类别产品间的边界越来越模糊，体现出数字创新的融合性；其三，数字产品的创新过程需要对市场数据进行分析以便指导生产，拉近生产者与消费者之间的距离；其四，数字产品创新具备生态性，单独生产某一产品缺乏足够的联动与支撑，打造完整的生态链条与闭环是数字产品创新的重点方向，如图 2-24 所示。

图 2-24　数字产品创新的 4 个特征

2. 数字过程创新

数字技术的应用改善或重建了原有的创新流程与思维框架，完全数字产品甚至要求产生新的程序与架构，创意生成、市场调研、产品制造、营销宣发和物流运输等环节都会被数字技术所颠覆。在创意生成与市场调研环节，大数据与云计算的应用使得创新不再困难；在产品制造环节，虚拟现实、数字仿真和数字孪生等技术大大降低了企业的成本，产品的可行性也可以在计算中得出；AIGC（人工智能生成内容）、虚拟现实、AR（增强现实）等技术使得触达更加精准、生产更加快速、投入大幅降低……总体而言，打通数字空间与现实空间的壁垒，可以使各环节变得可观、可感，第三方也可以在虚拟环境中对创新的流程进行监控和溯源。

数字过程创新具有以下3个特征：一是虚拟与现实融合，使得数字过程创新的时间和空间边界变得模糊，不同的参与者在不同时间和地点可以参与创新过程；二是产品创新与产品生产同时进行，数字技术可以实时调整生产，将市场反馈的信息及时应用到产品的生产过程中；三是创新不再是独立进行的，可以在已有创新的基础上实现二次创新，也就是衍生创新，如图2-25所示。

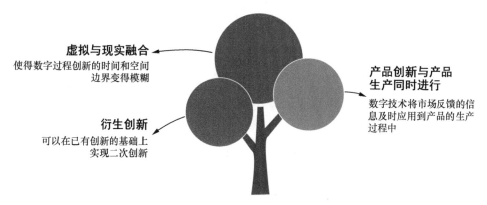

图2-25　数字过程创新的3个特征

3. 数字商业模式创新

大数据、人工智能、5G、区块链等技术的嵌入改变了原有的商业模式，使得企业价值创造和价值获取的方式发生了改变。基于此，有学者提出了3条数字商业模式创新路径，即自动化和数字增强、数字化扩展、数字化转型，如图2-26所示[20]。其中，自动化和数字增强是依托数字技术赋能、增强、服务已有的商业模式。数字化扩展指企业使用数字技术支撑新的业务流程，进而改变原有的商业模式，这些新的业务流程解决了现有的问题。数字化转型指企业利用数字技术开发出新的商业模式以替代传统的商业模式。

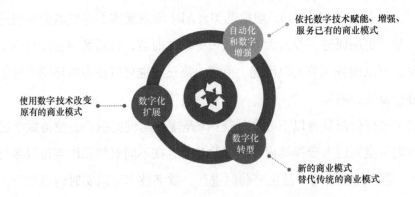

图 2-26　数字商业模式创新的 3 条路径

第三章

世界与我国数字经济发展现状

第一节 世界数字经济发展现状

本节将从全球数字经济发展态势、全球数字经济竞争力、全球数字经济治理体系和全球数字经济展望 4 个方面对世界数字经济发展现状进行介绍。

一、全球数字经济发展态势

随着半导体、人工智能、数字基础设施、通信技术的深入发展，世界主要国家的数字化转型持续推进，数字经济总值不断增加。根据中国信息通信研究院的数据，2021 年全球 47 个主要经济体的数字经济总值为 38.1 万亿美元，占 GDP 的比重为 45%，同比名义增长 15.6%，高于同期 GDP 增长速度。其中，数字产业化总值为 5.7 万亿美元，占数字经济的比重为 15%，占 GDP 的比重为 6.8%；产业数字化总值为 32.4 万亿美元，占数字经济总值的比重为 85%，产业数字化仍然是数字经济发展的主导力量，如图 3-1 所示。

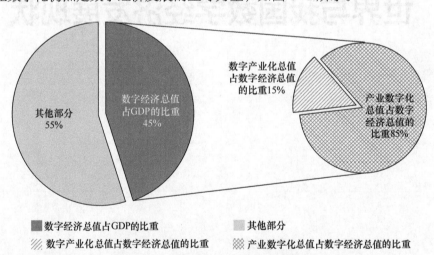

图 3-1　数字经济总值占 GDP 的比重及相关部分占数字经济的比重

数据来源：中国信息通信研究院《全球数字经济白皮书（2022 年）》

1. 全球数字经济发展格局

全球数字经济持续发展，发展格局日益清晰，形成了以美国、中国为领跑者，日本、韩国、德国、英国、法国和澳大利亚等国为跟随者，巴西、印度等国为起跑者的发展格局，其中，美国、中国，以及欧盟分别在技术、市场规模和规则方面优势突出。

美国在数字经济领域保持着全球领先的地位，无论是数字经济总值还是发展质量，都具有明显的优势。我国数字经济发展潜力巨大，关键技术如自动驾驶、图像识别和量子通信等技术已达到世界先进水平，特别是我国制造业产业门类齐全、产业体系完整、产业链配套能力全球领先，在产业数字化方面有着巨大的发展空间。但是我国在数字治理竞争力、数字创新竞争力等方面存在短板。欧盟在数字治理发展方面具有领先优势，出台了多个有关数字经济标准的法案，对大型互联网平台进行管理与限制，奠定了与中国、美国两强优势互补、不可或缺的第三极地位。

从区域特征来看，东亚和西欧国家数字经济竞争力较强，东南亚各国数字经济发展迅速，潜力巨大，但不同地域间、不同国家间发展差距较大。从整体来看，非洲、拉丁美洲、中东和中东欧等地区数字经济竞争力较弱。

从规模与增速来看，中国信息通信研究院发布的《全球数字经济白皮书（2023 年）》数据显示，2022 年韩国超越了英国和法国，跻身于世界数字经济规模前五强。美国、中国、德国、日本和韩国 5 个国家的数字经济总值达到了31 万亿美元，占 GDP 的比重为 58%，同比增长了 7.6%，这比 GDP 增速高出5.4%。值得一提的是，产业数字化总值占数字经济总值的比重逾 85%，成为拉动经济增长的新动力。相比于 2016 年，2022 年中国、美国数字经济总值分别增加了 4.1 万亿美元和 6.5 万亿美元。其中，中国的数字经济年均复合增长率达到了 14.2%，如图 3-2 所示。尽管我国数字经济总体规模在 2008 年前后和 2012 年前后分别超越英国和日本，但是距离美国仍有较大差距。

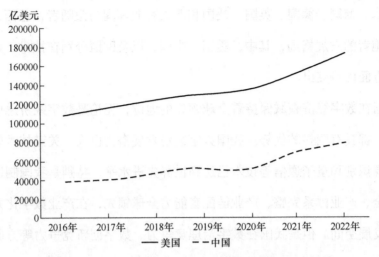

图 3-2 2016—2022 年中国、美国数字经济总体规模

2. 发达国家和高收入国家数字经济领先优势明显

中国信息通信研究院测算，2021 年，发达国家数字经济总值为 27.6 万亿美元，占全球 47 个主要经济体数字经济总值的 72.5%；发展中国家数字经济总值为 10.5 万亿美元，占全球 47 个主要经济体数字经济总值的 27.5%。高收入国家数字经济总值为 28.6 万亿美元，占全球 47 个主要经济体数字经济总值的 75.2%；中高收入国家数字经济总值为 8.6 万亿美元，占全球 47 个主要经济体数字经济总值的 22.6%；中低收入国家数字经济总值约为 0.9 万亿美元，占全球 47 个主要经济体数字经济总值的 2.2%[1]，如图 3-3 所示。不同经济体数字经济占比情况如图 3-4 所示。

发达国家和高收入国家的数字经济总值占 GDP 的比重均超过了 50%，反

---

1 20 个发达国家为挪威、瑞士、澳大利亚、爱尔兰、德国、瑞典、新加坡、荷兰、丹麦、加拿大、美国、英国、芬兰、新西兰、比利时、日本、奥地利、卢森堡、韩国、法国，其余均为发展中国家。根据世界银行 2020 年划分标准，高收入国家为爱尔兰、爱沙尼亚、奥地利、澳大利亚、比利时、波兰、丹麦、德国、法国、芬兰、韩国、荷兰、加拿大、捷克、克罗地亚、拉脱维亚、立陶宛、卢森堡、美国、挪威、葡萄牙、瑞典、瑞士、日本、塞浦路斯、斯洛伐克、斯洛文尼亚、西班牙、希腊、新加坡、新西兰、匈牙利、意大利、英国；中高收入国家为巴西、保加利亚、俄罗斯、罗马尼亚、马来西亚、墨西哥、南非、泰国、土耳其、中国；中低收入国家包括印度、印度尼西亚、越南。

映出其数字化水平的领先优势，而发展中国家的数字经济总值占 GDP 的比重仅为 29.8%，与发达国家相比，差距持续拉大。中高收入国家和中低收入国家的数字经济总值占 GDP 的比重分别为 34.3% 和 18.5%，表明这些国家的数字化转型存在较大增长潜力。总体来看，经济发展水平越高、收入水平越高的国家，数字经济总值在 GDP 中的占比越高。

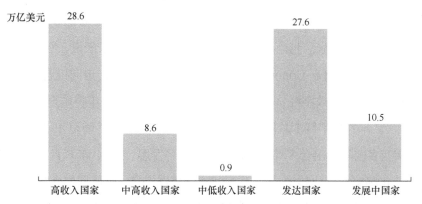

图 3-3　不同经济体数字经济发展情况

数据来源：中国信息通信研究院《全球数字经济白皮书（2022 年）》

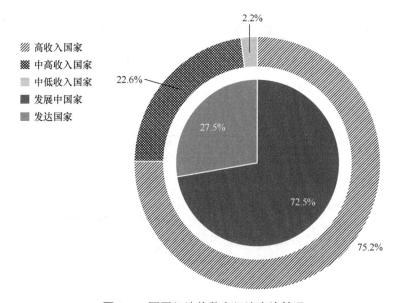

图 3-4　不同经济体数字经济占比情况

3. 东盟地区数字经济发展迅猛，潜力较大

2022 年 10 月，谷歌、淡马锡与贝恩公司联合发布的《e-Conomy SEA 2022——乘风破浪，走向机遇之海》显示，2022 年东盟地区数字经济总值达到 2000 亿美元，2025 年这个数字将会是 3300 亿美元，预计复合年均增长率为 20%。

东盟地区有 3 个国家值得关注，分别是印度尼西亚、越南和菲律宾。印度尼西亚是区域最大经济体，2022 年，印度尼西亚数字经济总值为 770 亿美元，科技初创公司超过 2000 家。越南和菲律宾相较于东盟其他国家来说，经济体量较大、数字经济增速较快。《e-Conomy SEA 2022——乘风破浪，走向机遇之海》显示，菲律宾在 2022 年的数字经济总值达到 200 亿美元，2025 年将增至 350 亿美元；越南在 2022 年的数字经济总值达到 230 亿美元，2025 年将增至 490 亿美元。

东南亚多国陆续出台多种政策推动数字经济发展。2020 年 6 月，越南发布了《至 2025 年国家数字化转型计划及 2030 年发展方向》，该计划包含数字技术的应用和体制、机制更新两个方面，有望摆脱中等收入陷阱，如图 3-5 所示。

图 3-5 越南数字经济发展目标

2021—2022 年，马来西亚先后发布了《马来西亚数字经济蓝图》《马来西亚数字计划》。马来西亚数字经济发展规划可以用"336"来概括，如图 3-6 所示。

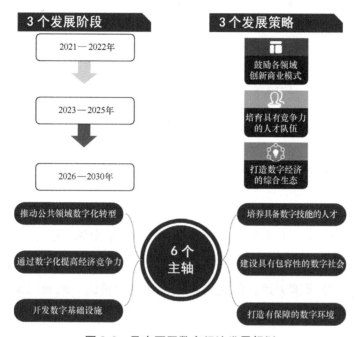

图 3-6　马来西亚数字经济发展规划

2021 年，印度尼西亚发布《2021—2024 年印度尼西亚数字路线图》，该路线图包括 6 个战略方向、10 个重点领域，涵盖至少 100 项重要举措，印度尼西亚数字路线图如图 3-7 所示。

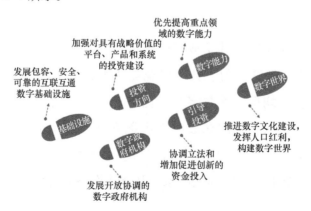

图 3-7　印度尼西亚数字路线图

图 3-7　印度尼西亚数字路线图（续）

二、全球数字经济竞争力

上海社会科学院 2022 年发布了《数字经济蓝皮书：全球数字经济竞争力发展报告（2021）》，对全球数字经济国家竞争力、全球数字经济城市竞争力、全球数字经济企业竞争力进行了定量分析。总体来看，我国数字经济规模大、发展速度快、发展潜力足，但是数字城市建设与美国、欧洲国家相比还有一定差距，跨国数字企业影响力不足。

1. 全球数字经济国家竞争力

通过从世界主要国家的数字设施竞争力、数字产业竞争力、数字创新竞争力和数字治理竞争力 4 个维度进行定量分析[21]，全球数字经济国家竞争力排名前 15 的国家如图 3-8 所示。相较于 2020 年，中国、美国两国差距持续缩小，爱尔兰、新加坡、韩国等国也形成了自身的发展特色。

美国在数字治理竞争力、数字设施竞争力、数字创新竞争力 3 项指标中优势突出，得分均衡，除数字产业竞争力得分较低之外，其余各项得分基本领先于其他国家。我国在数字产业竞争力方面得分居于各国之首，但在数字创新竞争力、数字治理竞争力和数字设施竞争力 3 个方面有待改进。除爱尔兰之外，榜单前 8 的其他国家，得分结构特征与美国相似，如图 3-9 所示。

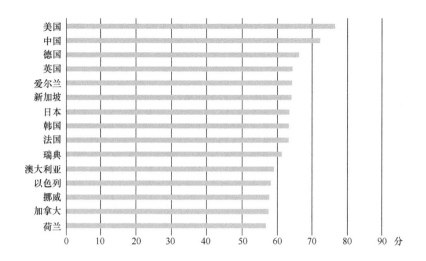

图 3-8　全球数字经济国家竞争力排名前 15 的国家

数据来源：上海社会科学院《数字经济蓝皮书：全球数字经济竞争力发展报告（2021）》

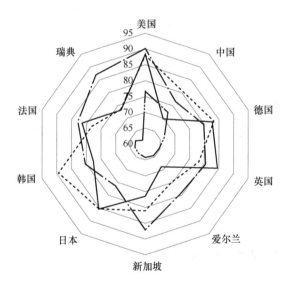

── 数字设施竞争力　---- 数字创新竞争力　── 数字治理竞争力　-── 总得分

图 3-9　全球数字经济国家竞争力（前 10）

数据来源：上海社会科学院《数字经济蓝皮书：全球数字经济竞争力发展报告（2021）》

2. 全球数字经济城市竞争力

上海社会科学院从经济与基础设施竞争力、数字人才竞争力和数字创新竞争力 3 个维度对全球主要城市的数字经济竞争力进行了排名，如图 3-10 所示。

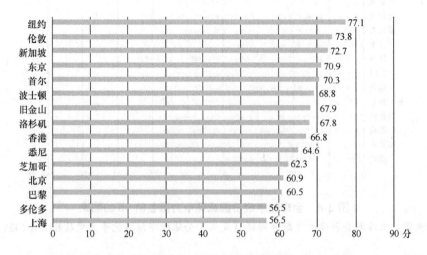

图 3-10　全球数字经济城市竞争力排名前 15 的城市

数据来源：上海社会科学院《数字经济蓝皮书：全球数字经济竞争力发展报告（2021）》

我国有香港、北京和上海 3 个城市位列榜单，分别处于第 9 位、第 12 位和第 15 位，与中国整体的数字经济实力并不相符。我国大部分城市在数字应用和产出、城市经济活跃程度等方面具备优势，但在城市综合治理、人均 GDP、对全球人才的吸引力、世界高校排名和高等教育毛入学率等方面欠佳。我国数字城市建设拥有足够大的规模，在高质量发展方面仍有较大潜力。

3. 全球数字经济企业竞争力

结合《福布斯》（Forbes）世界 500 强榜单和《财富》（Fortune）世界 500 强榜单，上海社会科学院对软件与服务、技术硬件与设备、半导体产品与设备、消费类电子产品、互联网 + 直销零售、电信业务、公用事业（电力等）、电气设备与机械制造 8 个行业的企业进行排名，从规模竞争力、效率竞争力、创新竞争力、成长竞争力 4 个维度对企业进行打分，如表 3-1 所示。

表 3-1　全球数字经济竞争力前 10 的企业

排名	公司	地区	综合竞争力得分	规模竞争力得分	效率竞争力得分	创新竞争力得分	成长竞争力得分
1	苹果	美国	76.50	92.36	78.50	70.49	64.61
2	亚马逊	美国	74.96	90.66	71.22	72.94	65.00
3	微软	美国	72.89	85.10	76.03	65.96	64.46
4	Alphabet	美国	71.96	77.17	76.86	68.96	64.83
5	Meta	美国	71.16	71.94	77.54	70.59	64.57
6	台积电	中国	71.09	68.02	75.85	75.30	65.20
7	三星	韩国	70.66	70.93	72.95	74.65	64.11
8	腾讯	美国	68.97	69.75	74.96	66.25	64.62
9	英伟达	美国	68.52	67.05	76.08	64.83	66.13
10	华为	中国	67.92	64.52	71.03	72.01	64.13

数据来源：上海社会科学院《数字经济蓝皮书·全球数字经济竞争力发展报告（2023）》

在 2022 年全球数字企业综合竞争力百强榜单中，美国企业占据 40 席，位居榜首。我国（含港澳台地区）共有 30 家企业上榜，紧随其后。日本和韩国分别有 11 家和 4 家企业位列其中。相较于 2020 年，本届榜单呈现出以下新特点。首先，美国百强企业继续保持主导地位，实力稳固；其次，我国具有竞争力的企业数量稳步提升，从原先的约 20 家增至如今的 30 家；第三，马太效应加剧，中美两国百强企业占比持续攀升；最后，日本和韩国企业保持竞争优势，相较于其他国家，有更多的日韩企业跻身百强之列。

三、全球数字经济治理体系

数字化变革驱动全球化内涵与形式发生了演变，数据要素、数字技术在全球范围内流动的同时也带来了诸多问题与挑战，特别是数字技术对政治安全、经济秩序和社会文化的冲击，以及受地缘政治的影响，新的全球治理体系与框架亟待完善。

全球数字治理是指世界各国、各组织为解决信息网络维护、数据要素流动、数字平台治理、数字技术应用等领域的全球性问题，而达成符合各方利益、约束各方行为、维护正常秩序的目的而制定规则、标准及执行机制的过程。从当前议题来看，投资数字基础设施建设和数字生态系统建设是核心内容，数据的安全与可信化自由流动是关注的重点，人工智能的分级分类管理成为新的方向，针对数字平台的透明度监管已经有了有效的探索。

1. 数字经济治理面临着新形势

一是多元数字主体利益诉求的差异提升了数据治理的难度。当前，数字技术和大数据融入个人生活、国家安全、商业运行的方方面面，不同国家和地区之间的利益主张和价值诉求在诸多因素的影响下相互交织、相互影响，存在着不同程度的冲突。

二是技术不断发展带来了负面效应，数据的快速流动导致影响国家安全、社会稳定、商业安宁的不确定性因素增多。具体表现为各国遭受境外网络攻击频次增多、网络虚假信息泛滥、平台公司违规收集个人数据、金融安全受到挑战等。特别是人工智能发展的不确定性，使传统的伦理秩序、法律规定面临新的挑战。

三是数字经济发展不平衡带来新的隐患。2021年最不发达国家4G人口覆盖率仅为53%，远低于87.6%的世界平均水平和98.6%的发达国家水平；其固定宽带普及率和互联网渗透率方面则分别比世界平均水平低15.3%和36%，如图3-11所示。

全球排名前5的数字平台型企业均为美国企业，占据着全球约70%的市场份额，美国市场价值超百亿美元的数字平台有31个，这个数字还在不断增加。此外，2021年发达经济体数字贸易全球占比高达77.8%，远高于其他经济体，如图3-12所示。

2. 数字治理模式

全球数字治理模式大致形成了以美国、欧盟、日本和中国为代表的4种治理模式[22]。

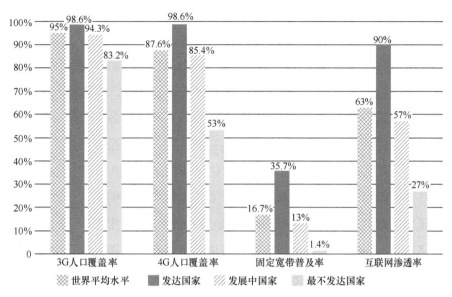

图 3-11　2021 年不同经济体 ICT 接入与使用情况

数据来源：中国信息通信研究院《全球数字治理白皮书（2022 年）》

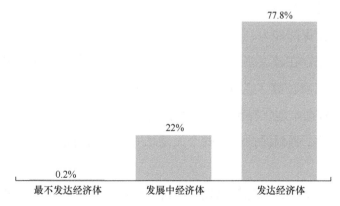

图 3-12　2021 年不同经济体数字贸易占比

数据来源：中国信息通信研究院《全球数字治理白皮书（2022 年）》

美国在全球经济治理中主张推动全球数字经济市场的自由开放，但是在执行过程中存在着矛盾。一方面，美国对技术占优势的国家和企业进行"长臂"管辖，要求企业将关键数据本地化存储，并且通过立法严格地限制和审查外资对美国企业的收购，综合动用税收、行政手段、财政手段、司法手段等手段，维护美国在数字经济方面的优势；另一方面，美国主张各国开放市场，推动美国企业占领别国市场，攫取更多国际市场份额。

欧盟虽然在技术方面优势并不明显，但是其利用共同体内部巨大的市场向世界推广"欧洲标准"。在数字治理与数字贸易等方面，欧盟的政策执行更为灵活。由于缺乏大型数字领域跨国公司，欧盟不断完善数字政策，通过加强对大型平台企业的管理来实现自身的价值主张。同时，欧盟更加强调提高反垄断调查力度，严格执行外资审查，持续强化市场秩序等以谋求竞争优势。

受多种因素的限制，日本形成了依附型的数字治理模式，一方面，日本政府主张加强对落后地区的数字基础设施建设支援和技术援助，同时努力打破阻碍数字贸易发展的各种壁垒，以提升各国的市场开放水平，为日本提供更多开拓全球市场的机会；另一方面，日本积极开展与美欧数字治理模式的对接与兼容，从而提升本国在全球数字经济规则制定方面的话语权和影响力。

作为新兴经济体和发展中国家的代表，中国在数字经济治理方面形成了具有中国特色的数字治理模式，总体呈现防御倾向。各新兴经济体和发展中国家在数字经济安全保障能力、数字经济基础实力和数字经济规则制定影响力等方面，与发达国家存在较大差距。出于保护本国企业、维护自身数字经济安全的考虑，发展中国家在数字经济治理方面主要有以下表现：限制本国数据跨境流动存储；通过数据本地化存储来实现数据价值的本地化，推动本土数字企业和数据市场的发展；强调保护公民的个人隐私并不断出台相关法律法规；积极出台数字税。

总体来看，美国技术优势明显、经济体量庞大、跨国企业众多，因此，更加推崇数字贸易与数据跨境流通的自由化；欧盟多注重信息与数据安全、强化平台的社会责任，注重规则与标准的统一；日本更加注重与美欧规则的对接，以提升本国的话语权和影响力。中国则提出了安全、普惠、平衡、自由和稳定的数字经济治理理念，认为数字税、数据流通管理、跨国数字平台管理应当兼顾国家安全保障与商业价值的增长，并传递给发展中国家普惠价值，如图 3-13 所示。

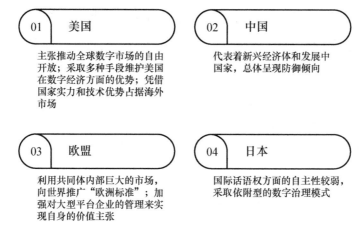

图 3-13　全球数字治理的 4 种模式

3. 国际数字化治理的相关框架

2016 年 9 月，在杭州举办的 G20 峰会上，中国牵头制定并发布了全球首个由多国领导人共同签署的数字经济政策文件《二十国集团数字经济发展与合作倡议》。2022 年 11 月，在印尼巴厘岛举办的 G20 峰会上，中国再次将数字化转型纳入关键议题讨论，围绕数字的广泛连接、数字技能与数字素养、可信化数据自由流动和跨境数据贸易三大优先事项展开建设性对话，这为数字经济的南北合作奠定了基础。

2020 年 6 月，新加坡、智利、新西兰 3 国线上签署《数字经济伙伴关系协定》（ DEPA ），旨在加强彼此之间的数字贸易合作并规范数字贸易协定。该协定聚焦电子商务便利化、数据转移自由化、个人信息安全化 3 个重要板块，并就人工智能治理框架、金融科技、无纸化贸易等板块的合作进行了规定。

2021 年 8 月，在德国举办的 G20 数字经济部长会议的主题为"数字化促进韧性、强劲、可持续和包容性复苏"，强调以数字技术推动世界经济包容性增长，并关注中小企业的发展。

2021 年 11 月，亚太经济合作组织（ APEC ）各成员通过了《奥特奥罗亚行动计划》（ APA ）。《奥特奥罗亚行动计划》强调各成员要着力弥合数字鸿沟，推进数字基础设施建设，提升数字技能和数字素养，推动具有包容性的数字贸易、投资、创新政策落地，以促进数字经济可持续增长并改善所有人的生活质量，并且要促进初创企业和中小微企业获得融资并融入全球价值链。

2023年5月，联合国发布了秘书长关于《全球数字契约》（GDC）的政策简报，首个全球性、综合性的数字治理框架诞生。契约围绕连接的广泛性、避免互联网碎片化、保护个人数据和网络人权、误导性和歧视性内容问责、人工智能监管等方面构建共同原则。

全球性数字治理框架重要文件如图3-14所示。

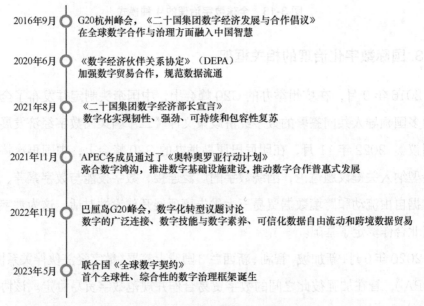

图 3-14　全球性数字治理框架重要文件

四、全球数字经济发展展望

1. 数字基础设施将是未来几年的建设重点

"兵马未动，粮草先行"，数字基础设施在数字经济发展中起着支撑作用，5G信号基站、数据中心、无人化配套设施等展现出巨大发展潜力，各国加快推进数字基础设施建设。我国发布的《"双千兆"网络协同发展行动计划（2021—2023年）》《"十四五"国家信息化规划》，对数字基础设施建设的步骤与目标进行了明确规划。日本发布了《ICT基础设施区域拓展总体规划2.0》，加快5G网络部署和光纤的铺设进度。2021年3月，欧盟委员会发布了《2030数字罗盘计划：数字化十年的欧洲道路》，鼓励数字基础设施投资，打造数字主权"国家"；计划到2030年，欧盟所有家庭将实现千兆网络覆盖，5G覆盖率大幅提升。2018年，美国推出《重建基础设施立法纲要》，重点强调了推动自动驾驶技术、新轨道运输技术发展和5G通信基站、无人机等数字基础设施建设，以推动制造业回流，带动新兴产业发展；2021年6月，美国发布"重建更美好世界"基础设施计划，目的是推动5G基础设施、人工智能基础设施、无人制造基础设施等数字基础设施建设落地。5G、光纤、工业智能化和数字化程度等成为数字经济发展的新风向标。

2. 普惠化、生态化、绿色化成为新的发展方向

数字技术改变了经济增长方式和国际分工合作态势，深刻影响着全球产业链的竞争格局。为加快经济转型、在科技革命中把握主动权，世界各主要经济体加快出台相关政策，推动数字经济向普惠化、生态化、绿色化方向前进。

数字经济的普惠化主要体现在两方面：一是更多普通公民享受到数字基础设施建设带来的便利，生活水平提高且就业环境得到改善；二是中小型企业实现数字化转型，能够在更平衡的环境中发展。这将有助于推进我国国内大循环，释放更多消费潜力与创新能力，推动经济发展。

数字经济的生态化主要体现在产业链和供应链的建设与完善。数字技术的发展使得"无人工厂"成为可能，人工智能技术能够极大地帮助从业人员高效完成工作，产业链和供应链上需要的体力劳动者更少，需要的技术人员更多。因此，全球产业链条将向技术优势明显的国家聚集。

全球变暖等因素带来能源价格波动，绿色化转型成为数字经济背景下的一大特点，清洁能源将在我国迎来更大的发展。

3. 数实融合进一步加快

各国陆续出台多项政策，着力推进数字技术赋能制造业。2016年，德国推出《数字化战略2025》，涵盖数字技能培养、基础设施建设及设备制造、创新和数字化转型、数字化人才培养等内容；2018年，美国发布《先进制造业美国领导力战略》，加快发展技术密集型的先进制造业。

此外，伴随着物联网、云计算、人工智能和区块链等技术的不断发展与深度应用，制造业供需的精准调度水平与供需匹配程度将大幅提高，使得产业链条更加完备、行业资源得以充分利用，制造业海量数据价值得到释放。TrendForce集邦咨询认为，2021年全球智能制造市场规模已达3050亿美元，2025年有望达到4500亿美元，年复合增长率为10.5%，这将是制造业的"黄金5年"。

4. 数据价值的开发和数据保护成为重要主题

数据作为数字经济发展的关键生产要素，其价值得到释放，数据交易与流通水平将大幅提高。IDC预测2025年全球数据总量将达到175ZB，中国产生的数据总量将达48.6ZB，占全球数据总量的27.8%，每年对GDP增长的贡献率有望达到1.5%～1.8%。数据的安全流动与保护、数据价值在各国的政策文件中多次出现，这将成为各国重要的发展议题。全球数字经济未来发展态势如图3-15所示。

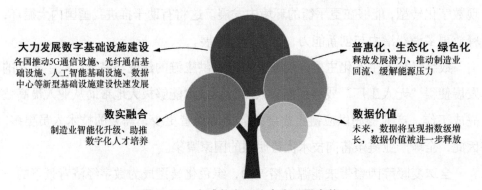

全球数字经济未来发展态势

大力发展数字基础设施建设
各国推动5G通信设施、光纤通信基础设施、人工智能基础设施、数据中心等新型基础设施建设快速发展

数实融合
制造业智能化升级、助推数字化人才培养

普惠化、生态化、绿色化
释放发展潜力、推动制造业回流、缓解能源压力

数据价值
未来，数据将呈现指数级增长，数据价值被进一步释放

图3-15　全球数字经济未来发展态势

第二节　我国数字经济发展现状

党的二十大对加快数字中国建设作出重要部署。数字中国建设涉及千行百业，是数字时代国家转型、产业升级的新战略。数字经济在"十四五"规划中有了新的发展方向：要建设数字经济新优势，充分利用海量数据和多样化应用场景优势，推动数字技术和实体经济深度融合，助力传统产业转型升级，孕育新产业、新业态、新模式，不断提升我国数字经济的实力、质量和规模[23]。近年来，我国数实融合进一步加快，数字经济总值位居世界第二，各省区市数字经济产业园区蓬勃发展，已基本形成六大数字经济创新增长极。数字经济正在成为重组生产要素资源、重塑产业经济结构、提升竞争力的关键力量。

一、我国数字经济发展概况

自 2016 年以来，我国数字经济整体发展态势良好。2022 年，我国数字经济总值达到 50.2 万亿元。根据数字经济发展趋势，到"十四五"规划结束，我国数字经济总值将迈上 60 万亿元台阶，每年将会以 10% 左右的增速平稳增长，如图 3-16 所示。

图 3-16　我国数字经济总值

数据来源：中国信息通信研究院《中国数字经济发展研究报告（2023 年）》

1. 数字经济拉动国内生产总值的作用显著

2022年，我国数字经济总值突破了50万亿元，数字经济同比增长10.33%，数字经济增速连续多年高于同期GDP增速，数字经济的"稳定器""加速器"作用明显，2016—2022年数字经济增速与GDP增速对比如图3-17所示。

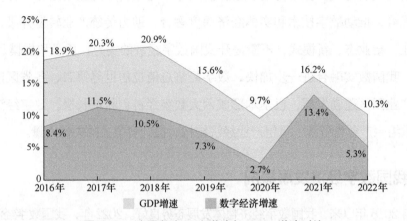

图3-17 我国数字经济增速与GDP增速对比

数据来源：中国信息通信研究院《中国数字经济发展研究报告（2023年）》

2022年数字经济占GDP的比重超过四成，占比达到41.5%，这一比重相当于同期第二产业占国民经济的比重（39.9%），不难看出数字经济在国民经济中的地位变得更加稳固，支撑作用变得更加明显，如图3-18所示。

数字产业化基础实力持续巩固，2022年，我国数字产业化规模达到9.2万亿元，同比增长10.3%，占GDP的比重为7.6%，数字产业化规模保持平稳增长态势。预计在"十四五"规划收官之年，数字经济总值占GDP的比重将达到50%左右。2022年，产业数字化规模达41万亿元，占GDP的比重达33.9%，各行业数字化转型成果显著。

2. 数字经济发展势头良好

2013—2021年，中国数字经济发展指数快速增长。一般认为，从2013年起，中国进入移动互联网时代，中国数字经济进入成熟期，因此以2013年为基准（中国数字经济发展指数取值为1000）进行标准化，2021年中国数字经济发展指数为 5610.60，2013—2021 年 8 年间增长了约 4.61 倍，年复合增长率为 24.06%。同期 GDP 指数增长了 64.27%，年复合增长率为 6.4%；人均 GDP 指数增长了 58.55%，年复合增长率为 5.93%。数字经济发展指数表现出与 GDP 指数、人均 GDP 指数高度相关 [24]，如图 3-19 所示。

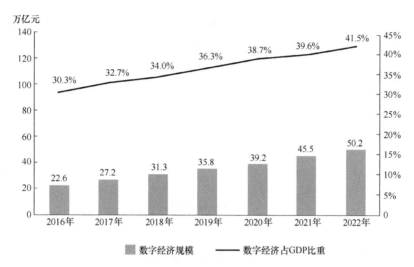

图 3-18　我国数字经济规模与占 GDP 的比重

数据来源：中国信息通信研究院《中国数字经济发展研究报告（2023 年）》

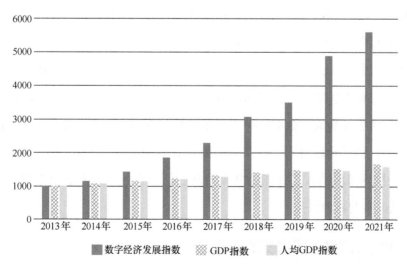

图 3-19　我国数字经济发展指数

3. 数字基础设施建设深入推进

伴随着《"十四五"数字经济发展规划》等政策的出台与落实，数字基础设施建设发展迅速，对数字经济拉动和提升的作用明显，如图 3-20 所示。

图 3-20　数字基础设施建设

我国的光纤和移动宽带网络规模位居全球首位，截至 2022 年年底，我国光缆线路总长度为 5958 万千米，累计建成开通 5G 基站 231.2 万个，全年新建 5G 基站 88.7 万个，占移动基站总数的 21.3%，5G 网络已经覆盖全部地级市、超过 98% 的县城城区和 80% 的乡镇镇区。中国电信、中国联通、中国移动这 3 家基础电信企业蜂窝物联网用户 18.45 亿户，全年净增 4.47 亿户。我国拥有智算中心 20 个、大型和超大型数据中心 497 个，数据中心机架 590 万个，服务器规模 2000 万台，位居全球第二，仅次于美国 [25]，如图 3-21 所示。此外，我国还打造出了一批国家级的人工智能公共算力开放创新平台，为中小企业数字化发展提供了低成本的算力服务。

4. 数字经济融入国家发展大局

数字经济作为经济发展的重要引擎，已经融入国家重大战略。在新型基础设施建设、清洁能源转型、城镇化建设、产业升级等方面的政策文件中，数字经济多次出现并处于重要位置，如表 3-2 所示。

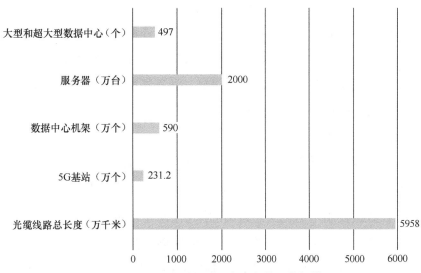

图 3-21 我国的光纤和移动宽带网络规模

表 3-2 涉及数字经济的部分政策文件

发布时间	政策文件名称	涉及领域
2021年9月	《物联网新型基础设施建设三年行动计划（2021—2023年）》	新型基础设施建设、物联网
2022年1月	《国务院关于支持贵州在新时代西部大开发上闯新路的意见》	西部大开发
2022年5月	《关于推进以县城为重要载体的城镇化建设的意见》	城镇化建设
2022年6月	《广州南沙深化面向世界的粤港澳全面合作总体方案》	粤港澳大湾区
2022年9月	《全国一体化政务大数据体系建设指南》	数字政府

5. 形成六大数字创新高地

党的二十大报告明确指出："加快发展数字经济，促进数字经济和实体经济深度融合，打造具有国际竞争力的数字产业集群。"目前，国内形成了京津冀、粤港澳大湾区、长江三角洲地区（长三角）、山东半岛、川渝和长江中游六大数字创新高地和产业集群[26]。基于中国信息通信研究院发布的报告,可以总结出各地区的优势及特点如下。

(1)京津冀:科研驱动型创新高地

北京在京津冀地区数字经济发展方面起到引领作用。从市场主体来看,北京的数字创新头部企业近70家,潜力企业约400家;从产业集群来看,北京拥有4个数字创新领域的国家级产业集群,涵盖移动互联网产业、数字电视和数字内容、集成电路和人工智能产业。无论是从企业数量还是产业发展情况来看,北京都位于各省区市前列。

天津在关键基础技术方面的创新能力较强,芯片、操作系统、整机终端、应用软件等产业体系具备较强的创新能力,"北方大数据交易中心"的落地推动了当地在数据要素市场化交易方面的探索;从市场主体来看,天津市有数字创新头部企业4家,潜力企业约80家,数字创新企业的业务主要围绕着信息安全、半导体材料、高性能计算机和通信等关键基础技术领域;从营业收入来看,天津2021年规模以上电子信息制造业营业收入约2000亿元,软件和信息技术服务业营业收入超2600亿元。

河北数字创新的优势不明显,但是已基本形成第三代半导体、太阳能光伏等较为完备的产业链条。河北省现有1家数字创新头部企业,潜力企业60余家,2个国家级产业集群,分别是燕郊高新区新型电子元器件及设备制造创新型产业集群和保定新能源与智能电网装备产业集群,此外,河北省正在打造8个省级电子信息产业集群,包括石家庄光电与导航产业集群、唐山工控软件及工业大数据产业集群、张家口超大型数据中心集群等。

总体来看,已形成以北京为主导,天津和河北各具特色的新发展格局,如图3-22所示。

(2)粤港澳大湾区:产业驱动型创新高地

粤港澳大湾区对外开放程度较高,创业创新氛围活跃,已成为全球重要的电子信息产业集群区。以广东省为例,广东省拥有54家头部数字创新企业,超600家进入国家级专精特新"小巨人"企业或"独角兽"企业名单,形成了新一代信息通信集群、广深佛莞智能装备集群等 22 个数字创新国家级产业集群，在电子信息产业领域，位居全国各省区市前列。根据中国信息通信研究院发布的数据，广东省数字产业 2021 年营业收入合计约 7 万亿元，其中，规模以上电子信息制造业营业收入达 4.56 万亿元，软件和信息服务业营业收入达 1.57 万亿元，电信业务收入约 1800 亿元，互联网业务收入约 3400 亿元。广东省相关数据如图 3-23 所示。

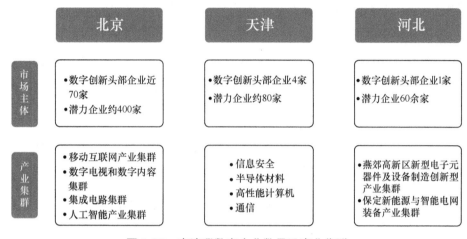

图 3-22　京津冀数字企业数量及产业集群

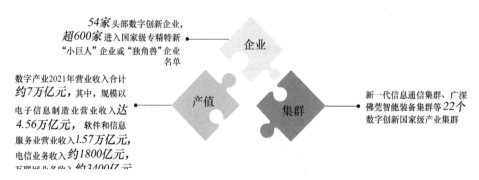

图 3-23　广东省相关数据

（3）长三角：均衡发展型创新高地

长三角区域内各城市数字创新资源和能力较为均衡，核心城市辐射带动作用强，目前已形成以上海为引领，辐射杭州、宁波、苏州、南京、无锡、南通、合肥等地的数字创新城市群。长三角地区拥有 75 家数字创新头部企业，分布在上海、杭州、苏州、合肥等核心城市。从创新平台来看，上海市在数字创新领域拥有 6 家国家工程研究中心，1 家国家集成电路创新中心，1 家国家智能传感器创新中心，2 家国家制造业创新中心，近 30 家数字创新头部企业，230 余家潜力企业，涵盖集成电路、人工智能、智能传感器等多个领域。上海作为我国的金融中心，其发达的金融业和金融服务体系为数字创新和产业发展提供了融资途径。2021 年上海数字创新领域风险投资项目近 900 个。

合肥依托中国科学技术大学、安徽大学、合肥工业大学等双一流高校，积极布局半导体、量子技术和智能可穿戴设备等产业，人工智能和智能可穿戴设备领域诞生了 2 家数字创新头部企业、60 余家潜力企业，聚集了 20 多家量子科技企业。这些企业联合智能语音产业链上具有优势的科研院所，组建打造了国家智能语音创新中心。有望在合肥形成国内乃至世界先进的量子产业集群。长三角创新企业数量及优势产业如图 3-24 所示。

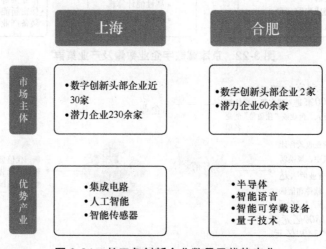

图 3-24　长三角创新企业数量及优势产业

（4）山东半岛、川渝地区、长江中游：潜力型创新高地

山东半岛、川渝地区和长江中游的湖北、湖南两省拥有较强的科研实力和优势制造产业，走在全国数字创新前列，形成了三大特色城市群。尽管这 3 个区域的部分创新指标与数字创新高地创新指标相比仍有一定差距，但均已培育出一定

数量的创新潜力企业和产业集群，具有很强的区域带动能力和数字发展潜力。

山东半岛形成了以青岛、济南双核联动，辐射烟台、潍坊、淄博、威海协同发展的数字创新城市群。山东省拥有 6 家数字创新头部企业，近 150 家创新潜力企业，形成了 9 个数字创新国家级产业集群，集中在机器人、信息技术服务、电子元器件及其功能材料、智能家电、轨道交通装备、高效传动与智能铲运机械、半导体发光、锂电和智能制造装备等领域。

川渝地区形成了以成都、重庆双城为核心的数字创新城市群。四川优势产业在电子信息领域。从产业集群来看，成都拥有 8 个千亿级电子信息产业集群，并已形成软件和信息服务集群、数字新媒体创新型产业集群两个国家级产业集群。重庆的优势产业为电子制造，拥有超 70 家数字创新潜力企业，涵盖智能终端设备、显示屏、电子零部件等产业，已形成智能终端产业集群、软件和信息服务产业集群 2 个千亿级产业集群和传感器及仪器仪表产业集群、集成电路产业集群、智能家电产业集群、新型显示产业集群等百亿级产业集群，2021 年重庆规模以上电子信息制造业营业收入超 6100 亿元。根据重庆市的"十四五"规划，2021—2025年重庆将在集成电路、新型显示、新型智能终端和智能汽车等 10 个支柱产业重点发力。当前。川渝地区有数字创新头部企业 2 家、潜力企业 210 余家。

长江中游两省优势产业特色突出，双一流高校、科研院所众多，拥有较强的产业创新支撑。目前，长江中游地区已形成了以武汉、宜昌、长沙、株洲 4 座城市为主的创新城市集群。湖北省光电通信领域产业基础雄厚、创新能力强，创新头部企业数量为 8 家，大部分为光电通信领域企业。在光电通信领域龙头企业和科研院所的支撑下，武汉组建了国家信息光电子创新中心。湖北省产业集群集中在光电通信和显示领域。湖南省在智能设备制造领域创新实力较强，拥有 2 家数字创新头部企业和近 120 家创新潜力企业，集中在电子零部件和消费电子制造等领域。当前，湖南已经形成高端数控机床产业集群、轨道交通产业集群、电子元器件产业集群和软件产业集群等产业集群。总体来看，湖南、湖北两省数字创新头部企业约 10 家，潜力企业为 260 余家。山东半岛、川渝地区、长江中游地区相关信息如图 3-25 所示。

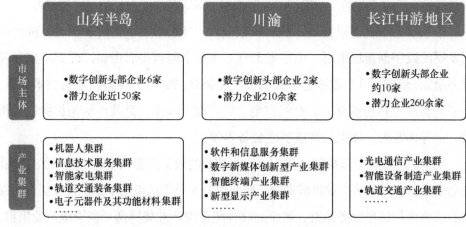

图 3-25　山东半岛、川渝地区、长江中游地区相关信息

二、数字产业化提供稳增长的坚实基础

数字产业化即数字技术的产业化，能够为产业数字化、数字化治理和数据价值的开发提供技术支撑、产品服务和解决方案，核心产业有通信产业、软件和 IT 服务业、电子信息产业、互联网行业等。

1. 数字产业化发展总体情况

从规模上看，2022 年，数字产业化增加值规模达 9.2 万亿元，比上年增长 10.3%，占 GDP 比重约为 7.6%。从结构上看，ICT 服务（信息通信技术服务，是电信服务、信息服务、信息技术服务及应用的有机结合）发展势头强劲，在数字产业化中占据主要地位，软件产业和互联网行业的占比小幅提升。数字产业化增加值规模及增长率如图 3-26 所示。

2. 电信业务成为数字产业化的主要组成部分

从数字产业化内部细分来看，2022 年电信业务收入稳步提升，收入累计完成 1.58 万亿元，比上一年增长 8%，其中，云计算、大数据、数据中心、物联网等业务 2022 年总收入为 3072 亿元，成为拉动电信业务的重要组成部分。电子信息制造业稳定增长，较工业、高新技术产业增速明显。2022 年，软件和 IT 服务业继续快速增长，全国超过 3.5 万家规模以上的软件和 IT 服务业企业累计实现软件业务收入 10.8 万亿元，同比增长 11.2%。互联网和相关服务业保持健康发展，2022年，我国规模以上的互联网和相关服务业企业完成互联网业务收入 1.5 万亿元，同比下降 1.1%，如图 3-27 所示。

图 3-26　数字产业化增加值规模及增长率

数据来源：中国信息通信研究院《中国数字经济发展研究报告（2023 年）》

图 3-27　数字产业化内部细分行业产值

数据来源：中国信息通信研究院《中国数字经济发展报告（2022 年）》

3. 数字产业创新能力不断提升

第一，数字产业核心技术实现突破，构建自主可控的产业生态成为我国数字经济发展的新方向。当前，在基础前沿领域，如量子计算原型机、类脑计算芯片、碳基集成电路，我国不断取得新的突破；在人工智能、区块链、物联网等数字产业核心领域成功打造出一批自主的软硬件平台和开源社区，并在应用场景中展示了效能。这为我国打造自主可控的产业生态奠定了技术基础，也为我国数字经济发展开辟了新的路径。

第二，工业数字化创新能力不断提升。2022 年我国数字经济核心产业发明专利授权量达 33.5 万件，同比增长 17.5%，工业互联网产业规模达到 1.2 万亿元，成功上线东西南北中 5 个国家顶级节点和 2 个灾备节点，全国 31 个省区市实现二级节点全覆盖，服务企业近 24 万家，形成了 240 余个有影响力的工业互联网平台，其中跨行业、跨领域平台为 28 个，为产品全流程、生产各环节、供应链上下游的数据互通、资源协同，加速企业数字化转型提供了有力支撑。

第三，数据产业创新能力显著增强。截至 2021 年，我国大数据产业规模达 1.3 万亿元，是全世界云计算市场规模增速最快的经济体之一。我国在大数据领域的研究和创新表现突出，2021 年发表的论文量占全球论文总量的 31%，大数据相关专利受理总数占全球总数 50% 以上，且均居全球首位，2021 年我国大数据市场主体超 18 万家，从市场潜力看，2021 年我国大数据相关企业获得的投资总金额超过 800 亿元，创下历史新高[27]，如图 3-28 所示。

4. 数字产业化发展任重道远

2022 年 1 月，国务院印发的《"十四五"数字经济发展规划》（以下简称《规划》）强调，2025 年数字经济核心产业增加值占 GDP 比重将达到 10%。在预计 2021—2025 年年均 GDP 增长率为 5% 的情况下，数字经济核心产业的年均增长率要达到 13.12%。2025 年，我国软件和 IT 服务业规模要达到 14

万亿元，工业互联网平台应用普及率达到 45%。国家工业和信息化部相关数据显示，2022 年软件和信息技术服务业规模为 10.8 万亿元，2021 年工业互联网平台应用普及率仅为 17.5%。由此可见，我国数字产业化的发展道路任重道远。

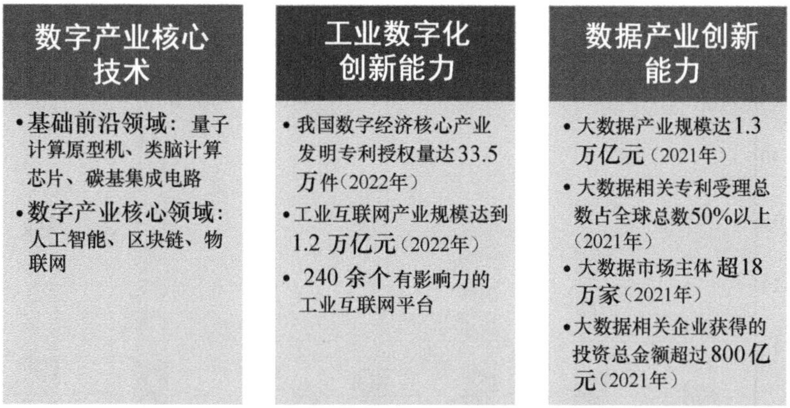

图 3-28　数字产业创新能力

数据来源：中国信息通信研究院《大数据白皮书（2022 年）》

三、产业数字化推动数字经济快速增长

产业数字化是数字经济的重要组成部分。伴随着 5G 通信、大数据、人工智能等数字技术和实体经济的深度融合，产业数字化对数字经济增长的贡献作用更加突出。2022 年，我国产业数字化规模达到了 41 万亿元，占数字经济的比重为 81.7%，同比名义增长 10.3%，占 GDP 的比重高达 33.9%，较去年增长了 1.6%，如图 3-29 所示。产业数字化规模增长迅速，成为数字经济规模和国内生产总值增长的重要引擎。

1. 产业数字化与制造业进一步融合

从整体上看，正加快推进中国制造业数字化转型进程，数字经济与实体经济将在更广领域、更深层次和更高水平上实现融合发展。根据《"十四五"信息化和工业化深度融合发展规划》的目标要求，到2025年，规模以上制造业企业要实现数字化、网络化，重点行业骨干企业基本实现应用智能化，企业经营管理数字化普及率达80%，数字化研发设计工具普及率达85%，关键工序数控化率达68%，工业互联网平台普及率达45%，如图3-30所示。

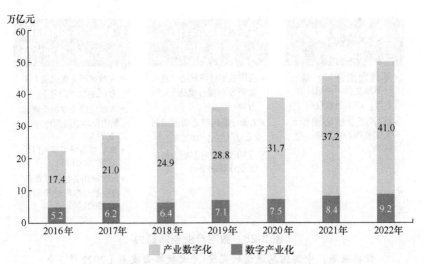

图3-29 数字产业化和产业数字化规模

数据来源：中国信息通信研究院《中国数字经济发展研究报告（2023年）》

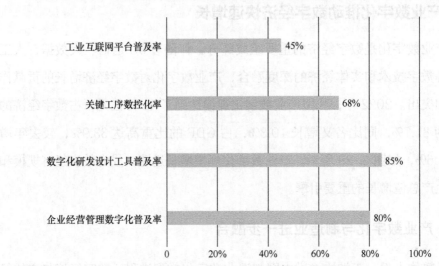

图3-30 "十四五"制造业数字化转型目标

2. 产业数字化转型提档加速

"十四五"规划提出，要深入推进"上云用数赋智"行动。"上云"的重点是推广具有普惠性的云服务，"用数"是要深入推进大数据融合应用，"赋智"是指企业进行智能化改造。推动"上云用数赋智"行动需要各方共同努力。政府积极引导，为数字化转型提供政策支持，并优化环境。数字化平台应积极为各行业提供智能化的解决方案，帮助企业提升效率、降低成本。同时，行业内的龙头企业应发挥引领作用，带动中小企业共同发展，形成行业内的良性竞争与合作。行业协会则应提供全方位的服务，包括政策解读、业务咨询、协调沟通等方面，为企业数字化转型提供全方位的支持。"上云用数赋智"行动旨在为企业数字化转型提供普惠性服务、资源支撑和生态构建，解决企业面临的"不会转""没钱转""不敢转"等问题。

3. 三次产业数字化转型

面对复杂的经济形势，我国各行业都对加快数字化转型有了更深刻的认识。2022 年，服务业数字经济渗透率为 44.7%，工业数字经济渗透率为 24%，农业数字经济渗透率为 10.5%，各行业数字化转型保持平稳增长态势。

第一，农业方面。我国不断出台政策，鼓励引导社会资本向农村倾斜，打造智慧乡村。在各级政府和相关部门的努力下，农业的信息化建设取得了长足的进展，育种、耕种和装备领域的数字化、智能化水平得到显著提升，数字技术在农业生产全流程中都有了广泛的应用。

第二，制造业方面，中国信息通信研究院显示，数字化与工业化融合不断深入。一是从事工业互联网服务行业的企业数量不断增加，工业互联网服务体系逐渐完善。二是融合应用深度拓展，覆盖 31 个工业门类和 45 个国民经济大类，形成了全产业链条的支撑服务能力。三是"5G+ 互联网"从起步阶段走向关键期。我国在"5G+ 互联网"领域拥有全球四成的主要专利，技术研发能力不断增强，产业方面的应用广度与深度也在不断提升。四是智能化转型加速。我国培育出了 305 个智能制造试点示范项目、700 多个智能工厂，实现网络化协同、服务型制造、个性化定制的企业比例分别达到 39.5%、30.1% 和 10.8%。

第三，服务业方面。一是电子商务、移动支付交易规模位居世界首位，数字文创、智慧旅游、网约车等市场规模不断扩大。全国网络零售额从 2012 年的 1.31万亿元增长到 2022 年的 13.79 万亿元，年均增速近 30%，2022 年跨境电商进出口（含B2B）2.11 万亿元，同比增长 9.8%。二是深入挖掘市场消费潜力，东北地区和中部地区的网络零售额持续增长，即时零售新业态迎来了较快发展。三是适老化深入推进，各大主流 App 进行了适老化改造，让老年人也能享受到数字经济发展的红利[28]。

四、数据价值进一步开发

2019—2021 年，我国数据产出以年均 30% 左右的速度高速增长，仅 2021年数据产量就达 6.6ZB（1ZB 大约等于 10 亿 GB），占全球数据总量近 1/10[29]。总体而言，我国数据资源总量大、类型丰富、增速快。但是，数据要素市场化配置尚在起步阶段，数据交易的制度建设、秩序维护仍在探索中，数据要素价值有待进一步释放。

1. 鼓励支持数据作为市场要素进行交易

数据确权在数据要素市场化配置中占据重要位置。2021 年 3 月召开的中央财经委员会第九次会议指出，加强数据产权制度建设；2022 年 1 月发布的《"十四五"数字经济发展规划》提出，到 2025 年数据确权有序开展。伴随着相关政策和文件的出台，数据交易制度日臻完善。数据交易制度建设部分政策文件如表 3-3 所示。

表 3-3　数据交易制度建设部分政策文件

发布时间	文件/政策名称	核心要点
2019年11月	《中共中央关于坚持和完善中国特色社会主义制度　推进国家治理体系和治理能力现代化若干重大问题的决定》	数据可作为生产要素按贡献参与分配

续表

发布时间	文件/政策名称	核心要点
2020年4月	《中共中央　国务院关于构建更加完善的要素市场化配置体制机制的意见》	对数据要素市场化配置改革进行了总体部署
2021年3月	《中华人民共和国国民经济和社会发展第十四个五年规划和2035年远景目标纲要》	建立健全数据要素市场规则
2022年1月	《"十四五"数字经济发展规划》	提出到2025年初步建立数据要素市场体系
2022年1月	《要素市场化配置综合改革试点总体方案》	探索建立数据要素流通规则，包括完善公共数据开放共享机制、建立健全数据流通交易规则、拓展规范化数据开发利用场景、加强数据安全保护等
2022年4月	《中共中央 国务院关于加快建设全国统一大市场的意见》	加快培育数据要素市场，建立健全数据安全、权利保护、跨境传输管理、交易流通、开放共享、安全认证等基础制度和标准规范
2022年12月	《中共中央　国务院关于构建数据基础制度更好发挥数据要素作用的意见》	探索建立数据产权制度，推进数据分类分级确权授权使用和市场化流通交易，健全数据要素权益保护制度；建立数据资源持有权、数据加工使用权、数据产品经营权等分置的产权运行机制

2. 数据交易平台蓬勃发展

2015年4月，贵阳大数据交易所正式挂牌运营。这是全国第一家以大数据命名的交易所。截至2022年8月，全国已建或拟建数据交易平台达40余家，各省区市积极打造具有区域特色、技术优势的数据交易平台，数据交易发展前景广阔。

北京国际大数据交易所积极探索"数据可用不可见，用途可控可计量"的新型交易模式。上海数据交易所利用全数字化数据交易系统，为数据交易提供了安全便捷的平台，保证了数据交易的实时挂牌、跨区域交易、全程可追溯，提高了数据交易的效率和透明度。广州数据交易所为数据流通交易提供了全周期服务，从数据确权、数据定价、数据安全监管等方面，攻克了数据交易中的关键共性难题，保障了数据交易的合法性和安全性。部分数据交易平台建设时间如表3-4所示。

表 3-4　部分数据交易平台建设时间

时间	数据交易中心名称
2014年	中关村数海大数据交易平台 北京大数据交易服务平台 香港大数据交易所
2015年	贵阳大数据交易所 华东江苏大数据交易中心 武汉东湖大数据交易中心 华中大数据交易所 西咸新区大数据交易所 深圳交通大数据交易平台 河北大数据交易中心 武汉长江大数据交易中心 杭州钱塘大数据交易中心 重庆大数据交易平台
2016年	上海数据交易中心 浙江大数据交易中心 亚欧大数据交易中心 南方大数据交易中心
2017年	青岛大数据交易中心 河南平原大数据交易中心 河南中原大数据交易中心
2018年	吉林省东北亚大数据交易服务中心
2019年	山东数据交易平台
2020年	安徽大数据交易中心 北部湾大数据交易中心 山西数据交易服务平台 中关村医药健康大数据交易平台
2021年	北京国际大数据交易所 北方大数据交易中心 上海数据交易所 贵州省数据流通交易服务中心 华南国际数据交易公司 西部数据交易中心 深圳数据交易所 合肥数据要素流通平台 海南省数据产品超市 德阳数据交易中心 长三角数据要素流通服务平台

时间	数据交易中心名称
2022年	湖南大数据交易所 无锡大数据交易有限公司 福建大数据交易所 广州数据交易所 青岛海洋数据交易平台 郑州数据交易中心

2015 年被认为是"数据交易 1.0"阶段，初步实现了数据的市场化交易，但是数据隐私安全保障、数据确权、数据定价等其他难题层出不穷，数据交易的发展一度停滞。2020 年，伴随着中央多份规范文件的出台，数据交易进入全新 2.0 阶段。

五、数字经济区域发展情况

2021 年，广东、江苏、山东、浙江、上海、北京、福建、湖北、四川、河南、河北、湖南、安徽、重庆、江西、辽宁 16 个省区市的数字经济总值突破 1 万亿元，其中，北京、上海、天津等省市的数字经济占 GDP 的比重已超过 50%，有力地带动了区域经济的发展。此外，浙江、福建、广东、江苏、山东、重庆、湖北等省市数字经济占 GDP 的比重也在全国平均水平之上。

1. 各省市数字经济发展取得长足进步

数字经济的发展可以有效带动产业升级、促进经济的发展。2021 年，福建省数字经济增加值达 2.3 万亿元，贵州数字经济总值占地区生产总值的比重达 34%，湖南数字经济总值增长了 17%。2021 年各地数字经济发展取得了不错的成绩。

部分省区市结合本地区产业特色、发展目标和区域优势在政府工作报告中提出了未来重点发展的产业。如湖南省在政府工作报告中提出，要壮大先进计算、北斗卫星定位系统应用、智能网联汽车等优势产业，积极布局光电信息、量子信息、人工智能等未来产业。浙江省在政府工作报告中提出，要深化数字经济发展，重点关注数字安防、集成电路、智能计算和智能光伏等领域，推进类脑智能、量子信息等未来产业的发展。山东省在政府工作报告中提出，要巩固数字经济新优势，打造先进计算、集成电路、新型智能终端、超高清视频等数字产业集群。贵州省在政府工作报告中提出，要实施数字产业大突破行动，加快建设数据中心、智能终端和推进数据应用，为全国提供数据服务。

2. 数字经济集群化发展，各地产业园数量增长迅速

据不完全统计，截至 2022 年，我国以"数字经济"命名的产业园累计超过 300 家，遍布 31 个省区市。近 98% 的数字经济产业园建立于 2018 年及之后，2018—2021 年分别设立 9 家、24 家、63 家、79 家。区域分布方面，东部、中部、西部、东北地区数字经济产业园数量占比分别为 41%、28%、25%、6%，如图 3-31 所示。

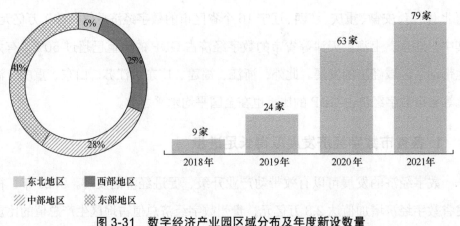

图 3-31　数字经济产业园区域分布及年度新设数量
数据来源：中国信息通信研究院《中国数字经济发展报告（2022 年）》

3. 发达城市带动作用显著，由点及面实现一体协同发展

以数字经济发展整体水平在五大城市集群中领先的粤港澳大湾区为例，香港、澳门金融业和服务业发达，拥有高度国际化、法治化的营商环境；广州、

深圳具备世界领先的科技创新能力；珠海、东莞和佛山等地制造业实力雄厚。城市群内部分工明确、各城市优势突出，正在向高层次错位发展、协同发展的路径迈进。同时，粤港澳大湾区各市融合联动程度持续增强，"1小时生活圈"全面建成，推动全域向更高层次一体化协同发展迈进。

城市群数字经济的发展路径一般为：依靠核心城市的优势产业不断寻求新的突破，资源外溢带动周边城市发展相关产业链条，最终形成城市特色产业集群。城市群内各城市均有发展的重点，区域内部形成分工明确、资源要素分配合理、数字公共服务普惠共享的产业链条，区域整体竞争力得到提升。

六、数字经济发展趋势

"十三五"期间数字经济对经济的发展起到了拉动提升作用，"十四五"期间我国的数字经济将迈向新的发展征程。

1.《"十四五"数字经济发展规划》制定的目标

《中华人民共和国国民经济和社会发展第十四个五年规划和2035年远景目标纲要》提出："迎接数字时代，激活数据要素潜能，推进网络强国建设，加快建设数字经济、数字社会、数字政府，以数字化转型整体驱动生产方式、生活方式和治理方式变革。"这为2021—2025年的数字经济发展指明了方向，描绘了宏伟蓝图。《"十四五"数字经济发展规划》对2025年数字经济发展目标进行展望，"十四五"数字经济发展主要指标如表3-5所示。

表3-5　"十四五"数字经济发展主要指标

类型	2020年数据	2025年目标
IPv6活跃用户数	4.6亿户	8亿户
千兆宽带用户数	640万户	6000万户
工业互联网平台应用普及率	14.7%	45%
在线政务服务实名用户规模	4亿户	8亿户
全国网上零售规模	11.76万亿元	17万亿元

类型	2020年数据	2025年目标
电子商务交易规模	37.21万亿元	46万亿元
数字经济核心产业增加值占GDP比重	7.8%	10%
软件和信息技术服务业规模	8.16万亿元	14万亿元

2. 数字经济发展的趋势

《"十四五"数字经济发展规划》紧扣数字经济高质量发展要求，围绕数字基础设施建设、数据要素市场化建设、产业数字化转型、数字产业化、公共服务数字化水平提升、完善数字经济治理体系、数字经济安全体系增强、数字经济国际合作拓展等方面提出了"十四五"时期的重点任务和重点工程。2021—2025年，我国数字经济发展呈现五大趋势，如表3-6所示。

表3-6　2021—2025年我国数字经济发展趋势

我国数字经济发展呈现五大趋势		
趋势一	基础核心技术进一步强化	我国数字经济体量大，但部分关键技术受制于人。在高端芯片、基础材料、基础软件等领域，产品研发和制造工艺水平与我国数字经济发展水平不匹配
趋势二	数据价值得到释放	伴随着数据市场化交易的推进，各种问题和风险也显露出来，2021—2025年数据的开放共享价值得到进一步释放
趋势三	数字经济与实体经济深度融合	中小企业面临新的发展机遇、三次产业得到升级、重点行业得到资源政策倾斜
趋势四	公共服务数字化水平得到提升	我国在"互联网+政务服务"、社会服务数字化水平、数字城乡融合发展、智慧共享的新型数字生活等方面会得到进一步发展
趋势五	数字经济治理体系不断完善	提高政府监管技术和手段、完善数字经济公平竞争的监管制度、增强网络安全防护能力和切实防范各类风险

第一，基础核心技术进一步强化。我国数字经济体量大、发展速度快，但在核心产业方面还有较大核心技术及人才需求缺口，部分关键技术受制于人，仍然不是数字强国。在高端芯片、基础材料、基础软件等领域，产品研发和制

造工艺水平与我国数字经济发展水平不匹配。2018 年以来，我国重视基础学科的发展和人才培养，实施"基础学科拔尖学生培养计划"，加大对基础学科的财政投入，以期在周期长、投入资金多、风险大的基础领域实现技术突破。

第二，数据价值得到释放。31 个省区市建设了 40 余个数据交易平台，伴随着数据市场化交易的推进，各种问题和风险也显露出来。为了保障数据交易的正常进行，并使数据安全得到保障，多种政策陆续出台，相关技术也在数据交易领域中得到应用。数据的开放共享价值得到进一步释放。

第三，数字经济与实体经济深度融合。数字经济的普惠性能够促进中小企业的转型发展，激活创新创业活力。"上云赋智用数"行动的开展，对传统产业和数字化转型慢的企业进行全方位、全链条式的改造，推动三次产业数字化渗透程度加深。《"十四五"数字经济发展规划》还特别设立了"重点行业数字化转型提升工程""数字化转型支撑服务生态培育工程""数字技术创新突破工程""数字经济新业态培育工程"，这会有力地提升我国数字经济国际竞争力，相关产业也会得到跨越式发展。

第四，公共服务数字化水平得到提升。公共服务数字化是建设数字社会和数字政府的必然要求，公共服务的数字化能够有效提高社会治理效能。《"十四五"数字经济发展规划》强调要培养全民数字消费意识和习惯，并设立了"社会服务数字化提升工程""新型智慧城市和数字乡村建设工程"。2021—2025 年，我国在"互联网＋政务服务"、社会服务数字化水平、数字城乡融合发展、智慧共享的新型数字生活等方面会得到进一步发展。

第五，数字经济治理体系不断完善。完善的数字经济治理体系和安全体系，是数字经济健康发展的重要保障。数字经济的治理不仅涉及国内，还涉及国际贸易与合作。在"十三五"期间，有关数字经济的政策文件陆续出台，在"十四五"期间，数字经济有效治理需要聚焦于提高政府监管技术和手段、完善数字经济公平竞争的监管制度、增强网络安全防护能力和切实防范各类风险。

第三节 我国数字经济发展中存在的突出问题

我国数字经济发展呈现出速度快、规模大、韧性强的特点，在推动国民经济增长、改善人民生活、提高国际竞争力方面发挥着巨大作用。但是，我国数字经济发展仍然存在着一些问题和挑战，如核心领域受制于人，不同行业、不同区域间存在着数字鸿沟，数字经济治理体系有待完善，中小企业面临数字化转型困难等问题。总体而言，我国数字经济发展中存在的突出问题主要有以下7个方面，如表3-7所示。

表3-7 我国数字经济发展中存在的突出问题

问题	具体表现
数字经济大而不强	数字经济占GDP比重低，对经济增长的拉动作用有待提升；跨国数字企业数量较少，数字经济国际影响力较低；三次产业的数字经济渗透率较低，数字化转型滞后；数字科技专利总量大，高价值专利少，核心竞争力不突出
数据安全问题亟待解决	数据泄露、境外网络攻击事件频发；企业数据安全面临严峻挑战；个人信息泄露成为数据安全的重灾区；境外平台为非法数据交易提供"温床"；互联网行业数据泄露最严重
数字经济区域发展不平衡进一步加剧	东西部地区数字经济发展指数不平衡；数字经济百强城市东多西少；中西部地区加速追赶；数字人才分布不均衡
数字人才短缺，就业问题突出	各行业数字人才短缺，在数字化转型的背景下，结构性就业矛盾突出
关键数字技术和基础研究较弱	关键技术落后于国际先进水平，核心关键技术对外依存度高，仍未根本改变受制于人的局面
数字经济治理体系有待完善	以往的治理体系和数字领域的法律法规不够完善，阻碍了数字经济健康平稳发展
中小企业在数字化转型中遇到的问题	我国中小企业数字化转型整体处于初级阶段，面临着企业核心业务数字化水平较低，关键软硬件供给受制于人、成本高，遭受更为严重的网络攻击等问题

一、数字经济大而不强

我国数字经济呈现出"大而不强"的发展现状，"大"主要体现在数字经济规模大、用户基数大、涉及行业多、市场较为广阔，"不强"是指数字经济发展质量不高、创新能力不足、关键核心技术优势不突出、高价值数字专利较少。

1. 数字经济占GDP比重低，对经济增长的拉动作用有待提升

2021 年，全球 47 个主要经济体数字经济总值达到 38.1 万亿美元，占 GDP 比重的 45%。其中，美国数字经济总值为 15.3 万亿美元，约占 47 个主要经济体数字经济总值的 40.16%，中国数字经济总值为 7.1 万亿美元，约占 47 个主要经济体数字经济总值的 18.64%，位居世界第二。虽然，我国数字经济总值高，但数字经济占 GDP 的比重略低。

德国、英国、美国、爱尔兰、韩国、日本 6 国的数字经济总值占 GDP 的比重超过 50%，法国、新加坡数字经济总值在 GDP 中的占比高于我国。其中，德国、英国、美国的数字经济总值占 GDP 的比重超过 60%，如图 3-32 所示。不难看出，数字经济已经成为发达国家发力的主要方向，是各国经济转型的重要推动力量。总体而言，我国数字经济规模处在第二梯队，与美日欧等发达国家或地区还有一定差距。

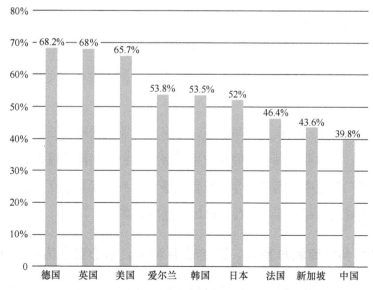

图 3-32　各国数字经济总值约占 GDP 的比重

数据来源：中国信息通信研究院《全球数字经济白皮书（2022 年）》

2. 跨国数字企业数量较少，数字经济国际影响力较低

联合国贸易和发展会议（UNCTAD）发布了 2021 年销售额或营业收入排名前 100 的数字跨国公司，其中，有 59 家美国企业、22 家欧洲企业，中国企业仅有 4 家，分别为滴滴、百度、阿里巴巴和腾讯[30]。从企业从事的业务来看，我国上榜的企业大部分以消费互联网领域为主，而欧美大部分企业集中在技术创新和产业互联网领域。换言之，美国数字经济的优势在于其技术驱动产业的能力，我国数字经济的优势在于其庞大的市场和消费潜力。

跨国数字企业在提升国家多维竞争力、为国内商业和就业提供新机会、融入全球价值链等方面发挥着重要作用。因此，跨国数字企业的发展与国家经济的发展密切相关。

3. 三次产业的数字经济渗透率较低，数字化转型滞后

2020 年，我国三次产业的数字经济渗透率分别为 40.7%、21% 和 8.9%，同期全球三次产业的数字经济渗透率分别为 43.9%、24.1%、8%。2021 年，我国三次产业的数字经济渗透率分别为 43%、22% 和 10%[31]，如图 3-33 所示，同期，英国第一产业数字经济渗透率超过 30%，德国、韩国第二产业数字经济渗透率超过 40%，美国、英国、爱尔兰、日本、新加坡和法国第三产业数字经济渗透率超过 60%[32]。

数字经济对第三产业渗透率较高，对第一产业渗透率较低且增长乏力。在第三产业中，金融业、科学研究与技术服务业、租赁和商务服务业数字渗透率较高。在第二产业中，通用与专用设备制造业、汽车及其他交通运输设备制造业、电气机械及器材业等领域数字化转型程度较高。

4. 数字科技专利总量大，高价值专利少，核心竞争力不突出

2012—2021 年，在数字科技专利领域，中国共有 387989 件全球数字科技专利，美国拥有 133273 件全球数字科技专利，我国拥有的全球数字科技

专利数量约是美国的2.9倍,约是排名后9位国家数字科技专利数量总和的1.6倍,如图3-34所示。

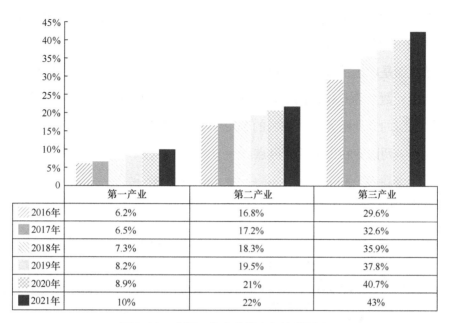

	第一产业	第二产业	第三产业
2016年	6.2%	16.8%	29.6%
2017年	6.5%	17.2%	32.6%
2018年	7.3%	18.3%	35.9%
2019年	8.2%	19.5%	37.8%
2020年	8.9%	21%	40.7%
2021年	10%	22%	43%

图 3-33　我国三次产业数字经济渗透率

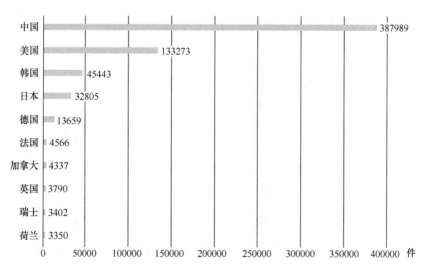

图 3-34　部分国家数字科技专利数量（2012—2021 年）

数据来源：AMiner科技情报平台

以下"专利"均指"数字科技专利"。从专利价值分布来看,中国在 1 万～ 3 万美元、3 万～ 30 万美元两个价值区间段的专利数量占绝对优势,分别约是美国的 8 倍和 1.7 倍。但是在 30 万美元及以上的专利价值区间段中,美国的专利数量占据绝对优势。在 30 万～ 60 万美元的专利价值区间段中,美国的专利数量约是中国的 3.7 倍;在价值 60 万～ 300 万美元的专利价值区间段中,美国的专利数量约是中国的 5 倍;在价值 300 万～ 2000 万美元专利价值区间段中,美国的专利数量约是中国的 20 倍,如图 3-35 所示。专利价值 30 万美元成为中美两国专利优势的分界点。

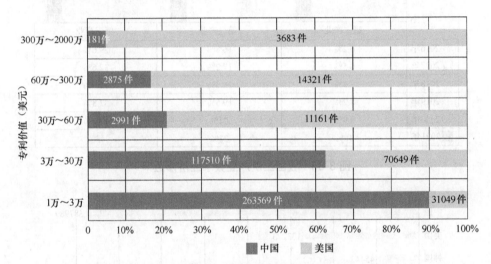

图 3-35　中美两国不同价值的专利数量对比（2012—2021 年）
数据来源：AMiner 科技情报平台

从专利数量来看,中国数字科技研发水平处于全球领先的地位,但高价值专利（市场价值 100 万美元及以上的专利）数量相对较少。美国高价值专利数量位居世界第一,共有 12859 件高价值专利,约占其数字科技专利总数的 9.6%,美国的高价值专利数量约是日本的 3.4 倍、中国的 7.8 倍。在数字科技领域中,中国拥有全球专利 387989 件,但高价值专利数量仅有 1650 件,约占总数的 0.425%,如图 3-36 所示。

在全球高价值专利拥有数量排名前 10 的机构中,美国有 5 家机构,中国

有 2 家机构，韩国、荷兰、日本各有 1 家机构。其中，三星公司的高价值专利
数量最多，共 1061 件；其次是微软公司，共有 630 件高价值专利；第 3 名是
谷歌公司，共有 592 件高价值专利。中国的华为和阿里巴巴分别以 373 件和
261 件的高价值专利数量位居榜单的第 5 位和第 9 位，如表 3-8 所示。如果说
专利数量的多少代表着社会创新能力的强弱，那么高价值专利代表着技术创新
的新风向。三星、微软、谷歌、高通等公司成为当下世界数字技术创新的主要
引领者。

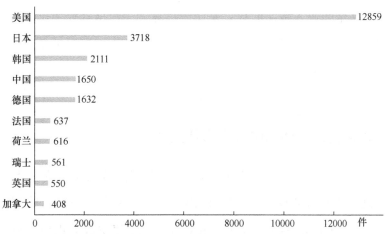

图 3-36　部分国家数字科技领域高价值专利数量（2012—2021 年）

数据来源：AMiner 科技情报平台

表 3-8　全球高价值专利拥有数量排名前 10 的机构（2012—2021 年）

排名	公司	国家	高价值专利（件）
1	三星	韩国	1061
2	微软	美国	630
3	谷歌	美国	592
4	高通	美国	545
5	华为	中国	373
6	IBM	美国	352
7	苹果	美国	332

排名	公司	国家	高价值专利（件）
8	飞利浦	荷兰	295
9	阿里巴巴	中国	261
10	索尼	日本	260

数据来源：AMiner 科技情报平台

二、数据安全问题亟待解决

我国正在全面进入数字时代，基于云计算、大数据等数字技术的现代数字信息基础设施，无时无刻不在生成并处理着海量数据，数据量以指数级快速增长。但是，近年来我国数据泄露问题频发，数据安全形势总体呈现安全威胁风险迅速升级、影响范围持续扩大、危害程度更为严重、防护难度显著提升的特点。

1. 数据泄露、境外网络攻击事件频发

2021 年 7 月，"滴滴出行"在赴美上市期间被启动网络安全审查，2022 年 7 月国家互联网信息办公室对"滴滴出行"开出 80 亿元巨额罚单，并通报"滴滴出行"的 16 项违法事实，主要包括以下内容：违法收集用户手机相册图片信息、剪切板信息和应用列表信息；过度收集乘客人脸识别信息和职业信息等其他个人信息；App 后台运行时记录用户实时经纬度位置；在未明确告知乘客的情况下分析乘客出行意图；在乘客使用顺风车服务时频繁索取电话权限等。

2022 年 8 月上海"随申码"数据遭泄露，约 4850 万居民个人信息存在泄露风险，数据库在境外交易平台上标价仅为 4000 美元。数据内容包括自"随申码"推行以来，居住或到访过上海的所有人的身份证号、姓名及手机号等多项个人信息。

2022 年 1—9 月，95015 网络安全服务热线共接到全国各地大中型政企机构网络安全应急求助电话 697 起，平均每天约 2.6 起。其中，295 起涉及数据安全事件（211 起涉及数据丢失，68 起涉及数据泄露，16 起涉及数据篡改），具体分布情况如图 3-37 所示。

相关调查显示，超过半数以上的网络安全事件是外部网络攻击导致的，5% 的

网络安全事件是内部工作人员违规操作导致的，3.9% 的网络安全事件是由于存在网络安全漏洞。由此可见，数字经济背景下的数据泄露的主体更为多元、窃取数据的技术更为复杂。

2. 企业数据安全面临严峻挑战

调查报告显示，27% 的企业承认发生过较大的数据安全事件。影响企业数据安全的因素有很多，36% 的企业认为网络安全厂商提供的数据安全服务与企业需求的差距大，29% 的企业认为预算不足，27% 的企业认为领导不够重视是影响企业数据安全的重要因素。此外，人才短缺、治理架构不完善、法律存在漏洞、数据犯罪溯源难等其他因素也影响了企业的数据安全，如图 3-38 所示。未来几年我国网络安全行业仍有较大发展空间。

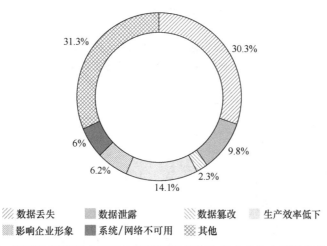

31.3%　30.3%　9.8%　2.3%　14.1%　6.2%　6%

////数据丢失　▨数据泄露　////数据篡改　□生产效率低下

▨影响企业形象　■系统/网络不可用　▨其他

图 3-37　95015 网络安全服务热线接到网络安全应急求助电话数量分布情况
数据来源：奇安信行业安全研究中心等《中国政企机构数据安全风险分析报告》

3. 个人信息泄露成为数据安全的重灾区

调查显示，2022 年 1—10 月，在我国政企机构的重大数据泄露事件中，60.2% 的事件导致个人信息泄露，8.6% 的事件导致商业机密泄露，8.6% 的事件导致软件源代码泄露，如图 3-39 所示。实名制为社会治理带来便利的同时，也导致了个人信息泄露愈演愈烈，大量公民的信息安全和财产安全因为外部网络攻击、内部泄露、数据漏洞等而难以得到保障。

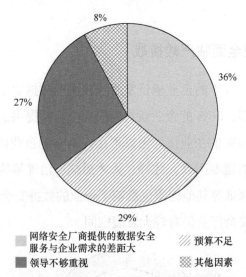

网络安全厂商提供的数据安全服务与企业需求的差距大 预算不足

领导不够重视 其他因素

图 3-38 影响企业数据安全的因素

数据来源：GoUpSec、承制科技《2022 年中国企业数据安全现状调查报告》

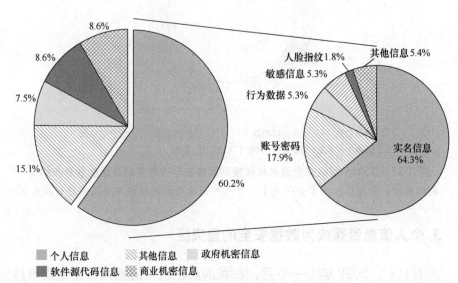

个人信息 其他信息 政府机密信息

软件源代码信息 商业机密信息

图 3-39 我国政企机构的重大数据泄露事件

数据来源：奇安信行业安全研究中心等《中国政企机构数据安全风险分析报告》

4. 境外平台为非法数据交易提供"温床"

2022 年 3—10 月，奇安信威胁情报中心对部分境外平台涉及中国境内政企机构的数据泄露、数据被非法交易进行了监测，累计监测到海外非法交易信息 171 条。从非法交易信息的数量来看，约 55.6% 的非法交易涉及个人信息，大小至少有 37.6TB，占总泄露数据包大小的 81%；19.3% 的非法交易涉及商业机密；11.7% 的非法交易涉及内网管理信息，大小约有 4.3TB，占总泄露数据包大小的 9.3%；非法交易涉及的运营数据约有 4.2TB，占总泄露数据包大小的 9%，如图 3-40 所示。

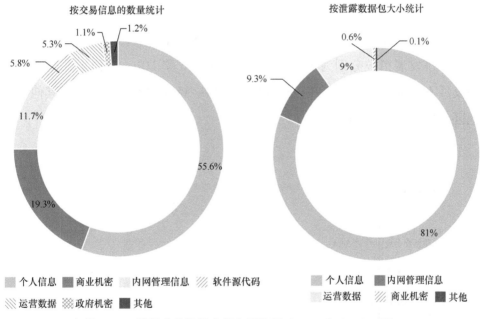

图 3-40　境外非法数据交易有关数据（2022 年 3—10 月）
数据来源：奇安信行业安全研究中心等《中国政企机构数据安全风险分析报告》

5. 互联网行业数据泄露最严重

从行业分布来看，数据泄露事件遍布各行各业，2022 年 3 月—9 月，互联网行业泄露的个人信息数量最多，为 445.9 亿条，其次是电信运营商的有关数据，约为 312 亿条，再次是制造业的数据，为 60 亿条。此外，生活服务业、金融业、政府及事业单位平台也导致了大量的个人信息泄露，如图 3-41 所示。

三、数字经济区域发展不平衡进一步加剧

数字经济区域发展不平衡主要体现在 3 个方面，一是东西部地区数字经济发展指数不平衡，东部数字经济发展指数高。二是数字经济百强城市呈现东多西少的态势。三是数字人才集中在东部地区发达省市，进一步拉大了区域间的数字经济发展不平衡。

1. 东西部地区数字经济发展指数不平衡

国家工业信息安全发展研究中心发布的《全国数字经济发展指数（2021）》显示，截至 2021 年 12 月，我国东部地区、中部地区、西部地区、东北地区数字经济发展指数分别为 167.8、115.3、102.5 和 103，东西部地区数字经济发展不平衡现象依然存在，东部地区的数字经济发展指数远高于其他 3 个地区，如图 3-42 所示。

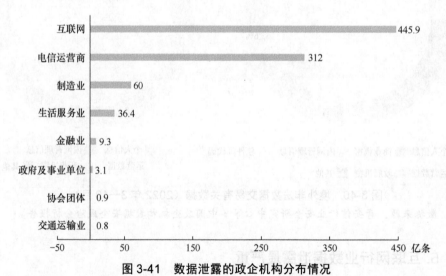

图 3-41　数据泄露的政企机构分布情况

数据来源：奇安信行业安全研究中心等《中国政企机构数据安全风险分析报告》

2021 年，我国有 16 个省区市数字经济总值突破 1 万亿元，分别是广东、江苏、山东、浙江、上海、北京、福建、湖北、四川、河南、河北、湖南、安徽、

重庆、江西、辽宁,西部地区仅有四川和重庆 2 个省市,东北地区仅辽宁 1 个省。数字经济发展指数排名前 5 的省市均在东部地区,中西部地区仅有四川和重庆 2 个省市跻身数字经济发展指数前 10,如图 3-43 所示。

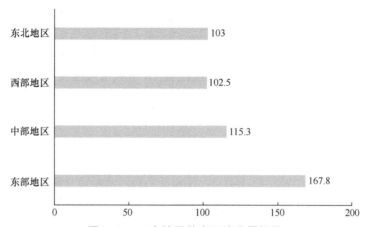

图 3-42 4 个地区数字经济发展指数

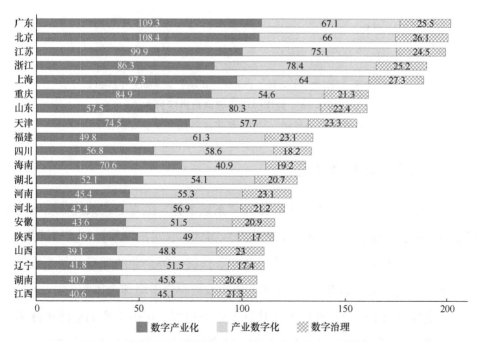

图 3-43 数字经济发展指数 TOP20 省区市（港澳台除外）

数据来源：国家工业信息安全发展研究中心

113

2. 数字经济百强城市东多西少

赛迪顾问发布的《2022数字经济城市发展百强榜》显示，山东省有13个城市入围百强名单，约占全省城市的76.5%；江苏省数字经济发展水平较为平衡，全省有13个城市入围百强名单；广东省21个城市中仅有10个城市入围百强名单；浙江省有8个城市入围百强名单，约占全省城市的72.7%。西部地区有15个城市入围百强名单，中部地区有19个城市入围百强名单，东北地区仅有4个城市入围百强名单，如图3-44所示。

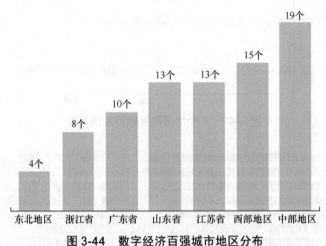

图 3-44　数字经济百强城市地区分布

数据来源：赛迪顾问《2022数字经济城市发展百强榜》

3. 中西部地区加速追赶

伴随着"云上贵州"的落户，依托"东数西算"工程等政策优势和水光电清洁能源的资源优势，贵州省的大数据产业得到了长足的发展。"十三五"期间，贵州省重点打造面向Apple、华为、腾讯、医渡云等企业的项目，创新数实融合的地方标准，截止2021年底连续7年实现数字经济增速全国第一。

后发城市由于特色产业的数字化转型较为迟缓，可供选择的空间正逐渐收窄。经济发达省份的数字经济布局较早，已成功培育一批互联网企业，在区块链、智能网联、量子通信、元宇宙等赛道占据领先地位。后发城市大多数位于中西部地区和东北地区，不具备发展数字贸易、数字金融等新业态、新模式的地理环境和产业基础。因此，后发城市应当避开发达城市的优势产业，在推动本区域传统产业数字化转型、寻找新赛道、为发达城市数字运算提供服务等方面发力。例如，华为在贵州和内蒙古建立了数据中心，腾讯在贵州、河北和成渝地区进行数字产业布局，阿里巴巴也在河北、成渝地区和内蒙古建立了数据中心。根据国家规划目标，到"十四五"结束，东部数据中心总量占比将由 60% 下降到 50% 左右，西部数据中心占比从 10% 提升到 25%。中西部地区将迎来重大发展机遇。

4. 数字人才分布不均衡

数字经济相关岗位数量较多的省市为广东省、北京市、上海市、浙江省，岗位规模分别占全国岗位规模的 25.74%、17.79%、12.25% 和 8.46%。相关资料显示，拥有数字人才最多的前 10 个城市分别是上海、北京、深圳、广州、杭州、成都、苏州、南京、武汉、西安。数字经济相关岗位呈现东部地区需求量较大、高端岗位集聚度高、薪资水平高，中西部地区和东北地区岗位需求量相对较少、待遇较差的态势。相应地，上海市、北京市和浙江省数字经济相关岗位的平均月薪远高于其他省区市。数字经济人才数量与地区经济发展水平高度相关，从长期来看，这一情况可能会进一步拉大区域间的差距。

四、数字人才短缺，就业问题突出

2018 年，我国数字经济领域就业人数达 1.91 亿人，占全年总就业人数的 24.6%。《中国数字经济发展白皮书》测算，2025 年全国数字经济吸纳就业人数将达 3.79 亿。当前，我国数字人才总体短缺，第一产业数字经济岗位仅占总岗位的 0.15%。

1. 我国数字人才总体短缺

有关数据统计，2020 年我国数字人才缺口高达 1100 万人。2018—2022

年，互联网游戏/软件行业一直存在数字人才短缺的情况，TSI（人才紧缺指数）高于全行业，如图 3-45 所示。TSI 大于 1，表示人才供不应求；TSI 小于 1，表示人才供大于求。若 TSI 呈上升趋势，表示人才缺口大，反之，则表示人才缺口小。从统计数据来看，2019 年 12 月是分界线，数字人才经历短暂饱和之后开始紧缺，且缺口呈现增长趋势。

伴随着消费互联网市场趋于饱和、产业端数字化转型速度的加快，计算机软件行业和 IT 服务/系统集成行业的人才缺口逐渐拉大，如图 3-46 所示。

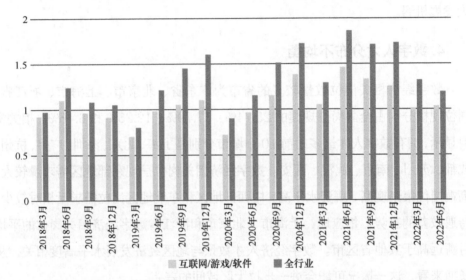

图 3-45　2018 年 3 月—2022 年 3 月全行业与互联网/游戏/软件行业 TSI

数据来源：猎聘大数据研究院《2018—2022 年互联网行业人才发展报告》

2. 数字经济就业结构

数字产业化领域招聘岗位数量占招聘岗位总数的 32.5%，产业数字化领域是吸纳就业的主体，产业数字化领域招聘岗位数量占招聘岗位总数的 67.5%，招聘人数占总招聘人数的 75.8%。在产业数字化领域，第三产业的就业岗位占比高达 89.32%，远高于第二产业和第一产业的就业岗位，如图 3-47 所示。

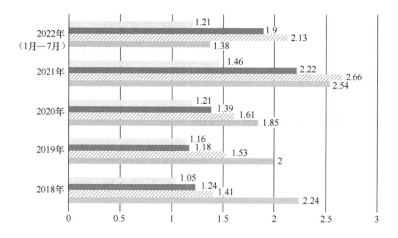

互联网/移动互联网/电子商务　■ IT服务/系统集成　╱╱ 计算机软件　■ 游戏产业

图 3-46　2018 至 2022 年（1 月—7 月）互联网 / 游戏 / 软件行业人才细分领域 TSI

数据来源：猎聘大数据研究院《2018—2022 年互联网行业人才发展报告》

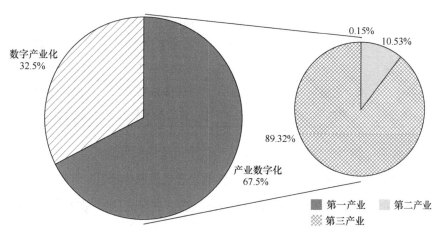

图 3-47　数字人才就业结构

数据来源：中国信息通信研究院

3. 数字化人才转型带来结构性失业危机

在经济结构转换的过程中难免会出现一定程度的结构性失业，尤其是我国劳动力资源丰富、数字化转型迅速、数字产业类型丰富，在深入推进经济转型升级的同时，要充分考虑到通过制定就业政策来缓解数字化转型带来的短期就业岗位减少这一危机。此外，我国严重缺乏拥有数字技能的劳动者，应当在职业教育和高等教育中增加数字化技能培训。

五、关键数字技术和基础研究较弱

我国数字技术覆盖产业较多，但在核心技术研发和基础研究方面短板突出，如高端芯片、操作系统、工业控制软件、工业机器人核心算法等与数字产业相关的关键技术水平均落后于国际先进水平，核心关键技术对外依存度高。《科技日报》总结出的 35 项关键技术如表 3-9 所示。

表 3-9　35 项关键技术

光刻机	扫描电镜	真空蒸镀机	手机射频器件	高压柱塞泵
芯片	透射式电镜	高端电容电阻	核心工业软件	医学影像设备元器件
操作系统	环氧树脂	ITO靶材	高压共轨系统	燃料电池关键材料
适航标准	锂电池隔膜	iCLIP技术	高强度不锈钢	核心算法
航空设计软件	航空钢材	重型燃气轮机	高端焊接电源	超精密抛光工艺
激光雷达	水下连接器	光刻胶	掘进机主轴承	航空发动机短舱
触觉传感器	微球	铣刀	高端轴承钢	数据库管理系统

我国数字化转型的重要阻碍在于核心技术自主研发能力不足。即便是在我国较为领先的大数据和人工智能领域，我国的企业也多集中于 ToC 的消费层，开展基础芯片和处理器开发的企业数量相对较少，这大大提升了我国数字化转型的难度。

六、数字经济治理体系有待完善

在过去的一段时间里，数字经济的发展环境相对宽松，数字企业得到了高速成长的空间。伴随着数字化深入社会的方方面面，不完善的治理体系暴露出了许多安全隐患，如企业违规收集数据、数据确权滞后了市场发展导致数据市场化交易困难、个人信息安全无法保障、金融安全面临威胁等问题。特别是数字经济对以往制度的破坏性，给已经形成的道德伦理和法律制度等带来了巨大的挑战。

数字经济治理面临着很多问题，主要体现在系统化、制度化的治理体系框架尚未形成，开放、安全、普惠的关键技术还未成熟，构建与传统治理体系有效联动的新体系面临多重阻碍，建设包容、开放的数据环境缺乏动力，标准规范的制定面临挑战。

中国科学院院士梅宏曾提出一个"四三四"数据治理体系框架。第一个"四"指的是数据治理的4个内容，分别是确立数据的资产地位、完善相关管理体制、促进数据和信息的共享开放及保护隐私安全。"三"是指3个层次，即治理体系的构建要从3个层次进行完善，分别是组织层次、行业层次和国家层次。最后一个"四"指的是4个治理手段，包括制度法规、标准规范、应用实践和支撑技术。值得强调的是，虽然数据治理的顶层设计十分重要，但是留足创新空间更为重要。

七、中小企业在数字化转型中遇到的问题

截至2021年年末，全国企业数量为4842万户，其中中小企业数量达4800万户，占比超过99%。在促进就业、拉动经济增长、推动数字经济创新方面，中小企业是最具活力的参与者。不过，由于资金、意识等方面的局限性，中小企业无法有效地开展数字化转型。

1. 中小企业数字化转型整体处于初级阶段

数据显示，超七成的中小企业愿意并积极开展数字化转型，同时坚持核心技术和产品的研发，但从企业数字化转型投入占年营业收入的比重来看，平均值仅为29%。近七成的中小企业数字化转型投入占比在40%以下，同时超四成的企业数字化转型投入占比在20%及以下[33]。中国电子技术标准化研究院基于15000余家中小企业的数据，发布了《中小企业数字化转型分析报告（2021）》。该报告显示，2021年处于初步探索阶段的中小企业占比为79%，相较于2020年下降了10%；处于应用践行阶段的中小企业占比为12%，相较

于 2020 年增长 4%；达到深度应用阶段的中小企业占比为 9%，相较于 2020 年增长 6%，如图 3-48 所示。

其中，数字化转型水平较高的前 12 个行业依次是计算机、通信和其他电子设备制造业，仪器仪表制造业，汽车制造业，家具制造业，医药制造业，电气机械和器材制造业，造纸和纸制品业，铁路、船舶、航空航天和其他运输设备制造业，专用设备制造业，食品制造业，化学原料和化学制品制造业，通用设备制造业。

2. 企业核心业务数字化水平较低

当前，大多数中小企业数字化转型的重点在信息化和网络化、核心业务的智能化水平提升方面。腾讯研究院的《中小企业数字化转型发展报告（2022 版）》显示，样本中超过 40% 的中小企业在数字化内部管理和数字化营销方面有过实践，而供应链管理和智能化生产等核心业务的数字化应用程度相对较低。另外，还有 8.6% 的中小企业没有进行数字化应用，如图 3-49 所示。

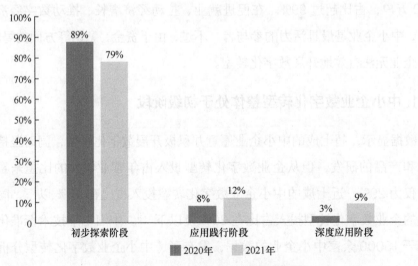

图 3-48 中小企业数字化转型进展
数据来源：中国电子技术标准化研究院《中小企业数字化转型分析报告（2021）》

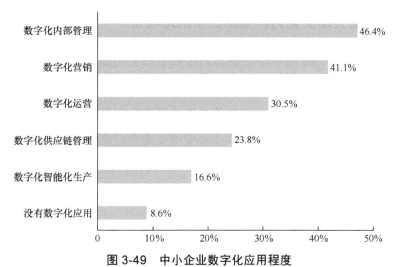

图 3-49　中小企业数字化应用程度

数据来源：腾讯研究院《中小企业数字化转型发展报告（2022 版）》

3. 关键软硬件供给受制于人，成本高

企业数字化转型绕不开软硬件的使用，而我国核心工业软件、设计软件和关键零部件严重依赖进口，这导致中小企业转型成本更高。《中国工业软件产业白皮书（2020）》数据显示，我国研发设计类工业软件 95% 依赖进口，运维服务类工业软件 70% 依赖进口，生产制造类工业软件 50% 依赖进口，国产经营管理类软件占据 70% 的市场份额，但高端软件市场仍以国外软件为主，如图 3-50 所示。

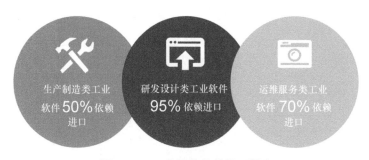

图 3-50　工业软件依赖进口程度

数据来源：中国工业技术软件化产业联盟《中国工业软件产业白皮书（2020）》

4. 中小企业遭受更为严重的数字网络攻击

调查显示，85.3% 的中小企业遇到过数字安全问题，92.3% 的中小企业遭受的网络攻击次数比以往要多，77.4% 的中小企业认为自身面临着严峻的数字安全威胁。更严重的是，中小企业无法独立解决这些网络安全问题，而网络攻击者却在加大攻击力度。68% 的中小企业网络遭受过恶意软件入侵，65.3% 的中小企业遭受过勒索攻击，64% 的中小企业系统有过漏洞和安全隐患，42.7% 的中小企业遭受过网络钓鱼攻击。值得警惕的是，勒索攻击、网络钓鱼攻击和恶意软件入侵已经不再区分大型企业和中小企业 [34]。中小企业面临严峻的数字安全危机。

第四章

世界与我国数字经济发展新趋势

第一节　全球数字经济发展趋势

全球数字经济发展仍然存在着区域发展不平衡、产业数字化转型不充分的问题，各主要经济体仍然面临着许多问题。一是数字技术创新能力有待进一步提升。近年来，各国纷纷出台政策把 5G、人工智能、半导体等核心技术作为提升国家实力、抢占国际竞争高地的关键，但从整体来看，部分技术仍处在概念化阶段或初级阶段，商用困难重重，普及率效低，仍有较大进步空间。二是传统产业数字化转型速度缓慢。受传统技术强大惯性的影响，各国第三产业的数字化渗透率普遍较高，第二产业数字化转型相对滞后，第一产业数字化转型程度较低，不同产业间的数字化发展不均衡现象更加突出。三是部分农村地区数字基础设施建设较为滞后，5G 基站、千兆光纤、云、数据中心等普及程度较低，拉动数字消费、数字生产、数字管理、数字服务的能力较弱，仍有较为广阔的增长空间。四是网络信息安全面临严峻挑战。数字犯罪具有隐匿性高、溯源难、跨境作案等特点，而数字安全产业发展缓慢，伴随着社会、商业、政府数字化程度提高，各国的网络安全面临前所未有的挑战。当前数字经济面临的主要问题，如图 4-1 所示。

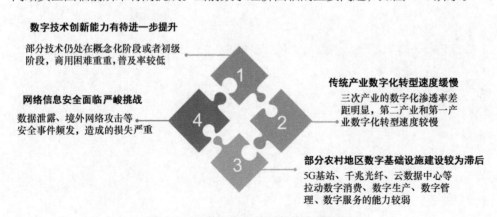

数字技术创新能力有待进一步提升
部分技术仍处在概念化阶段或者初级阶段，商用困难重重，普及率较低

网络信息安全面临严峻挑战
数据泄露、境外网络攻击等安全事件频发，造成的损失严重

传统产业数字化转型速度缓慢
三次产业的数字化渗透率差距明显，第二产业和第一产业数字化转型速度较慢

部分农村地区数字基础设施建设较为滞后
5G基站、千兆光纤、云数据中心等拉动数字消费、数字生产、数字管理、数字服务的能力较弱

图 4-1　当前数字经济面临的主要问题

伴随着投资领域数据不断公开和各国数字经济政策的接连出台，数字经济发展趋势愈发明显，将围绕数字技术升级、制造业数字化转型加快、数字基础设施加速推进、全球网络安全产业迅速发展 4 个方向展开。

一、数字技术升级为数字经济发展提供动力

与以往任意经济形态相比，数字经济更需要技术的支撑，创新性技术的发展为数字经济的发展带来了更大的想象空间。当前，世界各主要经济体、各大跨国数字企业都在创新性技术方面投入了巨额资金，以期取得突破。Gartner 每年都会发布新兴技术的成熟度曲线，企业常依此来评估新兴技术的可见度（媒体曝光度），决定要不要进一步采取行动。2022 年发布的新兴技术成熟度曲线中有 25 项新兴技术值得关注，分别集中在沉浸式体验、人工智能、数据资产管理与价值开发等领域，这也意味着当前这三大领域的技术开发与创新较为活跃，此外，受数字基础设施建设的影响，ICT 领域相关技术也将迎来新的发展，如图 4-2 所示。

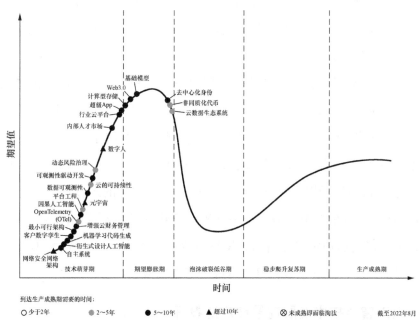

图 4-2　2022 年新兴技术成熟度曲线

数据来源：Gartner 官网

1. 沉浸式体验技术得到发展

沉浸式体验技术主要应用于数字孪生领域，能够在数字世界中重现物理世界中的人、环境、社会和生态系统等。个人可以通过相关技术进入数字世界、管理自己的身份与数据，企业可以将相关技术应用在智能工厂建设、在线办公等场景中。总体而言，沉浸式体验技术将带来数字消费领域与生产领域的变革。

这类技术主要包括元宇宙、非同质化代币（NFT）、超级 App 和 Web3.0、去中心化身份、数字人及客户数字孪生。

元宇宙技术被认为是 2021 年和 2022 年最受关注的技术之一，其概念是指一个集体化的沉浸式虚拟共享空间，通过虚拟增强技术实现物理世界与数字世界的融合。

NFT 又被称作非同质化通证，是基于区块链的可信数字权益凭证，可实现公开证明数字资产（如计算机绘画作品、数字文创产品等）或代币化的物理资产（如房屋、汽车等实体资产）的所有权。当前，在我国数字藏品就是这一技术的具体实现形式。

超级 App 不仅是复合化的移动应用程序，还提供了一个模块化的微应用平台，供内部开发人员或者第三方在该平台上发布微应用，而用户可以有选择性地激活这些微应用程序，以获得个性化的体验，解决了移动 App 占用内存越来越大、数量越来越多与手机内存受限间的矛盾。Gartner 预计，到 2027 年，超级 App 的日常活跃用户数将超过同期全球 50% 以上的人口。

Web3.0 能够帮助用户解决在不同平台创建的身份不同的问题，通过打造一个去中心化的通用性数字身份，用户可以往来各个平台。Web3.0 将赋予用户更多权限，用户能够掌握自身关键数据与隐私信息。

2. 人工智能技术发展前景被广泛看好

人工智能技术能够被应用在工业互联网、数字政府、超大型数据中心等数字化生活的方方面面，美国、中国、德国、日本等世界主要经济体都将人工智能技术列为数字经济先进技术领域的重点发展方向。人工智能技术正在日益普及，并基于人工智能技术打造普通人能够使用的产品和服务，而更多的人使用就会加快人工智能模型的发展速度，形成滚雪球效应，带来更智慧的自动化模型。未来一段时间里，人工智能的发展趋势将发生变化，更多的技术将走出实验室，聚焦技术应用对于人工智能开发的作用，借此提高人工智能开发的准确性、缩短研发周期、降低企业成本的投入。

2022年世界较为关注的人工智能相关技术包括自主系统、因果人工智能、基础模型和衍生式设计人工智能。

自主系统被认为是当前最先进的智能系统，是从反射式智能、指令式智能和自适应式智能发展而来的。自主系统是自我管理的物理或软件系统，能够完成传统人工智能技术无法灵活完成的任务。

因果人工智能是为了帮助机器实现能够像人一样进行上下文情景推理并进行选择的技术。相较于传统人工智能决策，利用因果人工智能产生的决策可以与人类的决策相整合，让人工智能系统朝着更有效、更自主的方向行动。

基础模型附带着大量预训练的数据集，能够更高效地完成自然语言处理。基础模型作为自然语言处理领域的首选架构，还广泛应用在计算机视觉、音频处理、软件工程、金融和法律等领域。

衍生式设计人工智能又被称为人工智能增强设计，被广泛应用在医疗健康、工业制造、传媒娱乐、能源等行业，衍生式设计人工智能可以完成营销、设计、建筑和内容领域的创造性工作。

3. 数据资产管理与价值开发

国际权威机构 IDC 发布的数据显示，2024 年全球数据存储量将达 153.52ZB（如图 4-3 所示），未来几年全球数据依然保持高增长态势。数字经济时代，数据作为与资本、劳动、技术、土地等相协同的新型生产要素，如何开发与利用数据已成为数字技术的重点发展方向。

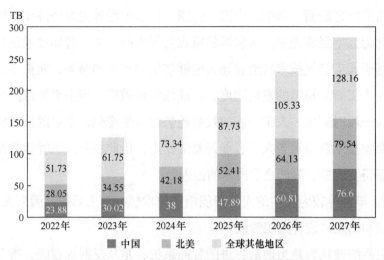

图 4-3　2022—2027 年全球数据存储量

数据来源：Global Data Sphere 2023（IDC）

当前，数据的开发存在着一定矛盾。全球大数据技术投资持续增长但相应存在人才短缺问题。一方面，亚马逊、谷歌、阿里云等国际互联网企业纷纷布局数据相关业务。IDC 发布的《2022 年 V2 全球大数据支出指南》报告显示，2021 年全球大数据市场的 IT 总投资规模为 2176.1 亿美元，有望在 2026 年增至 4491.1 亿美元，在 5 年预测期内将实现约 15.6% 的复合增长率。另一方面，人才缺口较大。清华大学经济管理学院互联网发展与治理研究中心联合领英发布的《中国经济的数字化转型：人才与就业》报告显示，2020 年全国仅有 40 多万人从事大数据相关工作，我国大数据领域人才缺口高达 150 万人，到 2025 年或将高达 200 万人。

4. ICT将迎来新的发展

2020 年 12 月，欧盟发布的《2020 年欧盟工业研发投资记分牌》数据显示，2019 年全球研发投入前 2500 家公司的研发投入排名合计达到 9042 亿欧元，占全球商业部门研发投入的 90%，在全球总研发投入中所占比重超过 60%。前四大领域的投资贡献了总研发投入的 76.7%，其中 ICT 生产占比 23%，健康产业占比 20.5%，ICT 服务占比 16.9%，汽车产业占比 16.3%，如图 4-4 所示。

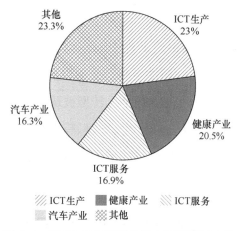

图 4-4　2019 年全球研发投入不同领域占比

《2022 年欧盟工业研发投资记分牌》显示，2021 年四大领域的投资占企业研发总投入的 3/4，四大领域分别为 ICT 生产（22.6%）、健康产业（21.5%）、ICT 服务（19.8%）和汽车产业（13.9%），如图 4-5 所示。其中，中美两国企业投资集中在 ICT 生产及服务领域，虽然欧盟在 ICT 领域中的投入所占比重较低，但是在 ICT 领域中却有相当多的中小企业。

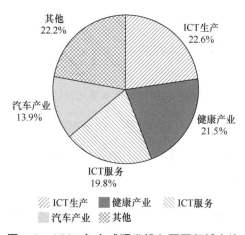

图 4-5　2021 年全球研发投入不同领域占比

二、制造业数字化转型加快

不同国家的制造业数字化转型有着不同的发展战略，美国通用电气公司

（GE）于 2012 年首次提出"工业互联网"这一概念，并受到美国国内各大企业的关注；德国于 2013 年提出"工业 4.0"，旨在促进制造业升级发展；欧盟提出"工业 5.0"，提升绿色、韧性对制造业的重要性；日本提出"互联工业"，推动其国内价值链条转型。工业的数字化转型被认为是新一代通信技术和工业经济融合的产物，能够实现人、机、物、信息等生产要素的全面连接，有效提升产业数字化水平，为数字化生产与数字化管理赋能、赋智、赋值，有力地带动实体经济提质增效、降低成本、绿色转型和安全发展。

1. 美国依靠数字化战略实现"再工业化"目标

2008 年金融危机之后，美国"去工业化"导致"产业空心化"问题显现，为了提振经济，美国政府提出"再工业化"战略。

美国制造业在数字化转型过程中具有以下特点，如图 4-6 所示。

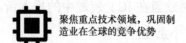 聚焦重点技术领域，巩固制造业在全球的竞争优势

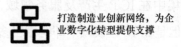 打造制造业创新网络，为企业数字化转型提供支撑

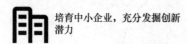 培育中小企业，充分发掘创新潜力

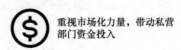 重视市场化力量，带动私营部门资金投入

图 4-6　美国制造业数字化转型特点

一是聚焦重点技术领域，巩固制造业在全球的竞争优势。美国在推进制造业回流的过程中更注重高新技术产业（如芯片制造等）在美国建厂，这包含了国家安全战略考虑。

二是打造制造业创新网络，为企业数字化转型提供支撑。相关文件显示，截至 2022 年 10 月，美国已建成 16 家制造业创新中心，涵盖数字制造、智能制造、工业机器人等重点领域，截至 2021 年年底，成员单位 2300 余家，研发项目超 700 个。

三是培育中小企业，充分发掘创新潜力。美国共设立了 51 个制造业拓展

伙伴中心，为中小企业提供人才培训、技术指导等服务。强调智能制造应连接中小企业并创建生态系统，具体措施包括向中小企业开放生产设施、专用设备及技术咨询援助，以帮助中小企业应对所面临的挑战。同时，各研究所积极创造便利条件以帮助新的创业公司，促进创业公司科技成果的商业化。

四是重视市场化力量，带动私营部门资金投入。制造业数字化转型投入资金庞大，工业互联网基础设施建设周期长，美国一方面加大政府资金投入、进行扶持，另一方面重视引入社会资本。2021年，美国政府为16家制造业创新中心投入1.27亿美元，带动社会资本投入3.54亿美元。纵观美国工业互联网的发展，与世界其他国家不同，美国政府并未制定专门的战略，而是坚持市场化原则，鼓励大型企业依托其行业领导地位和成熟的市场机制推动工业互联网的发展。

2. 德国推进"工业4.0"建设

早在2013年，德国就提出了"工业4.0"的概念，旨在强化德国工业的竞争能力，巩固德国制造业在全球的优势，应对当时德国制造业面临的国内外的挑战。随后，"工业4.0"被政府列入十大未来项目之一。"工业4.0"是对"工业1.0"机械制造、"工业2.0"电气化应用和"工业3.0"信息化发展的延伸。"工业4.0"以物联网（IoT）为基础，充分推动互联网和制造业的融合，将生产过程中的研发、制造、更新等环节数据化与智慧化。

德国制造业数字化转型具有以下3个特点，如图4-7所示。一是大力扶持优势产业的数字化转型。德国发布的《国家工业战略2030》强调，聚焦优势产业，要加大对汽车、光学、绿色科技等10个工业领域的投入，放宽税收和法律的限制，鼓励行业巨头企业的形成与发展。二是加强工业新标准的制定。为了保障"工业4.0"的早日实现，德国把推进标准化排在第一位。自2013年起，德国多次发布《工业4.0标准化路线图》，推动"工业4.0"数字化相关标准在全球范围内落地。德国正是通过标准的推广与应用来带动创新技术的扩散，并迅速将创新成果转化为生产力。三是为中小企业的数字化转型提供服务。德国政府成立了28个服务中心，帮助中小企业解决数字化转型中遇到的问题。总体来看，相较于美国追求先进制造业技术优势的特征，德国的"工业 4.0"发展模式更加注重熊彼特式创新与竞争。

大力扶持优势产业的数字化转型
聚焦优势产业，放宽税收和法律的限制，鼓励行业巨头企业的形成与发展

为中小企业的数字化转型提供服务
中小企业数字化转型一直是各国产业数字化转型的难题，德国通过成立服务中心，加快中小企业数字化转型进程

加强工业新标准的制定
在国内，通过标准的推广与应用带动创新技术的扩散；在国际，推动"工业4.0"数字化相关标准在全球范围内落地

图 4-7　德国制造业数字化转型特点

3. 欧盟"工业5.0"制造业数字化转型

为保持数字经济的竞争优势，欧盟实施"工业 5.0"制造业数字化转型战略，呈现以下特点，如图 4-8 所示。

1 重视绿色化转型

加强信息安全监管 2

3 注重"欧洲主权"

提高公民数字素养 4

图 4-8　欧盟"工业 5.0"制造业数字化转型特点

第一，重视绿色化转型。2021年1月和2022年1月，欧盟分别发布了《工业5.0：迈向可持续、以人为本、富有韧性的欧洲工业》战略和《工业5.0：欧洲的变革愿景——面向可持续工业的管理系统改革》政策简报，两份文件均强调了工业数字化转型的可持续性、绿色化和以人为本的特征。

第二，加强信息安全监管。欧盟委员会不断完善个人隐私和数据保护体系等法律框架，对数字技术的发展方向和具体应用进行监管。

第三，注重"欧洲主权"，维护"欧盟价值观"。在工业、交通、网络等多个战略行业打造具有主权的数据空间，德国、法国牵头成立了欧洲云计算平台Gaia-X项目，为欧洲企业的信息数据存储、处理、流通，以及产品合作开发提供平台。

第四，提高公民数字素养，带动数字化转型。《2030数字罗盘计划：数字化十年的欧洲道路》明确提出，要提高公民使用数字技术的能力与数字素养，吸引或培养大量数字技术人才。到2030年，欧盟中的国家境内至少80%的成年人掌握基本的数字技能，拥有2000万名数字技术领域的专业工作人员。

4. 工业互联网产业迅速发展

2021年，全球工业互联网产业增加值规模达到3.73万亿美元，年均增速近6%。在59个主要工业经济体中，美国、中国、日本、德国4国工业互联网产业增加值规模占比超过50%。2021年，美国工业互联网产业增加值规模位于全球首位，高达8855.01亿美元，中国工业互联网产业增加值规模位居全球第二，为6485.92亿美元，日本、德国分别位列第三位、第四位，产业增加值规模分别为2853.17亿美元、2227.77亿美元。中国工业互联网研究院预计，全球工业化互联网产业仍有较大的增长空间，成为各国推动产业数字化转型和经济高质量发展的关键支撑。2021年，主要国家工业互联网产业增加值规模占比如图4-9所示。

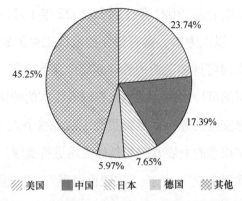

图 4-9　主要国家工业互联网产业增加值规模占比

数据来源：中国工业互联网研究院《全球工业互联网创新发展报告（2022年）》

三、数字基础设施建设加速推进

数字基础设施是数字经济发展的重要基石，加强数字基础设施建设是各国的普遍共识。截至 2022 年 10 月，全球已有 230 余家运营商推出商用 5G 服务，累计建成超过 300 万个 5G 基站，服务用户超过 7 亿，5G 网络覆盖了约 27.6% 的人口，此外，算力基础设施成为数字基础设施建设的新发展方向。由 IDC、浪潮信息和清华大学联合发布的《2021—2022 全球计算力指数评估报告》指出，当前世界上约有 600 个超大规模数据中心，每个数据中心均拥有超过 5000 台服务器，其中约 39% 分布在美国，中国、日本、英国、德国和澳大利亚 5 国的服务器数量总和约占全球服务器总数的 30%。全球数字基础设施建设基本情况如图 4-10 所示。

全球已有**230**余家运营商
推出商用5G服务

全球累计建成超过
300万个5G基站

图 4-10　全球数字基础设施建设基本情况

服务用户超过**7亿**，
5G网络覆盖了约 **27.6%**
的人口

全球约有**600**个超大规模数据
中心，每个数据中心均拥有
超过 **5000** 台服务器

图 4-10　全球数字基础设施建设基本情况（续）

1. 5G和高速宽带网络成为接入数字经济的入口

世界各国的数字基础设施建设大多数从提升5G基站数量和覆盖率、提高宽带速度着手，用以加速生产生活的数字化转型。

世界银行发布的全球基础设施私人参与基础设施（PPI）投资报告显示，2022年上半年，中低收入国家在ICT领域中的PPI总投资为17亿美元，而2019该数据为1.74亿美元，增长了近10倍。

2021年3月，欧盟委员会发布的《2030数字罗盘计划：数字化十年的欧洲道路》强调，要增加数字基础设施建设投资，计划到2030年，令所有欧洲家庭实现千兆网络覆盖，所有人口稠密地区实现5G网络覆盖；在欧洲部署1万个边缘计算节点，确保企业能够享受低时延访问数据的服务。

2022年，英国政府发布的新版《英国数字战略》指出，英国将投资超过300亿英镑加快宽带部署，计划到2025年，实现千兆网络85%以上的覆盖率，2030年实现千兆网络99%以上的覆盖率。该战略明确提出要投资4G、5G建设和研发，计划到2027年英国大多数人能够使用5G网络。

2021年，日本发布的《ICT基础设施区域扩展总体规划2.0》提出，到2023年年底，日本将拥有21万个5G基站。2022年，日本总务省发布《数字基础设施建设计划》，涉及完善5G、光纤网络建设等内容，并将2023年年底5G网络人口覆盖率目标从过去的90%上调至95%。

欧盟、英国、日本5G和宽带建设目标如图4-11所示。

图 4-11 欧盟、英国、日本 5G 和宽带建设目标

2. 云计算领域成为数字基础设施建新重点

云计算作为数字基础设施建设的技术底座，能够为数字经济影响下的产业提供服务平台。Gartner 公布的数据显示，2020 年，受云计算兴起的影响，市场对云 IT 基础设施的投资超过了传统 IT 基础设施的支出，随着越来越多的大型企业选择"上云"，新的云 IT 架构增长率将超越传统 IT 架构，成为市场的主导者。

在 2021 年云栖大会上，阿里巴巴集团董事会主席兼首席执行官张勇表示，面向未来，云计算是社会的基础生产力。《2021—2022 全球计算力指数评估报告》指出，算力指数每提高一个点，就会拉动 0.35% 的数字经济增长，推动GDP 实现 0.18% 的增长。

全球知名市场调研机构 Canalys 发布的数据显示，2022 年，全球云基础设施服务总支出达 2471 亿美元，相较于 2021 年增长 29%。从具体厂商来看，相较于去年，亚马逊云、微软云和谷歌云服务总支出共计增长 26%，占据着全球云基础设施服务总支出的 65%。

3. 全球数据中心投资稳步增长

随着数字经济的快速发展，数据成为重要的生产要素，对数据资源共享、流通与应用的需求快速增加，传统的基础设施已无法满足庞大数据存储、处理、开发、交易的需求，新型基础设施建设已成为经济社会发展的必然要求。全球数据中心 IT 投资呈现快速增长趋势。

全球知名综合数据资料库 Statista 将全球数据中心投资额按照交易类型

划分为 3 个部分，分别是 Single-asset——在数据中心投资领域，对单个资产（如单个数据中心）的投资；Portfolio——在数据中心投资领域的投资组合；Entity-level——对某个具体实体（如某个数据中心或公司）的投资。不难看出，实体层面的投资交易成为近些年的主要方式，如图 4-12 所示。

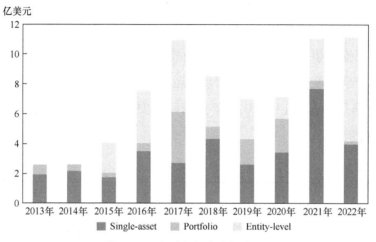

图 4-12　全球数据中心投资额

数据来源：Statista 数据库

四、全球网络安全产业迅速发展

近年来，全球网络信息安全事件不断发生，各国都经历过数据泄露、外部网络攻击事件，这促使世界各国企业加大了对网络安全的投入。伴随着数字化转型的深入，数字安全成为世界重点关注的领域。除传统网络安全风险外，ChatGPT 等衍生式人工智能模型的滥用，将网络风险提升到了前所未有的高度。

1. 全球网络安全支出稳定增长

美国在 2023 年为民事机构提供了 109 亿美元的网络安全预算，相较于2022 年增加了 11%。同时，美国、德国、英国、法国等国的企业网络安全投入在 IT 总投入中所占比例大幅提升，均超过了 20%。2021 年全球共发生网络安全行业投融资事件 1042 起，比 2020 年增长 43.1%，交易金额达 293 亿美元，同比增长 136.2%。

2. 全球网络安全市场不断扩大

自从互联网诞生以来，威胁网络安全的事件频发，从消费互联网时期的"熊猫烧香"病毒、木马病毒，到现在的高频网络攻击、数据泄露、黑客攻击等。伴随着企业、社会和政府的数字化转型加快，数据成为新的生产要素，各国日益重视网络安全事件，世界各大企业也将增加支出以升级现有网络安全系统，维护数据安全。因此，网络安全市场将迎来强劲增长。国际权威机构 Gartner 公布的数据显示，2014—2022 年全球网络安全市场规模保持长期增长，如图 4-13 所示。

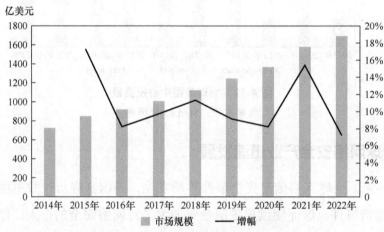

图 4-13　2014—2022 年全球网络安全市场规模

数据来源：Gartner

3. 物联网和数据安全受到广泛重视

物联网安全问题和数据安全问题已引发全球多国的高度关注。为应对这一挑战，各国政府正积极采取措施。2020 年，欧盟发布了《物联网安全准则》，该准则涵盖了硬件、软件和服务等整个物联网产业链，为保障物联网提供了规范。同年，美国也通过了《物联网网络安全改进法案》，该法案对联邦政府的互联网设备提出了明确要求。

2021 年 4 月，欧盟发布了《欧盟数字战略自主的网络安全研究方向》报告，该报告深入分析了欧盟成员国内部存在的数据安全问题、未来需要努力的方向及数据安全的发展趋势。报告还特别强调，数据安全已成为欧盟网络安全七大重点研究方向之一。

我国也积极响应这一全球趋势，出台了《中华人民共和国数据安全法》，对数据安全工作制定了明确的章程，从而确保我国在保障物联网和数据安全方面的稳步发展。

第二节　中国数字经济发展趋势

一、《数字中国建设整体布局规划》为中国数字经济发展构筑蓝图

2022 年 1 月，国务院印发的《"十四五"数字经济发展规划》对我国数字经济的发展现状、存在的问题及未来的规划进行了明确阐释与指导，从顶层设计的角度明晰了我国数字经济发展的总体思路、未来目标、重点任务和重大举措。2023 年 2 月，中共中央、国务院印发了《数字中国建设整体布局规划》（以下简称《数字中国规划》），作为之前政策的延续，《数字中国规划》更为明确地指出数字中国建设将按照"2522"的整体框架进行布局，为我国数字经济的发展指明了前进方向。

1. "2522"整体框架

数字中国建设按照"2522"整体框架进行布局，即夯实数字基础设施和数据资源体系"两大基础"，推进数字技术与经济、政治、文化、社会、生态文

明建设"五位一体"深度融合，强化数字技术创新体系和数字安全屏障"两大能力"，优化数字化发展国内国际"两个环境"[35]，如图 4-14 所示。

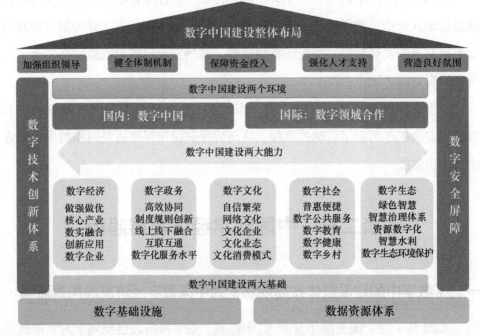

图 4-14 一图看懂"2522"整体框架

（1）两大基础

《数字中国规划》指出，要夯实数字中国建设基础。第一，要打通数字基础设施大动脉，第二，要畅通数据资源大循环，如图 4-15 所示。《数字中国规划》中关于数字中国建设基础的内容，体现了对数字化发展的高度重视和战略布局。通过打通数字基础设施大动脉，可以为数字化应用提供更加高效、稳定、智能的支撑，为各行各业的数字化转型提供更加广泛、深入、优质的服务。通过畅通数据资源大循环，可以为数据资源的开放、共享、流通、创新提供更加完善、科学、规范的制度保障，为数据资源的价值挖掘和利用提供更加公平、合理、有序的市场环境。这些内容不仅符合我国数字化发展的实际需求，也展现了我国数字化发展的远见卓识。

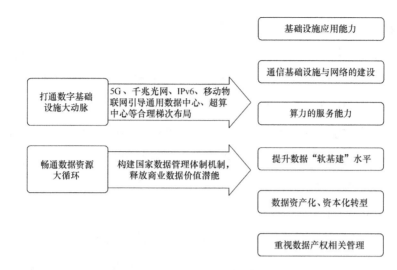

图 4-15　两大基础

从以上两点可以看出基础设施建设有以下要点，如图 4-16 所示。

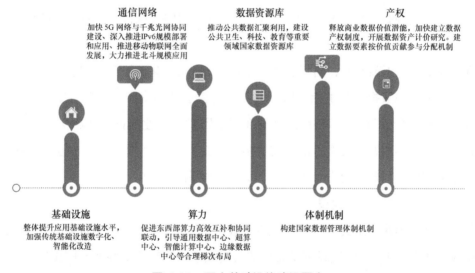

图 4-16　两大基础设施建设要点

一是强调基础设施应用能力，数字新型基础设施建设的目的是应用、落地更多场景，赋能更多项目。只有让产业用上、用好数字基础设施建设，才能发挥数字基础设施建设的作用，才能带来资金的流动，才能将基础设施建设水平向广度和深度拓展。

二是重视通信基础设施与网络的建设，当前发展阶段的互联网基本实现了消费级的融通与融合，而数字经济时代物联网的建设，要重视产业端、企业端的融合。通信基础设施如同高速公路，为不同领域、不同系统提供数据交互的通道，让数字与信息流向需要的地方。

三是提高算力的服务能力。算力犹如发动机，能够为各种应用场景提供高速稳定的动力。企业在数字化转型过程中需要进行大规模的服务器的建设与维护，而高速泛在、天地一体、云网融合的智能化算力中心布局，能够为企业、政府等不同主体的数字运行提供支撑。

四是提升数据"软基建"水平。实现数据价值的充分释放，不仅要依靠数据中心这些硬件设施，更要建立相应的软件设施。根据《数字中国规划》，要推进国家数据管理体系机制、重要领域国家数据资源库等的建设，推动公共数据的融合与开放。在下一阶段，我们会看到更多的数据治理政策出台与落地。

五是实现数据资产化、资本化转型。《数字中国规划》强调："建立数据要素按价值贡献参与分配机制。"同时也强调了充分释放数据价值，建立相应的数据产权制度。不难看出，国家正大力推动数据从资源化向资产化和资本化转型。

六是重视数据产权的相关管理，特别是企业数据资产的确权、交易、流通等方面的内容。2023 年 8 月，财政部制定印发《企业数据资源相关会计处理暂行规定》。该文件强调了企业数据要纳入企业资产负债表，这将进一步释放商业数据价值潜能，充分彰显数据作为生产要素的地位。

（2）"五位一体"建设

数字中国建设最终要落实到经济、政治、文化、社会和生态文明各个方面，相较于《"十四五"数字经济发展规划》，《数字中国规划》涉及范围更广。

第一，经济方面，《数字中国规划》强调要做强做优做大数字经济，具体表现在 3 个方面。一是要培育壮大数字经济核心产业，未来将加快推进数字产业化的发展，在重视数字技术创新的同时，还要重视技术的应用。二是推动数实融合，未来几年，为了更好地实现产业融合发展，全国各地将出现大量汇集地方政策、人才、资金、技术优势的数字产业集群，这些数字产业集群将带动地方经济大力发展。通过政策引导、人才引进、资金支持和技术创新等方面的综合优势，数字产业集群将为企业提供更好的发展环境和更广阔的发展空间，从而促进产业升级和转型升级。同时，数字产业集群也将成为地方经济发展的重要引擎，带动产业链上下游企业的发展，提升整个地区的经济实力和竞争力。三是要支持数字企业发展壮大、推动企业数字化转型进程加快，特别是中小企业、"独角兽"企业，政府将会加强政策引导和加大扶持力度，为企业提供税收、金融、人才等方面的优惠政策，激励数字企业加大研发投入，提升创新能力和核心竞争力。政府将会大力推动数字基础设施的建设和完善，为企业提供高速、稳定、安全的网络环境，促进数据资源的开放、共享、流通，降低数字企业的运营成本和风险。

第二，政治方面，发展高效协同的数字政务，从制度先行、能力建设、服务水平3个方面着手，如图4-17所示。伴随着数字技术深度赋能政务，具有中国特色的治理体系将焕发出新的生机。

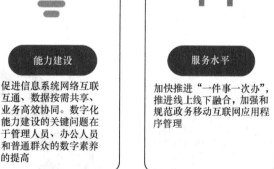

制度先行	能力建设	服务水平
加快制度规则创新，完善与数字政务建设相适应的规章制度	促进信息系统网络互联互通、数据按需共享、业务高效协同。数字化能力建设的关键问题在于管理人员、办公人员和普通群众的数字素养的提高	加快推进"一件事一次办"，推进线上线下融合，加强和规范政务移动互联网应用程序管理

图 4-17　政治方面具体要求

第三，文化方面，打造自信繁荣的数字文化，需要从网络文化治理、文化数字化发展和文化产业供给3个方面发力，如图4-18所示。

网络文化治理

引导平台和网民做到优质网络文化产品供给，创作输出积极健康、向上向善的网络文化产品

文化数字化发展

建设国家文化大数据体系，形成中华文化数据库。加快发展新型文化企业、文化业态、文化消费模式

文化产业供给

依靠数字技术提升文化产业供给质量与水平，满足人民群众消费升级的需要，持续扩大内需

图 4-18　文化方面具体要求

第四，社会方面，构建普惠便捷数字社会需要从促进数字公共服务普惠化和推进数字社会治理精准化两方面入手，在促进数字公共服务普惠化方面，要进一步普及数字教育和数字健康，同时加强数字生活的智能化建设，以更好地满足公众对数字公共服务的需求，在推进数字社会治理精准化方面，要推进数字社会治理主体的多元化，并提升基层组织的智慧化自治作用，以实现更高效、精准的数字社会治理，如图 4-19 所示。

推进数字社会治理精准化

当前，我国数字政府建设整体水平得到提升，但是基层治理的数字化和智能化水平并不高，在数字时代，精准数字社会治理需要提升基层组织的智慧化自治作用，利用技术手段进行赋能，更好地解决社会问题

促进数字公共服务普惠化

注重数字公共服务普惠化，特别是在数字教育、数字健康两个领域。还要普及数字生活智能化，打造智慧便民生活圈、新型数字消费业态、面向未来的智能化沉浸式服务体验

图 4-19　社会方面具体要求

第五，生态文明方面，建设绿色智慧的数字化生态文明，利用数字技术打

造智慧高效的生态环境信息化体系，推动山水林田湖草沙、国土自然资源、水利系统相关信息智慧化管理，实现资源的高效利用和生态的可持续发展。

图 4-20 为"五位一体"建设示意图。

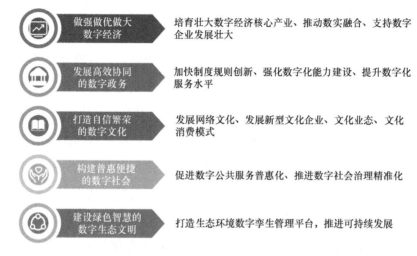

图 4-20　五位一体建设示意

（3）两个环境

《数字中国规划》指出，要优化数字化发展环境，如图 4-21 所示。

图 4-21　打造两个环境

在国内环境中，要建设公平规范的数字治理生态，重点聚焦法律法规体系的完善、技术标准体系的构建和管网治网新格局的构建 3 个方面。

在国际环境中，积极参与数字领域国际合作，构建开放共赢的多层面协同、多平台支撑、多主体参与的数字领域国际合作格局与体系，以及主动构建数字化标准体系，在国际舞台上发挥更加主动的作用。

（4）两大能力

《数字中国规划》着重提出了两大能力，这两大能力是我国数字经济独立、安全发展的重要保障。

第一，构筑自立自强的数字技术创新体系。当前，我国部分关键技术和核心零部件对外依赖程度较高，虽然这些关键技术和核心零部件并不影响整体经济运行，但是若出现断供或制裁等极端情况，就会对企业的生存产生重大影响。《数字中国规划》提出的应对策略有以下几点。一是发挥举国体制的优势，依靠政府与市场的合作攻破关键技术。二是加强产学研深度融合，特别是要发挥企业的主体地位与市场导向性的资源配置机制。三是健全知识产权转化收益分配制度，激发科研人员的创新精神。

第二，要筑牢可信可控的数字安全屏障。随着数字化的深入推进，数据、网络渗透到社会方方面面，给生产生活带来了极大的便利。但是网络安全问题也日益严重，境外网络攻击、虚假信息广泛传播、网络治安乱象等问题严重威胁到经济与社会的健康发展和人民群众的生活。网络安全已上升至国家战略地位，网络安全对保护企业机密与资产有重要意义，也是未来个人就业的重要发展方向。

2. 两个重要时间

《数字中国规划》在 2025 年和 2035 年两个重要时间节点提出了相应的奋斗目标。到 2025 年，数字中国建设基本形成横向打通、纵向贯通、协调有力的一体化推进格局，这就意味着数字中国建设整体框架基本形成，数字化的深度和广度都有了新的提升。

《数字中国规划》还提到了几个具体目标，如图 4-22 所示，这些目标涵盖社会生活的方方面面，为企业开展投资建设、产业创新提供了方向。

《数字中国规划》为 2025 年之后的 10 年提出了新的愿景，基本上是对 2025 年发展目标的提升与完善，如数字化发展水平进入世界前列，数字中国建设取得重大成就，数字中国建设体系化布局更加科学完备等。

 数字基础设施高效联通 数字生态文明建设取得积极进展

 数据资源规模和质量加快提升 数字技术创新实现重大突破

 数据要素价值有效释放 应用创新全球领先

 政务数字化、智能化水平明显提升 数字安全保障能力全面提升

 数字文化建设跃上新台阶 数字治理体系更加完善

 数字社会精准化、普惠化、便捷化取得显著成效 数字领域国际合作打开新局面

图 4-22　《数字中国规划》部分具体目标

3. 5个方向指导

一是加强组织领导。这是开展数字中国建设的首要，也是最重要的一点。在党中央集中统一领导下，实现数字中国建设的有序进行。这一点强调了数字中国建设的政治性和战略性，体现了党对数字化转型的高度重视和坚定信心。数字中国建设不仅是技术问题，也是政治问题，需要党中央集中统一领导和有效协调，以确保数字化发展符合国家利益和人民需求。

二是健全体制机制。《数字中国规划》提到了要建立健全数字中国建设统筹协调机制，及时研究解决数字化发展重大问题，推动跨部门协同和上下联动，抓好重大任务和重大工程的督促落实，开展数字中国发展监测评估。值得强调的是，数字中国建设工作情况将会成为有关领导干部考核评价的重要参考。这一点突出了数字中国建设的系统性和规范性，反映了国家对数字化发展的科学规划和严格管理。数字中国建设涉及多个领域和层面，需要建立健全相应的体制机制，以保证各项工作的协同推进和有效落实。同时，也需要加强对数字化

成效和风险的检测评估，以及对领导干部的考核激励，以提高数字化工作的质量和效率。

三是保障资金投入。数字中国建设需要大量的资金投入，不仅要依靠政府支持，也要借助金融体系和社会资本的力量，以促进数字技术和数字产业的创新发展。同时，也要利用国家产融合作平台，引导、鼓励、支持金融机构对数字化创新的投入，发挥国家产融合作平台的作用，推动社会资本有效参与对数字技术、数字产业的投资，以实现政府、金融机构、企业之间的有效合作。

四是强化人才支撑。一方面提高领导干部和公务员数字思维、数字认知与数字技能；另一方面，支持高校进行学科改革、学科融合，以培养适应数字化时代的各类人才。同时，还要加强数字化知识和技能的普及，以提升全社会的数字化水平。

五是营造良好氛围。这一点彰显了数字中国建设的文化性和实践性，反映了国家在数字化发展中发挥的社会引领作用和示范引导作用。数字中国建设需要全社会的认同和支持。同时，通过举办各类数字领域的赛事、活动及开展项目等，展示数字化成果和价值，促进产学研等各方面的交流与合作，在开展综合试点工作的过程中，探索数字化发展的模式和路径。

图 4-23 为 5 个方向指导示意图。

图 4-23　5 个方向指导示意图

二、我国数字经济发展的九大趋势

对《中华人民共和国国民经济和社会发展第十四个五年规划和2035年远景目标纲要》《"十四五"数字经济发展规划》《数字中国建设整体布局规划》3个有关数字经济的核心文件进行梳理后，总结出我国数字经济发展的九大趋势，具体如下。

趋势一：数字基础设施建设向云网协同、算网融合趋势发展

数字基础设施建设可以大致分为推广普及阶段、融合建设阶段和产业赋能阶段。当前我国数字基础设施建设正从推广普及阶段向融合建设、产业赋能阶段转型。以5G通信基站为例，截至2023年2月，我国已建成超过234万个5G基站，5G移动电话用户数量超过5.75亿，覆盖全国所有地级市、县城城区和92%的乡镇镇区，但是不同类型的数字基础设施还没有做到协同融合，综合赋能产业的能力较差。因此，下一阶段以5G通信、云端基础设施、数据中心、边缘计算为代表的基础设施将会朝着云网协同、算网融合趋势发展。

国务院发布的《"十四五"数字经济发展规划》明确指出，要加快构建算力、算法、数据、应用资源协同的全国一体化大数据中心体系。加快实施"东数西算"工程，推进云网协同发展，提升数据中心跨网络、跨地域数据交互能力，加强面向特定场景的边缘计算能力，强化算力统筹和智能调度。

大规模建设基础设施，小规模部署边缘计算中心，不断提升统一调度能力，云端基础设施将加快向应用端延伸。

在赋能产业方面，只有5G通信、千兆光纤、云计算、数据中心、边缘计算等各项基础设施的协同并进，才能满足产业互联网对于数据传输高并发、低时延的要求。云网协同、算网融合带来的算力智能化，将会应用到交通、能源、卫生、制造、文旅、家居等多个场景中。"十四五"期间我国计划建设1万个以上的5G工厂，实现"5G+"赋能更多国民经济大类，数字基础设施建设将会与各地的工业园区建设协调推进，推动制造业上下游产业链条与基础设施深度融合。

趋势二：人工智能的应用程度将成为评判数字化转型的重要标准

ChatGPT-3.5 和新版微软 Bing 的发布，给全世界的人们带来了巨大震撼，GPT-4.0 及搭载 GPT-4.0 的 Copilot 上线，正式开启了人们对人工智能技术赋能工作、生产的实践。尽管 Google 的 LaMDA、百度的"文心一言"表现差强人意，但也是一次大的跨越。其他掌握海量数据的互联网企业巨头（如 Meta、Amazon 等）还没有推出实际产品，人工智能领域很难出现一家独大的局面，这些公司发展领域各不相同，人工智能技术应用场景也更为广阔。

《"十四五"数字经济发展规划》提出，高效布局人工智能基础设施，提升支撑"智能+"发展的行业赋能能力，推动农林牧渔业基础设施和生产装备智能化改造，推进机器视觉、机器学习等技术应用。对于企业来说，人工智能的应用程度将成为评判数字化转型程度的重要标准。百度创始人李彦宏称已有不少企业"官宣"有意向接入百度"文心一言"，伴随着百度飞桨平台的上线，百度 AIGC 生态圈已初具雏形，AIGC 的 ToB 将带来巨大生产力的变革，个性化定制大语言模型将会更快落地。

对于个人消费者来说，各领域中的人工智能应用和产品将会逐步走入大众视野，因此通用型人工智能不会止步于当前的搜索引擎、办公软件，内容消费、社交娱乐等类型的软件在市场及商业模式比较成熟的消费级领域中已经规模化，"人工智能+"会带来更多的产品、应用，特别是在视频、游戏、营销、阅读等相关细分领域，AIGC 的赋能效果更加明显。

趋势三：工业互联网和创新应用加快落地

我国已经建立了门类齐全、独立完整的制造体系，但由于制造业细分领域众多，各行业的数字化基础差距较大且需求各异，数字技术的应用程度十分不平衡。随着工业软件行业的发展，工业互联网和相应的创新应用将会加快落地，进而影响工业产品的全生命周期。互联网相关技术赋能工业场景，打造工厂的数字孪生场景，能够更好地发挥数字技术虚实融合的特性，提高工厂管理与生产的效率。依托数字基础设施，工业互联网还将强化企业与产业链、生产线的信息整合，通过物理空间与数字空间的实时同步、双向交互，完成个性化定制并降低不可预测风险发生的可能性。

趋势四：消费互联网走向产业互联网

消费互联网推动更多行业实现线上线下的融合，带来产品服务创新与消费升级。受各种因素的影响，消费互联网发展遇到一些问题，产业互联网作为一个新蓝海存在巨大的发展空间。如果说消费互联网是对商业模式的创新，那么产业互联网将是对生产流程的颠覆。产业互联网将深入生产的各个环节，打破不同行业结构与领域之间的壁垒，实现产业链上下游企业、不同产业链间的合作，带来生态级的融合。传统互联网时代实现了小融合，产业互联网将带来大融合，从而满足社会发展的新需求，实现企业的降本增效，释放数据价值。

在推动经济脱虚向实的背景下，产业互联网扮演着重要角色。消费互联网让更多虚拟产业得到发展，在实体经济的地位越来越高的当下，产业互联网充分发挥对实体产业的赋能作用，摆脱过去依靠土地财政、人口红利拉动经济增长的底层逻辑，推动人与机器的精细化分工和协同。同时，数字技术也将注重工业化和数字化的融合应用，与传统产业联合创新，赋予技术更强的变现能力，为实体经济的发展创造更多可能性，如图4-24所示。

图4-24　产业互联网推动经济脱虚向实

趋势五：产业园区成为各地建设重点

以先进科技领域为支撑、以产业园区为载体的产业集群化发展是各地重点发展方向，如图4-25所示。

第一，地方经济数字化转型迫切需要寻找发力点与示范点，因此，地方产业园区模式将成为各省市培育产业集群的新范式。通过技术创新和模式创新双向推进，不断放大创新示范效应，将会在更多省份和城市得以复制推广。产业园区中的龙头企业带来的示范效应和溢出效应，将辅助地方产业政策的落实，培育出更多的数字化工厂，有效带动地方产业发展。从长期来看，地方产业集群的建设将呈现出省级、国家级、世界级集群梯次培育发展体系。

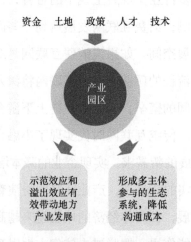

图 4-25　产业集群带动地方经济转型

第二，产业园区更像一个生态系统，容纳政府、企业、金融机构、科研机构和第三方机构等参与者，更容易衍生出新的业态和模式，产业园区内可以更好地协调各方关系、降低沟通成本、推动产业创新。结合拥有世界级产业集群的城市来看，哪里的产业集群建设得好，哪里的数字经济发展水平就高。

趋势六：企业内部数据应用与中台架构搭建提速

2023 年 3 月，中共中央、国务院印发了《党和国家机构改革方案》，并决定组建国家数据局，主要负责协调推进数据基础制度建设、统筹数据资源整合共享与开发利用等工作，这表明我国数据管理、开发、交易、利用等呈现出新形势，将会迎来新的发展前景。伴随着细则标准陆续落地，隐私计算、区块链等可信技术逐渐商用并走向成熟，数据行业的无序发展状况将得到改善，灰色产业将会被清除，政务数据、社会数据、企业数据将会被有序开放和利用。

2022 年 12 月，中共中央、国务院发布了《中共中央　国务院关于构建数据基础制度更好发挥数据要素作用的意见》（又称"数据二十条"），该文件从数据产权、流通交易、收益分配、安全治理等方面构建了数据基础制度，进一步确立了现代数据产权制度，推进数据资产化进程，数据交易市场也将加速成熟。

从数据管理的角度来看，企业需要尽快开展数据资产管理，搭建数据中台，盘点企业可用的内外部数据资产，使数据资产可见、可用、可控、可计量，解锁数据的新价值。数据管理的目的在于实现数据的场景化、价值化、资产化、资本化。数据不仅要成为决策的智力支撑，还要与产业链条深度融合。对于那些数字化渗透程度高、数据资产化建设进展较快的行业来说，下一阶段需要加快数据资产管理平台建设，通过对数据类型、应用场景、监管要求、使用频次等多维度进行描述，可以帮助不同部门和角色更好地使用数据、提高数据的使用效率和价值。

趋势七：企业加强碳资产管理，能源消费结构中电力消耗成为主流

在农业经济和工业经济发展阶段，能源粗放式投入是主要驱动因素，导致气候风险加剧。相比之下，数字经济以绿色为主要特点。全球范围内，能源及产业发展的低碳化趋势已经形成。从能源发展趋势角度来看，清洁低碳、安全高效是世界能源转型的方向。当前的能源生产更加注重构建以新能源为主体的新型电力系统，通过能源互联网建设来推动多源融合和低碳发电。从能源消费角度来看，数字经济更加依赖电力的消耗，伴随着社会多元化的能源消费体系转型，电力消耗成为能源主流。

我国也制定了"碳达峰、碳中和"行动方案。在产业的绿色转型和央行货币政策的引导下，金融机构对绿色产业的投资规模将持续扩大，市场增长空间巨大。一批创新型绿色金融产品和服务将会投入市场，与绿色金融相关的数字技术创新应用将加快出现，帮助挖掘高碳产业转型资金需求。这些创新应用将提高金融服务的效率和质量，推动绿色产业的发展和低碳经济的转型，为实现可持续发展提供有力支持。为此，企业的碳资产管理将成为一大

趋势，碳资产包括碳减排权、碳交易权等资产，通过使用数字技术，可以帮助企业更好地管理碳资产，实现碳交易的透明和可追溯，保障碳资产的安全和有效性。在产业转型和金融引导下加快企业碳资产管理，如图4-26所示。

图4-26　产业转型和金融引导下加快企业碳资产管理

趋势八：产融结合向纵深发展，国有资本的投资趋势是"重头戏"

产业数字化的本质是资本和数据增密的过程[36]。从这个意义上来说，金融新基建的赋能作用不仅体现在对实体经济的血脉疏通上面，同时还能够让企业提升效率，增强风险控制能力。深化产融结合，需要对金融体系进行结构调整，提升金融投资服务的供给能力。这意味着金融机构需要更加注重与实体经济的结合，为实体经济提供更多的金融服务。此外，金融机构将更加注重可持续发展、多元化的支付体系建设和多层次的投融资体系构建，为实体经济发展提供更多的支持和帮助。

我国产业结构正在向中高端升级，核心战略产业与高新技术产业需要充足资金的强力支撑，但是这些产业研发周期长、市场变化速度快、不确定性风险较高，传统融资模式难以满足庞大的资金需求，风险承受能力较弱，因此，构建多层次的投融资体系成为当务之急。《数字中国建设整体布局规划》指出，要构筑自立自强的数字技术创新体系，健全社会主义市场经济条件下关键核心技术攻关新型举国体制。国有资本的稳定作用和引领作用将会进一步受到关注，国有资本将会加大在战略性新兴产业、高新技术产业中的投资布局，尽可能地满足数字经济的融资需求。

趋势九：打造政府搭台、多方参与的数字空间治理新模式

《"十四五"数字经济发展规划》强调，建立完善政府、平台、企业、行业组织和社会公众多元参与、有效协同的数字经济治理新格局，形成治理合力，鼓励良性竞争，维护公平有效市场。开展社会监督、媒体监督、公众监督，培育多元治理、协调发展新生态。引导社会各界积极参与推动数字经济治理。

推动中国特色社会治理体系的形成就要积极探索多元主体参与的数字治理新方式。近些年，中国在数字经济治理体系建设上不断创新，各级政府主动应用数字技术提升数字监管能力。随着物理空间的各要素逐渐向数字空间转移，如何打造跨越数字空间和物理空间的治理模式也成为各界关注的重点。

数字空间的治理要关注体系制度的规范和科技手段的运用。企业平台是数字空间的重要主体，在数字空间中，企业作为企业平台的搭建方、技术提供方、运营维护方将发挥更大的作用，数字空间治理模式示意如图 4-27 所示。

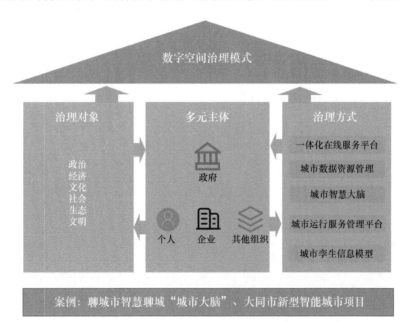

图 4-27 数字空间治理模式示意

第二部分

数字经济构成剖析与案例

这部分内容基于数字经济的"四化"框架，结合具体案例详细剖析了数字经济的四大组成部分，帮助读者更好地抓住数字经济发展中蕴藏的机遇。

第五章

数据价值化

第一节　数据采集、数据清洗、数据确权

数据资源是数字经济的关键要素，是新时代重要的战略资源。企业数字化转型的根本目的就是要获取新的价值增长空间，其重点在于对数据资产进行安全有效地整合利用。数据资源的开发程度直接决定了企业的数字化转型所能达到的深度和广度。数据成为企业的核心资产，如何有效地管理和使用这些数据，是数字化转型应当关注的重点。

数据资产化是指通过各种技术手段收集、清洗所需的各种数据，如市场交易数据、行业趋势数据、产品生产数据、服务反馈数据等，进而从这些数据中寻找盈利增长点、业态创新点和管理改进点。数据除为决策进行支撑以外，还能以数据产品和服务的形式存在，为第三方带来价值。换而言之，数据不应只停留在企业的内部，还应当走向社会，成为流动的价值资产，这样数据的价值才能被充分挖掘出来。那么如何将采集到的数据转化为数据资产（实现数据资产化）呢？本节将从数据采集、数据清洗与数据确权3个方面展开描述，如图5-1所示。

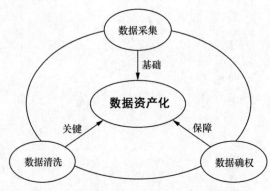

图 5-1　数据采集、数据清洗、数据确权

一、数据采集：数据资产化的基础

数据采集并非简单的数据收集，企业通过运用数字化工具与技术，将大量结构化、半结构化或非结构化的开源数据及内部数据，整合至大数据架构环境中，并进行预处理、存储及安全化处理。数据采集作为数据资产化转型的关键基础，其对数据的处理效果直接影响数据开发的价值。在数字经济时代，数据规模庞大且复杂度高，因此具备高效、智能、可靠的数据获取能力显得尤为重要。

1. 数据采集的关键步骤

一是制订数据采集的目标。确定数据采集的目的、范围、期望、方法、工具和标准，有的放矢地开展自动化和智能化的数据收集工作。

二是进行大规模的数据收集。使用传感器、网络爬虫和 API（应用程序接口）等技术手段来监测和收集物理世界和数字世界的数据。在进行初步数据收集时，需要确保数据的真实性和完整性。数据源对数据质量有很大影响，与数据处理的结果密切相关。因此，应遵循数据收集的道德原则和法律准则，确保数据采集的可靠性和有效性。

三是对数据进行预处理。数据预处理的目的在于对数据进行清理、转换和组织，使数据拥有恰当的分析格式，对缺失值、异常值和错误数据进行修正与补充。数据一般来源于多个数据源，而数据源可能会受到噪声数据的影响，导致数据缺失、数据冲突等，此时，数据预处理的价值就会显现出来了，它可以有效避免上述情况，保证数据的真实有效。

四是数据存储。数据存储只是手段，根本目的是便于工作人员和决策者随时取用数据。数据存储常用的工具包括数据库、数据仓库和数据湖。数据库可以满足结构化的数据存储需求，支持实时查询数据和进行事务处理。数据仓库是一种为分析和报告而设计的数据存储系统，可以存储结构化或半结构化的数据，并对其进行清洗和整合。数据湖是一种可以存储任何类型（包括结构化、半结构化或非结构化的数据）和格式（如纯文本、图像、视频等）的原始数据的存储系统，可以支持多种分析工具和方法的使用。数据湖是较为主流且受到市场欢迎的数据存储方案，数据湖的运作过程如图 5-2 所示。

1 数据湖集中式存储各种类型的数据，包括结构化、半结构化和非结构化的数据。数据湖可以按照数据的原始形态直接存储数据

2 数据湖无缝对接各种计算分析平台，可以直接对存储在数据湖中的数据进行分析、处理等，发掘其中蕴含的价值

3 使用不同的计算服务对数据进行加工和计算，同时把计算结果应用于人工智能分析平台进行机器学习或深度学习

4 原始数据可转换为用于报告、可视化分析和机器学习等各种任务的数据，以便更好地支持业务洞察

图 5-2　数据湖的运作过程

五是数据的安全处理。通过旋转代理、数据加密、数据分级、数据审计、数据隔离等技术对数据进行加密管理与保护，实时记录和分析数据的使用情况和变化情况，避免数据泄露事件发生，发现和化解潜在安全风险，以减少单点故障和网络攻击的影响，防止在数据采集、数据传输、数据加工的过程中数据被窃取或被篡改。

数据采集的关键步骤如图 5-3 所示。

1.目标制订	2.大规模数据收集	3.数据预处理	4.数据存储	5.数据的安全处理
确定数据采集的目的、范围、期望方法、工具和标准，目标应包含要采集什么样的数据、为什么要采集这些数据等信息	依据目标，使用各种技术手段对数据进行收集，并转换为数字信号需要确保数据的真实、完整、可靠、有效	数据预处理的目的在于清理、转换和组织数据，使数据拥有恰当的格式，对缺失值、异常值和错误数据进行修正与补充	数据库：满足结构化的数据存储需求。数据仓库：为分析和报告而设计的数据存储系统。数据湖：可以对任何数据进行存储	通过各种技术对数据进行加密管理与保护，避免数据泄露事件的发生，发现和化解潜在安全风险

图 5-3　数据采集的关键步骤

2. 数据采集当前面临的主要问题

面对纷杂的数据，在数据采集的过程中会遇到各种问题，如图 5-4 所示。

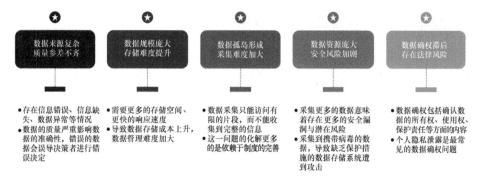

图 5-4 数据采集面临的问题

数据来源复杂，质量参差不齐。由于原始数据来源复杂，采集到的数据通常存在信息错误、信息缺失、数据异常等情况。数据的质量会严重影响数据的准确性、完整性及与需求的相关性，错误的数据会误导决策者进行错误决定。

数据规模庞大，存储难度提升。海量数据需要更多的存储空间，而且要求更快的响应速度来满足实时的相应需求，大量的数据也会增加数据管理的复杂性，需要更多的人力和技术来维护数据的安全，导致数据存储加大了数据管理难度。

数据孤岛形成，采集难度加大。由于不同平台、不同企业对自身数据的保护需要及当前数据交易市场与体系的不成熟，数据孤岛广泛存在。这意味着数据采集只能访问有限的片段，而不能收集到完整的信息，这一问题的化解更多的是依赖于制度的完善。

数据资源庞大，安全风险加剧。采集更多的数据意味着存在更多的安全漏洞与潜在风险。从采集源头的角度来看，在使用自动化技术对数据进行采集的过程中会遇到携带病毒的数据，导致系统更容易受到外部恶意软件的攻击；从数据存储的角度来看，数据存储系统在缺乏恰当的保护措施（如加密、访问控制和防火墙）的情况下，其存储的数据很容易泄露、遭到外部攻击，造成极大的损害。

数据确权滞后，存在法律风险。数据确权包括确认数据的所有权、使用权、保护责任等方面的内容。如果这些问题没有得到及时、恰当的处理，就会带来法律风险。

二、数据清洗：数据资产化的关键

数据清洗是指对原始数据中错误、重复、缺失或不一致的部分进行修正、删除、补充和完善的过程，以提高数据的质量和可用性。根据国际权威机构Statista 的数据，全球数据总量在 2020 年达到了 64.2ZB，预计到 2025 年，全球数据总量将增长到 181ZB。庞大的数据总量带来了新的难题，如何从原始数据中清洗出赋能应用的有效数据，这是数据资产化的关键步骤。

1.数据清洗的原理和步骤

数据清洗的基本原理是对数据流通的各个环节进行分析，根据需求不断归纳相应的数据清洗方法，建立数据清洗模型，并在应用中逐渐找到适合不同场景的数据清洗算法和方案，将其应用到对数据的识别、处理过程当中，以实现对数据质量的有效把控。

数据清洗通常按照一定的流程进行，如图 5-5 所示。首先对数据清洗的目标进行分析，总结归纳出需要什么数据、为什么需要这些数据及这些数据有哪些用途。在此基础上定义相应的数据清洗规则和流程，并对数据清洗的流程进行规范，避免出现脏数据、遗漏数据等现象。其次对数据进行数据检测，删除噪声信息、重复数据等。最后进行数据清洗，清洗完成后要对数据是否满足要求进行评估，如果能够清洗出干净的数据，则进行回流，数据清洗完成；如果未能返回所需数据，就需要重新进行数据清洗，对数据清洗的各个环节进行调整。

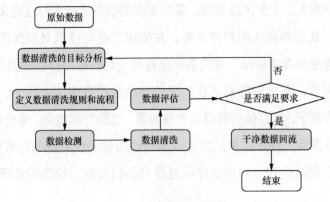

图 5-5　数据清洗流程

2. 4种常见的数据清洗方式

4种常见的数据清洗方式是全人工清洗、全机器清洗、人机异步清洗和人机同步清洗，如图5-6所示。

图5-6 4种常见的数据清洗方式

全人工清洗的优点在于准确度高，可以根据不同的场景需求完成个性化的数据清洗，缺点在于速度慢、耗时耗力、成本较高。全机器清洗的优点在于自动化、智能化、效率高，大幅降低人工成本，可以高效完成大规模数据清洗工作，缺点在于实现难度大，运行、操作和维护成本高。

人机异步清洗兼具全人工清洗和全机器清洗的优点，在降低成本、实现程度高的基础之上，高效完成数据清洗工作。当前大多数数据清洗软件采用的是人机异步清洗。机器将不能处理的问题以报告的形式记录下来，然后继续进行清洗，当机器工作完成后，工作人员根据报告对机器遇到的异常问题进行解决。换言之，人工不直接参与数据清洗，只是在后期进行完善，即采用事后反馈机制。类似地，人机同步清洗是指通过设计一个可供人机交互的用户界面，当机器遇到程序无法推进的情况时，人工进行干预，清除异常情况后，机器继续工作。

3. 数据清洗的基本方针

数据清洗的根本目的在于寻找有价值的数据，而判断数据是否有价值的依据是在相应应用场景中对其的需求程度。华润集团作为数据开发走在前列的企业，提出了"以用促治，场景驱动""夯基治数，上云入行"的方针。"以用促治，场景驱动"是指各业务单元、各级主体的数据使用要有落地场景，赋能业务。使用数据的过程，也就是寻找数据采集目标与数据清洗质量要求的过程；"夯基治数，上云入行"中的"上云"是指采集到的有价值的数据需要上传到华润集团内部的华润云平台上，"入行"是指数据进入"银行"，让数据真正成为资产。

清洗后的数据的价值体现在各种应用场景中。例如，在社交媒体领域，用户产生大量的个人数据，这些信息可以作为数据产品应用到企业决策、舆情管理、科研教学等领域中。此外，数据还可以应用到数据挖掘和机器学习领域中，常见的谷歌、百度等搜索引擎只是做到了对数据进行爬取、简单筛选与处理，而自然语言处理模型（如百度的"文心一言"），能够根据清洗过的数据进行模型训练，从而完成各种自然语言处理任务，数据清洗在数据挖掘和机器学习中扮演着重要角色。

4. 数据中台成为数据管理的重要方式

数据中台是一种综合性数字化解决方案，旨在将企业的数据转化为数据资产，并实现数据价值的变现。这种解决方案正被越来越多的企业所采纳。图5-7为数据中台逻辑示意图。

数据中台并不单纯是一种工具或是某个平台，而是推动数据资产化、实现企业数字化转型的重要机制。数据中台的核心功能包括数据数据开发、数据建模与数据治理，同时需要对数据进行采集、清洗、计算、存储和处理等，其目的是将企业的数据转化为可重复使用的数据产品和服务，为企业的决策运营和业务增值提供支持。数据中台的重要功能包括以下几点。

数据整合：数据中台可以整合不同来源和渠道的数据，确保数据的统一性和一致性，方便数据分析和应用。

数据存储和管理：数据中台提供可靠的数据存储和管理机制，确保数据的可访问性和安全性，并实现对数据的分类、索引和检索等功能。

数据分析：数据中台可以提供深入的数据分析功能，包括数据挖掘、机器学习等，帮助企业发掘数据的潜在价值和规律。

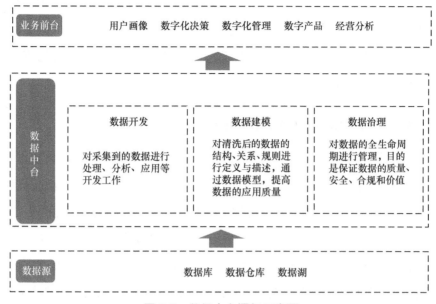

图 5-7　数据中台逻辑示意图

形成数据产品和服务：数据中台将得到的数据转化为可重复使用的数据产品和服务，为企业的业务增值和运营决策提供支持。这些数据产品和服务可以包括数据报表、预测模型、智力支持等，帮助企业更好地了解市场和客户需求，优化决策运营。

此外，数据中台的价值还受到梅特卡夫定律的影响，即网络的有用性与其用户数的平方成正比。这意味着随着数据中台的建设和运营，其价值将随着用户数量的增加而呈指数级增长。也就是说，企业内部使用数据中台的人越多、数据存储的数据越多，它的价值也就越高。

三、数据确权：数据资产化的保障

数据作为生产要素具有天然的市场属性，必然会在市场中交易，这就意味着数据资产化是数据发展的必然方向。数据资产化的根本保障是数据确权，数据确权是实现数据安全、有序流动的必要前提，建立健全数据产权制度是数字经济发展的大势所趋。随着《数字中国建设整体布局规划》《中共中央 国务院关于构建数据基础制度更好发挥数据要素作用的意见》等文件的发布，我国数据产权制度建设的方向更加明晰。数据确权的价值在于理顺数据的归属、应用权利和责任三者间的关系，维护数据所有者、使用者和管理者的合法权益，促进数据资源的合理流动和高效利用。

1. 制度为维护数据权益提供保障

伴随着数字经济的快速发展，我国数据确权相关制度建设在逐步加强，体系也在逐步完善，法院已经开始受理数据产权纠纷相关案件。2022 年杭州互联网法院向社会公布了 10 个与数据密切相关的典型案件，囊括数据产品的权益保护、公共数据商业化使用、直播数据与商业秘密、爬取微信社交数据、游戏生成的角色形象产权归属等问题，这些案件为数据确权体系的完善提供了借鉴与参考。

《中华人民共和国网络安全法》《中华人民共和国个人信息保护法》《中华人民共和国数据安全法》等法律法规的相继出台，一方面，为数据确权提供了明确且具有约束力的法律依据，提升了监管力度和效果；另一方面，也为数据的利用与流通创造了良好且具有激励性的发展环境，推动了数字经济的高质量发展。2022 年发布的《"十四五"数字经济发展规划》强调进一步探索与数据要素价值和贡献相适应的收益分配机制。我国关于数据要素市场的制度不断完善，这将有助于激发数据要素市场主体的创新活力。

2. 技术为数据确权扎紧"篱笆"

法律能够为数据确权提供保障，技术则为数据确权提供支撑。以区块链为代表的可信技术，将在数据确权方面发挥更大作用。一是在交易过程中，区块链技术可以为数据的流动提供安全、透明、不易篡改的分布式账本，实时记录和监控数据的来源，以及数据流动和交易的过程。二是利用区块链技术可实现数字身份认证功能，能够保障数据所有者对数据的控制权。三是利用区块链技术可以实现交易双方签订合同的智能化，通过算法函数审查数据的所有者、使用者和来源的身份认证，并进行授权管理，动态调整三者的价值分配和合约内容，促进数据的流通和共享。例如，IBM 公司的 IBM Blockchain Platform 是基于区块链技术面向企业的智能解决方案服务平台，可以实现高效、安全、透明的数据交易和数据资产管理，被广泛应用在供应链管理、食品安全、贸易融资等领域。可信技术在数据确权方面的应用，可以大幅提升数据的可信任度、数据交易效率和数据治理水平。

3. 数据确权的"三分原则"

中国信息通信研究院提出了数据确权的"三分原则"，为数据确权路径提供了参考[37]，如图 5-8 所示。

图 5-8　数据确权的"三分原则"

第一，分割原则。数据确权的本质与原则是为了平衡不同利益主体的权益，解决数据权益归属问题，而非数据所有权归属。所有权的核心价值体现在排他性上，相比之下，产权具有更宽泛的范畴，因此，确立数据产权框架有利于实现多方利益主体的权益平衡，推动数据交易的顺利进行。基于此，中国信息通信研究院将数据产权分为数据公有产权和数据私有产权，数据私有产权又包括基础数据产权和衍生数据产权，如图 5-9 所示。

数据公有产权是集体共有的，集体对公共数据拥有管理、监督和保护等权利。数据公有产权包含控制权、管理权和开放权。控制权指的是集体有对数据的安全性、真实性和完整性采取有效措施予以保护的权利。管理权是指集体有对数据的全生命周期进行管辖的权利。开放权则是指集体有权将数据在集体内部公开、共享。这些权利为公共数据的利用和开发提供了保障。

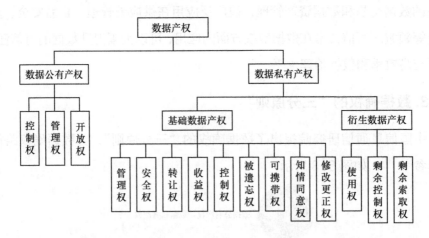

图 5-9　数据产权框架

资料来源：中国信息通信研究院《数据价值化与数据要素市场发展报告（2021年）》

数据私有产权包括基于原始数据的基础数据产权和基于经过加工之后的数据的衍生数据产权。基础数据产权是指对基础数据拥有管理、安全、转让、收益和控制等方面的权利，具体而言，管理权是指对数据的使用进行管理的权利；安全权是指保护数据不被非法入侵的权利；转让权是指将数据权益转让给他人的权利；收益权是指通过使用数据获得经济利益的权利；控制权是指数据主体可以根据自己的意志对数据进行控制的权利；被遗忘权是指数据主体有权要求数据控制者或管理者及时删除个人数据；可携带权是指数据主体将数据从一方控制者处传输给其他控制者的权利；知情同意权是指个人数据在被采集或处理前，应征得数据主体同意；更正、补充修改更正权是指数据主体有权要求数据控制者或管理者对相关个人数据进行修改。

衍生数据产权下的使用权指的是对数据进行二次加工利用的权利；剩余控制权则是指数据添附者在数据加工、处理等方面的控制权；剩余索取权是指数据添附者对数据额外产生价值的索取权，一般表现为企业对数据产生的经济收益所主张的权利。

第二，分类原则。数据分为个人数据、企业数据、公共数据3类，如图5-10所示。

个人数据

个人信息产生的数据，具有高度敏感性与隐私性，个人享有绝对权利

企业数据

企业产生的数据或通过合法途径获取的数据，对于后者，企业享有部分权力

公共数据

自然资源数据、经济社会数据等数据信息，可有条件地向社会共享

图 5-10　数据确权的分类原则

个人数据是指能够识别个人身份的数据，即个人信息产生的数据，具有高度敏感性和隐私性。个人信息的数据产权属于个人，个人享有绝对权利，但个人可以选择将部分权利让渡给企业或社会，以获得更好的服务或收益。

企业数据是企业在进行生产经营管理活动时所产生的数据，或者通过合法途径获取的数据。企业对这些数据享有基础数据产权，对通过合法途径获取的数据享有部分权利，在征得产权所有者同意后，企业可以对数据进行处理。

公共数据涵盖了政府、公共机构在合法活动中所收集的多种数据及相关的衍生数据，其中包括但不限于自然资源数据和经济社会数据。政府及公共机构对社会数据享有数据公有产权，在保障个人隐私和国家安全的情况下，这些数据可以向社会共享。

第三，分级原则。数据可以分为私有品数据、公共品数据、准公共品数据，如图 5-11 所示。

 私有品数据

具有高度竞争性和排他性，不能开放共享

 公共品数据

不具有竞争性和排他性，可以开放共享

 准公共品数据

有限的竞争性和排他性，可以部分开放共享

图 5-11　数据确权的分级原则

私有品数据是指具有高度竞争性和排他性的数据，如企业的用户数据，其价值会随着开放程度的提高而降低，因此需要阻止或者限制其他人使用。

公共品数据是指不具有竞争性和排他性的数据，如政府公开披露的数据，其价值不会随着开放程度的提高而降低，且无法阻止其他人使用。

准公共品数据是指具有有限的竞争性和排他性的数据，如企业的内部数据，公开共享会导致企业竞争力降低，但是企业内部员工可以使用这些数据。

第二节　数据标准、数据标注

根据 Visual Capitalist 公布的数据，预计到 2025 年，全球每天将出现 463EB 的新数据，不过其中一些数据因未经整理而无法使用。上一节对数据采集、数据清洗和数据确权进行了简单介绍，本节将对数据标准和数据标注的含义、分类、行业发展等展开讨论。数据资源化框架如图 5-12 所示。

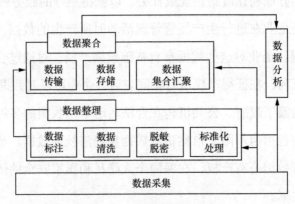

图 5-12　数据资源化框架

资料来源：中国信息通信研究院《数据价值化与数据要素市场发展报告（2021 年）》

一、数据标准

数据标准是保障在数据的组织内外部使用与交换时的一致性和准确性的规范性约束[38]。数据标准不是一个具体的术语，而是一种抽象概念，它涵盖了一系列规范和约束，用于判定数据的合规性。具体而言，数据标准在数据管理中属于事前整理，旨在对数据的命名、业务需求、存储格式、使用规范、计算口径等行为进行统一规定，从而保障各业务单元对数据的统一理解，保障数据的一致性和可互操作性。

在实际应用场景中，企业需要在组织内部定义一套标准的数据规范，使得业务流程中涉及的每个业务单元都能理解这些数据的含义。例如在银行业，对于"客户"这个字段，不同业务系统对其的认知会产生偏差，客户部认为"客户"就是在该银行办理银行卡的用户，而网银部则认为凡是在该银行网站注册过或者通过该银行进行过转账的用户都属于客户。这样一来，缺乏统一的标准，不仅会增加跨部门的沟通成本、带来不必要的麻烦，甚至还会影响银行活动与项目的实施与开展，导致花费大量时间、精力、资金进行采集、清洗的数据体现不出其应有的价值。因此，制定统一的数据标准能够促进企业级单一数据视图的形成，推动信息共享，促进系统集成，提高数据质量，从而更好地支撑经营决策，开展精细化管理。

1. 数据标准分类与方法

中国信息通信研究院发布的《数据标准管理实践白皮书》将数据标准分为两大类，分别是基础类数据标准和指标类数据标准，如图 5-13 所示。基础类数据标准是为了统一企业内部业务相关数据，解决不同系统间的协作与数据整合问题，而按照一定的标准管理过程制定的数据标准。指标类数据是指具有统计意义的基本数据，一般通过特定的统计规则对一个或多个基础数据进行计算得出。指标类数据标准一般分为基础指标标准和计算指标标准。基础指标具有在特定业务和经济背景下的含义，而且只能通过对基础类数据进行加工获得。计算指标通常具备统计意义，需要利用两个或更多的基础数据计算得出。

需要强调的是，并非所有数据都应纳入数据标准的管理范围。只有那些在业务流程中、业务单元之间需要共享与交换、政府部门要进行监管的数据，才需要被纳入数据标准的管理范围。

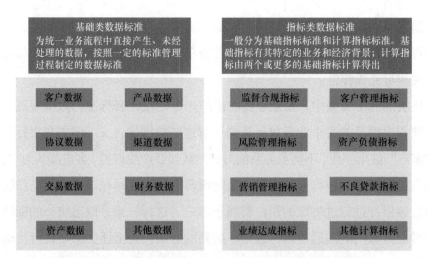

图 5-13　银行业典型基础类数据标准和指标类数据标准
资料来源：中国信息通信研究院《数据标准管理实践白皮书》

2. 数据标准在实践中体现的优点及暴露的问题

数据标准可以为数据治理提供统一的规范和参考。企业在推进数据标准制定的过程中可以实现诸多好处。一是能够提高数据的可信度。通过制定数据管理规范，可以提高数据使用时的一致性，消除不同业务系统之间的数据歧义，促进信息资源共享，提高数据质量和价值。二是能够大幅减少数据冗余。在数据标准管理体系之下，技术部门在采集数据时可以避免重复采集、冗余存储和重复传输等问题，大幅降低数据仓库、数据湖、数据库的建设成本和维护难度。三是能够增强不同业务系统之间的协作。主要体现在提升业务的规范性和效率，保障人员对数据业务含义的统一理解。特别是在统一的数据管理体系之下，不同系统、平台、部门之间可以充分实现数据互通与共享。四是带来数据创新。企业通过规范数据的分析、挖掘、应用等环节，可以充分释放数据价值，挖掘出人工难以发现的数据创新点，从而大幅提高企业的竞争力。

不过从具体的实践情况来看，数据标准的制定与落实也存在着诸多问题，集中体现在不同行业、不同企业缺乏统一标准，没有行业自律组织进行规范与协调，导致数据孤岛形成，难以达成共识。此外，数据标准的管理工作大多数是由技术部门主导的，其他业务部门参与较少，导致数据定义不精准、使用度不高。建立一套完整度和可用度较高的数据标准体系需要的时间长、工作量大，且见效慢，不少企业特别是中小企业缺乏建立数据标准的动力，数据标准建立难度大。由于数据是动态更新的，技术的更迭速度较快，数据标准体系的维护工作也比较烦琐。

数据标准当前的优点与问题如图 5-14 所示。

图 5-14 数据标准当前的优点与问题

二、数据标注

数据标注是为原始数据如图像、文本、视频、语音等添加一个或多个标签和注释的过程，生成能满足深度学习训练需要的机器可读数据编码。数据标注与人工智能相伴相生，它们可以为机器学习模型训练提供上下文信息，帮助机器理解图像信息。例如，在计算机视觉领域，数据标注可以为图像中的物体添加边框和标签，帮助算法识别不同的物体。在自然语言处理领域，数据标注可以为文本添加词性标签，帮助算法更好地理解句子结构。图 5-15 为数据标注流程示意图。

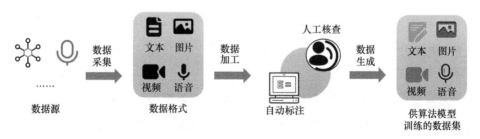

图 5-15 数据标注流程示意图

1. 数据标注实现机器学习的3种方式

在人工智能领域，通常使用数据标注的方式训练机器学习模型。中国信息通信研究院总结出了监督学习、无监督学习和半监督学习3种机器学习方式，如表5-1所示。

表 5-1　数据标注实现机器学习的 3 种方式

方式	含义	优点	缺点	应用场景
监督学习	使用带有标签的数据集来训练模型，使模型能够对新数据进行预测与分类	得到较高的准确度和可解释性，对于一些有明确目标和评估标准的任务较为有效	需要进行标注的数据量十分庞大，容易导致过拟合或欠拟合	垃圾邮件检测、天气预报、股票价格预测、人脸识别、客户发现等
无监督学习	使用没有标签的数据集来训练模型，使模型能够自己发现数据集中存在的内在规律或特征	不需要对海量的数据进行预标注就可以实现机器学习，进而发现数据中人类难以察觉到的规律	缺乏明确的目标与评估标准，模型的有效性难以验证	恶意软件检测、欺诈检测等
半监督学习	使用部分带有标签的数据和不带有标签的数据来训练模型	减少对标注数据的需求，提高模型的泛化能力	需要平衡有标签和无标签数据之间的关系	图像识别、语音识别、自然语言处理等

监督学习是指使用带有标签的数据集来训练模型，并通过测试集来评估模型效果，使得模型能够对新数据进行预测与分类。这种方式的优点是可以得到较高的准确度和可解释性，对于一些有明确目标和评估标准的任务较为有效；缺点在于需要进行标注的数据量十分庞大，一旦数据标注的质量难以保证，会在一定程度上影响到模型的性能，导致过拟合或欠拟合。监督学习可以应用在垃圾邮件检测、天气预报、股票价格预测、人脸识别、客户发现等场景中。

无监督学习是使用没有标签的数据集来训练模型，使模型能够自己发现数据集中存在的内在规律或特征。无监督学习的优点在于不需要对海量的数据进行预标注就可以实现机器学习，进而发现数据中人类难以察觉到的规律。无监督学习的缺点也十分明显，由于缺乏明确的目标和评估标准，模型的有效性难以验证。无监督学习被广泛应用在恶意软件检测、欺诈检测等场景中。

半监督学习兼具监督学习与无监督学习二者的特点，这种方法使用部分带有标签的数据和不带有标签的数据来训练模型，并通过主动学习、转移学习等方法来利用无标签数据的信息，使得模型能够利用未标注的数据来提升学习性能。半监督学习的优点是可以充分利用大量的未标注数据，减少对标注数据的需求，提高模型的泛化能力。半监督学习的缺点是需要平衡有标签和无标签数据之间的关系，避免出现不一致或错误传播。半监督学习的应用场景包括图像识别、语音识别、自然语言处理等。

2. 数据标注产业

美国调查机构 Grand View Research 发布的调查报告显示，美国、英国、中国等 10 国的数据标注工具市场规模在 2020 年到 2027 年年均复合增长率达 26.9%。数据标注工具市场发展潜力巨大，特别是以 ChatGPT 为代表的衍生式人工智能模型的发展备受关注，由此可见，数据标注工具市场的发展前景值得期待。

目前，国际上比较成熟的数据标注企业有 Appen、iMerit 等。中国信息通信研究院发布的报告显示，一方面，由于数据标注产业仍以人工劳动为主，成本较高，数据标注产业属于劳动密集型产业，欧美发达国家一般将普通的数据标注工作外包给发展中国家；另一方面，伴随着机器学习的不断完善，自动进行数据标注成为趋势，谷歌、微软等互联网公司相继推出了自动标注系统，Playment 和 Scale AI 进行合作，联合开发了高级深度学习数据标注工具，为企业提供自动标注服务。从国内来看，2021 年我国数据标注市场规模达到 43.3 亿元，同比增长超过 19%，有机构预测，到 2029 年，我国数据标注市场规模将达到 204.3 亿元，如图 5-16 所示。

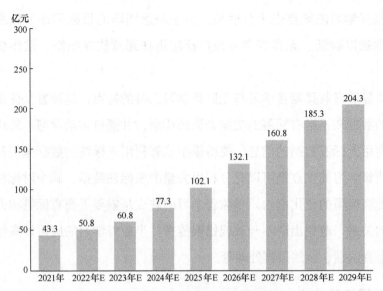

图 5-16　我国数据标注市场规模及预测

数据来源：华经产业研究院

3. 数据标注企业的主要服务模式

中国信息通信研究院总结出了数据标注企业提供的 3 种服务模式，分别是众包模式、自建模式和组合模式。

采用众包模式的企业类似中介，通过搭建众包信息汇总平台，汇集兼职人员，在需要数据标注的企业和兼职人员之间搭建合作的桥梁。众包模式的优点在于能够节省企业运营管理成本，缺点在于数据标注的质量难以把控。现有发展较好的采用众包模式的企业有 Playment、Scale AI、Clickworker、蚂蚁众包、阿里众包等。

自建模式是指企业通过建设数据标注工厂或基地，满足内外部数据标注需求。相较于众包模式，企业通过自建数据标注工厂的形式能够实现对数据标注员的有效管理，保障数据标注的专业性与质量。不过从我国的实践情况来看，这种模式下的企业规模不大且业务承载能力有限。

组合模式是将众包模式与自建模式相结合。大多数互联网企业采用组合模式。一方面，互联网企业资本雄厚、数据标注需求较大；另一方面，互联网企业依托其科学的众包任务分发算法、智能化程度较高的数据标注工具，能够实现规模效应和高效作业。百度在山西建立的产业基地有专业的部门从事数据标注工作；京东在山东设立的"京东金融－京东众智"大数据标注扶贫助残基地，推出了开放式的数据标注平台。组合模式的优点在于既能够满足企业自身的数据标注业务需求，又可以灵活地完成部分外包工作。

4. 我国数据标注产业区域格局

我国的数据标注产业已形成以北京为核心，辐射带动三大产业增长带的区域格局[39]。根据中国信息通信研究院的数据，北京汇聚了 75% 的数据标注头部企业的总部。通过技术和业务联系，数据标注产业形成了 3 个产业增长带，分别是环京产业群、环长三角产业群和环成渝产业群，它们支撑着腰部企业的发展壮大，腰部企业发挥着示范效应和扩散效应，吸引更多初创企业进入赛道。目前，我国的数据标注产业以人工劳动为主，企业一般在劳动力密集省市的城镇与农村建立数据标注基地、工厂，在华东、华南、华西地区的一线城市设立分公司，汇集周边城市的数据标注业务需求，再交由数据标注基地、工厂进行作业，这为当地提供了大量的就业机会。当前，新疆和田、河南平顶山、河南信阳光山县、山东菏泽鄄城县、河北涞源县东团堡乡、贵州百鸟河数字小镇等地区均已孵化出数据标注村。数据标注需求相关企业地区分布如图 5-17 所示。

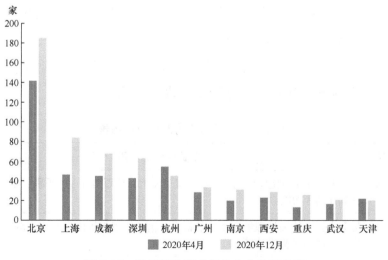

图 5-17　数据标注需求相关企业地区分布

5. 数据标注的应用场景

中国信息通信研究院发布的报告显示，数据标注被广泛应用于无人驾驶、智能家居、智慧医疗、金融服务、安防等领域。特别是在无人驾驶、智能家居和智慧医疗领域，对数据标注的需求增长迅速。在 2021 年我国人工智能数据标注市场中，计算机视觉、智能语音和自然语言处理需求占比分别为 45.3%、40.5% 和 14.2%，如图 5-18 所示。

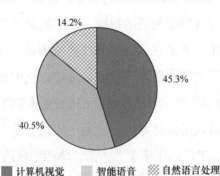

图 5-18　我国人工智能数据标注市场三大类需求占比

以农业领域为例，农作物病害检测、土壤质量评估和水资源管理等领域正逐渐普及人工智能技术。高质量的农业数据标注能够为人工智能模型提供准确的数据，从而提升相关算法在农业领域中应用的准确性和有效性。这也意味着未来各行各业对于数据标注的要求将会更高。未来，在细分市场数据标注需求不断增加的趋势下，数据标注产业将朝着更专业、集聚化的方向发展，数据标注的质量和精度也会更高。数据标注的部分应用场景如表 5-2 所示。

表 5-2　数据标注的部分应用场景

应用领域	数据标注的作用
计算机视觉	帮助识别和定位图像中的人、物、景等元素，从而实现人脸识别、视频分析、图像分割等功能
自然语言处理	帮助人工智能模型理解文本中的语义、情感、逻辑等内容，实现翻译、摘要生成、情感分析等功能

续表

应用领域	数据标注的作用
语音处理	帮助识别语音中的词汇、语调、声音等内容，实现语音识别、语音合成、语音转文本等功能
广告营销	帮助分析和预测用户的行为、偏好、需求等，实现个性化推荐、智能营销和精准广告投放等功能
客服	帮助模型理解用户的意图、回复用户的问题等，实现智能客服、聊天机器人、自动问答等功能
医疗	帮助诊断和医治疾病，实现医学影像分析、电子病历挖掘、制定药方等功能

6. 数据标注行业的发展前景

当前，算力、算法和技术等领域对人工智能商业化的支撑已经基本成熟，想要更多应用落地、突破行业发展瓶颈、解决用户消费痛点，就需要大量经过标注的数据作为模型训练的"饲料"。在某种程度上，训练数据量的多少决定了人工智能应用落地速度的快慢。伴随着我国人工智能行业的快速发展，与人工智能行业强相关的数据标注行业也将迎来高速增长。

第一，从行业需求角度来看，人工智能企业、互联网企业、科研机构等单位对于数据标注需求量较大，其中，人工智能企业和互联网企业在数据标注市场中占据主要的市场份额。具体来说，人工智能企业对于数据标注的需求集中在机器视觉、语音识别等特定类型的基础数据服务，而其他企业更强调结合产业优势，推动人工智能赋能，带动企业业务转型升级。

第二，人工智能行业的深度神经网络领域深入发展，对监督学习下的人工标注数据服务的需求量有所增加，定制化数据标注服务成为主流。

随着 ChatGPT 等大语言模型走向更多场景，未来各行各业都会出现更多的数据标注服务需求。伴随着人工智能商业化的加速发展，市场各主体对于数据标注服务的需求将步入新常态：存量市场保持对数据标注服务的稳定需求、增量市场将带动数据标注行业快速发展，如图 5-19 所示。

图 5-19　我国数据标注市场的发展前景

第三节　数据定价、数据交易、数据流转、数据保护

数据的价值在于它所包含的信息，数据只是人们认识事物的原材料，想要挖掘数据的更多有效信息要经历 4 次跃迁[40]，数据价值的开发过程如图 5-20 所示。

图 5-20　数据价值的开发过程

数据经过分析提炼后成为可供大脑理解的信息，数据的意义被初步解读；信息经过归纳演绎后成为知识，信息进一步规律化、体系化；知识再经过人类的总结，成为智慧，更具有启示性和前瞻性。由此可见，数据的开发与利用与传统生产要素的开发与利用具有明显差别，数据作为技术产物，具有独特性，因此推动数据资源的市场化配置需要充分考虑其特有属性。本节从数据定价、数据交易、数据流转和数据保护 4 个方面，介绍数据市场化配置的具体情况。

一、数据定价：在实践中探索数据价值的内涵和定价模型

数据定价的实质就是把数据当作"资产"并对其进行定价，旨在更好地激励数据要素资源的创造、交易和使用，让数据激发出更大的效用、创造更多的价值。但是，定价是以固定的数值表示数据的价值，而数据价值却不是固定的，它的价值变化受多种因素影响，如使用场景不同、使用目的的不同、稀缺程度不同等。数据价值与数据属性密切相关。因此，数据定价不能被看作一次性过程，而是需要根据市场的变化和数据的属性不断进行调整。

1. 数据价值的内涵

与传统生产要素（土地、劳动力等）不同，数据具有外部性、异质性、价值溢出（溢出性）、交易场景多元（多元性）等特质，这些特质表明在对数据资源进行管理时，不能套用传统生产要素的定价方式，而是应当在充分考虑这些特质之后进行创新性管理，如图 5-21 所示。

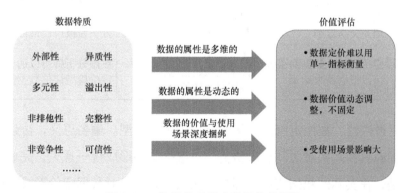

图 5-21　数据特质影响数据价值评估

首先，数据的属性是多维的，不同的属性会对数据价值产生不同程度的影响，因此，数据价值难以用单一指标衡量。例如，数据的完整性与精准度都会影响数据的价值，但是它们之间又存在着一定的权衡关系，精准度高的数据往往不够完整，而追求数据的完整性又难以保证数据的精准度，在数据多维属性中的平衡点是影响数据定价的重要因素。

其次，数据的属性是动态的，随着时间的推移和技术的进步，数据的属性必然会发生变化，附着在属性上的价值随之改变。过时的数据会失去价值，而新增的数据会产生新的价值，这严重影响了数据价值评估。

最后，数据的价值与使用场景深度捆绑，不同的数据购买者对数据的需求和使用场景不同，导致他们对数据价值的判断产生差异。

2. 数据定价模型

为了更好地适应数据市场，在实践中逐渐形成了 3 种数据定价模型，分别是协议定价模型、第三方辅助定价模型和查询定价模型 [41]，如表 5-3 所示。

表 5-3　3 种数据定价模型

定价模型	优势	问题	适用场景
协议定价模型	更具灵活性；根据交易双方需要合理定价	卖方占据优势地位；议价成本高；难以达成统一意见	无须中介机构；数据拥有者和购买者信息对称程度高
第三方辅助定价模型	提高交易双方信息对称程度；降低议价成本；提高交易效率	第三方独立性难以保障；可对规模数据进行定价，数据元组定价困难	交易双方数据不对称；交易双方没有足够的时间；第三方平台被广泛信任
查询定价模型	定价灵活；数据购买者可以根据需求购买	数据购买者通过多次查询重构原始数据，降低数据提供商的收益	数据分析师可以通过查询定价模型评估数据的质量

应用最广泛、数据定价最直接的是协议定价模型。顾名思义，协议定价就是数据拥有者和购买者之间通过协商，对数据价格形成统一意见，完成数据交易。但是，在实际的数据交易过程中，买卖双方很难对数据定价形成统一的意见，往往会经过多轮协商与博弈。例如，在出现多名数据购买者，且购买者希望独占数据时，卖方就会对数据进行拍卖，出价最高者获得数据的各项权利。不难看出，稀缺的资源往往会形成卖方市场，而买方处于劣势地位，这干扰了数据交易的正常秩序，影响数据的合理流动。

因此，第三方辅助定价模型应运而生。第三方往往是提供数据交易的平台，拥有一套完整的数据价值评价指标，能够基于数据的特征、市场行情、专家评估结果给出客观、公正的交易价格。但是，当前数据交易市场并不成熟，数据交易平台背景复杂，市场上缺乏真正独立的第三方数据交易平台，且数据交易平台的人力、物力较为有限，可以对整个数据集进行定价而难以对数据元组进行定价，倘若交易的一方需要出售或者购买部分数据，就会带来诸多难题。此外，使用人工标注的方式对数据进行定价，难度大、缺乏实时性，而针对数据的特性设计出的动态计价模型，缺乏足够的理论和交易数据支撑。

查询定价模型的基本原理是数据购买者通过向数据拥有者发送请求来获取数据，数据拥有者根据请求的内容、复杂程度和请求频率等因素来收取相应的费用。查询定价的本质是差异化定价。这种方式的优点是定价灵活，尊重数据购买者的数据购买自由。

二、数据交易：理解数据要素市场的发展

2023 年底，上海数据交易所发布《2023 年中国数据交易市场研究分析报告》，如图 5-22 所示，我国数据要素市场规模显著增长。随着数字化转型的进度加快，大量的数据被持续地生成、收集和存储，这些数据蕴含着巨大的商业

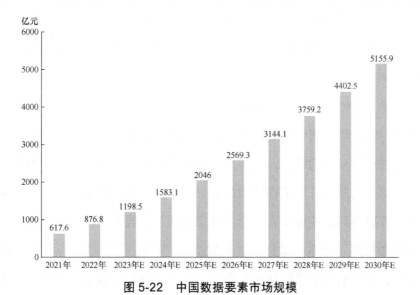

图 5-22　中国数据要素市场规模

数据来源：上海数据交易所《2023 年中国数据交易市场研究分析报告》

价值，能够为企业提供市场洞察和决策支持，进而提高业务效率和创造更多的商业机会。近些年来，我国政府不断出台相关政策和举措，鼓励企业加大投资和创新，促进数据要素市场的发展，这将为数据要素市场的增长提供坚实的基础。此外，随着云计算、人工智能、物联网等新兴技术的快速发展，数据要素市场将会迎来更多的创新和应用场景。

综合来看，我国数据要素市场规模将会稳步增长，为推动我国经济转型升级和增加就业机会作出积极贡献。

1. 数据交易的规则

中国共产党第十九届中央委员会第四次全体会议通过的《中共中央关于坚持和完善中国特色社会主义制度 推进国家治理体系和治理能力现代化若干重大问题的决定》明确提出："健全劳动、资本、土地、知识、技术、管理、数据等生产要素由市场评价贡献、按贡献决定报酬的机制。"这是国家首次将数据增列为生产要素。2021 年，《中华人民共和国国民经济和社会发展第十四个五年规划和 2035 年远景目标纲要》对数据价值的开发、利用与规范提出了进一步要求。2022 年 12 月，中共中央、国务院印发《中共中央 国务院关于构建数据基础制度更好发挥数据要素作用的意见》（又称"数据二十条"），对数据交易做出了更具体的规定，如图 5-23 所示。

第一，需要明确的一点是，数据交易主要是数据价值的流转，即加工数据所获得的财产性权益的流转，而非原始数据本身的转移或占有，作为数据交易平台的数据交易所也并不留存原始数据。此时，交易所本身也会提供服务或者引入第三方服务商，使用多方安全计算、数据沙箱技术手段，保证数据使用方仅可使用数据而不能拿走数据，实现数据的"可用不可见"。应当注重数据交易全流程，在不触及敏感数据的前提下，探索建立健全数据的流向、用途和用量控制制度，做到数据使用的"可控可计量"。

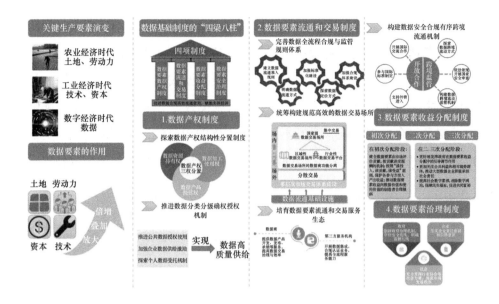

图 5-23　"数据二十条"概述

第二，在由可信第三方进行数据交易时，双方甚至多方的合规审查是数据交易的必经程序，也就是要做到前置交易风险合规审查。交易风险合规审查的内容较多，对于数据的提供方而言，需要确保公司资质齐全、数据来源合法、商业目的明晰；对于数据的购买方而言，需要审查其安全保障能力、数据使用目的、是否涉及数据跨境流动等，如图 5-24 所示。

图 5-24　数据交易的规则

2. 数据交易平台

基于地方政府主导的数据交易所是我国数据交易平台的主流模式，2015年，贵阳大数据交易所作为国内第一家以大数据命名的交易所正式挂牌运营。

自此，全国由地方政府发起、主导或批复的多家数据交易所陆续成立，分布在东中西部各地区和不同专业领域。这类交易模式在运营上坚持"国资控股、政府指导、企业参与、市场运营"的原则；在股权模式上采用"国资控股、管理层持股、主要数据提供方参股"的混合所有制模式[42]。多方主体的参与能够提升数据交易平台的权威性，激发不同交易主体的积极性，从而推动数据交易从分散化走向平台化、从无序化走向规范化。数据交易流程如图 5-25 所示。

图 5-25　数据交易流程

3. 数据交易平台的困境

经过长时间的探索，地方数据交易平台的发展情况未能达到预期效果。从机构数量来看，虽然不断有新的数据交易所（中心）成立，但是也有不少数据交易机构停运或者转变经营方向，8 年来持续运营的数据交易所非常有限。从业务模式来看，数据交易所设立之初的数据确权、数据定价、数据清算、资产管理等增值服务实施起来困难重重，落地业务基本局限在居中撮合。从运营业绩来看，不少数据交易所的成交量不高，带动地方数据交易的能力不足。

4. 数据交易市场的新动态

2015—2017 年是我国各地数据交易所成立的第一波热潮，自 2015 年贵阳大数据交易所挂牌成立之后，北京、上海、浙江、陕西等多个省份和直辖市先后成立以地名命名的数据交易所。仅 2014—2017 年，国内就先后成立了 23家地方数据交易所（中心）。

数据交易所建设高峰在 2019 年前后，彼时中央进一步明确数据作为生产要素。在此阶段，各地纷纷成立新的数据交易所，以期解决之前遇到的问题。据国家工业信息安全发展研究中心统计的数据，截至 2022 年 8 月，我国已成立 40 余家数据交易所（中心）。

　　除各地政府积极推动数据交易所（中心）建设外，以百度、腾讯、阿里巴巴等为代表的互联网企业积极拓展数据交易平台业务，凭借其技术优势和数据优势在数据交易领域"跑马圈地"。如京东万象大数据交易平台聚焦交通地理、金融征信、数据营销等领域，为数据交易的供需双方提供数据接入、需求发布及数据交易等增值服务；阿里巴巴旗下的阿里云数据中台则提供一站式大数据解决方案，满足数据交易双方在人工智能、生活服务、金融理财等领域的需求。

三、数据流转：数据开放、数据共享与数据交易

　　数据作为生产要素的重要特征就是能够在各市场主体之间高效、有序地自由流转。数据流转形式的分类标准各有不同，按照数据资源与资金在主体间流转的不同流向，主要分为数据开放、数据共享、数据交易 3 种流转形式，数据交易已在前文进行介绍，在此重点对数据开放与数据共享进行介绍，如图 5-26 所示。

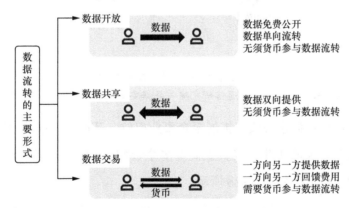

图 5-26　数据流转的 3 种主要形式

资料来源：中国信息通信研究院《数据要素白皮书（2022 年）》

1. 数据开放：以公共数据为主的数据开放持续推进

数据开放更加侧重数据提供方无偿公开数据，数据流转的过程中没有货币

参与，因此，数据开放的主要数据类型为公共数据。公共数据的提供方大多数是政府机关等具有管理公共事务职能的组织部门，公共数据是在相应的部门提供公共服务的过程中收集产生的，公共数据权益为全民所有，除去个人隐私数据、商业机密和国家机密，公共数据向社会开放可以将其拥有的高价值回馈社会。

当前，我国政府高度重视数据开放的作用和价值，不断提高数据开放的质量和效率，为社会经济发展和公共服务提供有力的数据支撑。为此，各地方政府陆续出台了相关法规，明确了数据开放的目标、原则、范围、标准、流程等，规范了数据开放的管理和监督，保障了数据开放的合法性和安全性。同时，各地方政府也积极打造了地方性的公共数据开放平台，集中整合了各级各部门的公共数据资源，提供了统一的数据接口和服务，方便了数据的查询、获取与应用。全国公共数据开放平台建设情况如图 5-27 所示。

图 5-27　全国公共数据开放平台建设情况
数据来源：中国信息通信研究院《数据要素白皮书（2022 年）》

数据开放的主体也由政府扩展至企事业单位。开放的数据接口覆盖公共安全、社会民生、文教卫生、经贸工商等多个领域。2012—2021 年全国公共数据开放平台建设情况如图 5-28 所示。

2. 数据共享

数据共享是指参与主体互为数据供需方，数据流转的过程不需要货币的参与。根据数据共享主体不同，可分为政府间数据共享、政企间数据共享和企业间数据共享 3 种主要形式，其中，政府间数据共享的规模和需求量最大。国家数据共享交换平台相关数据情况如图 5-29 所示。

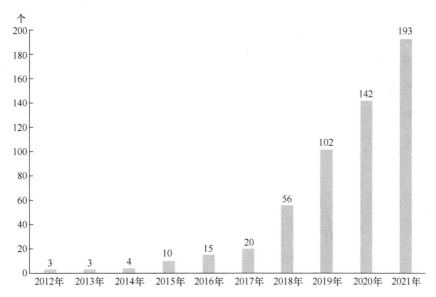

图 5-28　2012—2021 年全国公共数据开放平台建设情况

已上线目录累计
超过65万条

发布共享接口
1200余个

累计提供数据查询
或核验服务超过
37亿次

图 5-29　国家数据共享交换平台相关数据情况（截至 2021 年 5 月）

数据来源：中国信息通信研究院《数据要素白皮书（2022 年）》

公安部的人口户籍信息、教育部的高校学历学位信息、国家市场监督管理总局的企业基本信息等长期位于数据共享调用次数榜前列，为各类政务服务提供了有力支撑，如图 5-30 所示。

政企间数据共享是指政府与企业之间数据的双向流转，在这种模式之下，政府能够从企业的数据服务平台获取所需的数据，企业也能够从政府的数据开放平台获取数据资源。政企间的数据共享能够实现数据要素的价值释放，促进政府社会治理创新和企业的数字化转型发展。这种模式已经积累了不少成功案例。辽宁省市场监督管理局与美团开展数据对接项目并签署协议。一方面，有利于市场监督管理局审查美团平台食品经营者的资质信息，及时处理侵害消费者权益的事件；另一方面，美团可以对食品经营者进行合规审核，保障上线店铺的安全性。

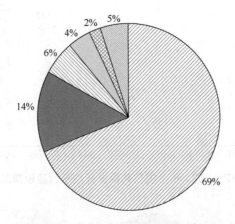

图 5-30　国家数据共享交换平台查询 / 核验服务提供比例（2020 年 1—11 月）

企业间数据共享是指企业与企业之间数据流转。生态内的企业、产业链条上的企业之间都可以以需求为指引，通过点对点的协商约定，相互提供数据，以提高业务效率、创新能力和竞争优势，有效打通"数据孤岛"，提高数据供给能力，增强合作与沟通。南孚电池集团使用报表工具 FineReport建立了南孚数据报表平台，实现了集团内部数据标准的统一，打造出了统一的数据仓，减少了反复采集、清洗数据等低效操作。同时，数据报表平台具有数据共享功能，内部员工和外部合作伙伴都可以通过二维码、链接、邮件等多种形式查看权限内的数据，实现了集团内部和跨企业的数据共享和协同。

数据共享的 3 种形式如图 5-31 所示。

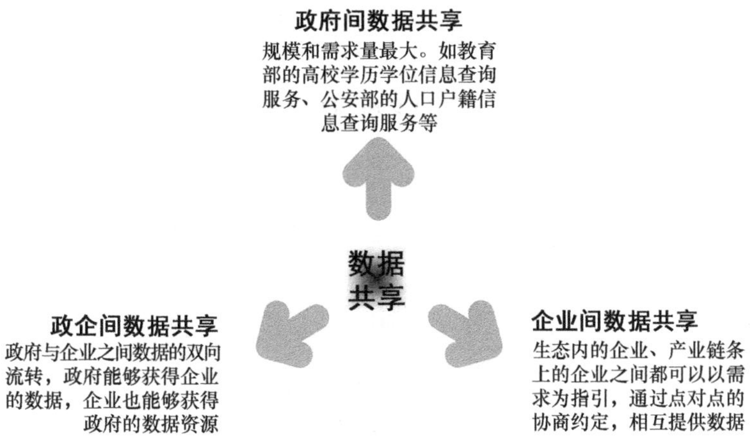

政府间数据共享
规模和需求量最大。如教育部的高校学历学位信息查询服务、公安部的人口户籍信息查询服务等

数据
共享

政企间数据共享
政府与企业之间数据的双向流转，政府能够获得企业的数据，企业也能够获得政府的数据资源

企业间数据共享
生态内的企业、产业链条上的企业之间都可以以需求为指引，通过点对点的协商约定，相互提供数据

图 5-31 数据共享的 3 种形式
资料来源：中国信息通信研究院《数据要素白皮书（2022 年）》

四、数据保护：平衡数据安全性和开放性

数据保护为数据交易等经济活动提供保障，国外开展数据保护工作较早，起初国际对于数据安全的定义是关于数据处理系统的技术与管理保护，使得存储设施、计算机软硬件免受偶然或恶意的破坏。随着形势的发展，安全属性也扩展到保密性、完整性、可用性、真实性等。我国也于 2021 年出台《中华人民共和国数据安全法》，保障数据安全。

1. 数据保护的3个层次

数据安全是数据市场的生命线，数据保护的核心内容就是要实现数据的有序、自由流动与安全应用。根据数据保护方面的实践，数据保护大致由低到高可以分为 3 个层次，如图 5-32 所示。一是对数据本身的静态保护，通过对数据进行分类分级、加密脱敏等保护措施，维护数据信息的保密性、完整性与可用性；二是对数据流转实施动态保护，确保数据开放、数据共享及数据交易过程的安全可控，并对数据流动中的各参与方进行规范约束；三是对固件的保护，即保障数据流通设施的安全，保障数据传输管道、数据存储设施和数据交易平台的安全，防止数据的丢失、泄露与被篡改，保障业务的安全。

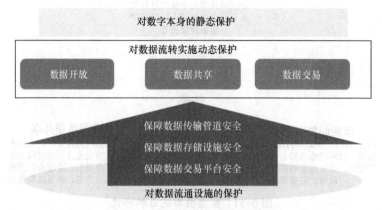

图 5-32 数据保护的 3 个层次

资料来源：中国信息通信研究院《数据要素流通视角下数据安全保障研究报告（2022 年）》

2. 数据保护形势严峻

当前数据保护面临的形势较为严峻，中国信息通信研究院将主因总结为开口大、风险多、危害大 3 个方面，如图 5-33 所示。一是当前大多数企业面向第三方开放 API，以完成数据中台与海量终端的信息交互，这在带来便利的同时也使得窃取通过 API 传输的数据变得更加容易，开口被放大。此外，窃取 API 的技术更为隐蔽。数据显示，仅 2022 年第二季度，我国境内发现被攻击的 API 数量月均超过了 25 万。二是算力不再集中于数据中心，而是广泛地分布在终端侧、边缘计算节点、云端侧等各个位置，导致数据泄露点更加分散。三是数据高度汇聚导致数据泄露的风险增大。伴随着企业数字化转型加快、政府推进公共数据上云、超大型和大型数据中心落地速度加快，数据被汇集在一起，一旦数据中心受到安全威胁，泄露的数据将会波及社会的方方面面，危害增大。

3. 我国数据保护管理情况

我国高度重视数据保护的工作，不断完善数据要素资源的安全保护管理体系，围绕顶层设计、法律制度、技术产业等方面持续发力，对数据要素的安全保护工作进行了前瞻性部署和有益探索，形成独具中国特色、符合中国国情的数据安全保护管理机制。总体来看，我国数据安全保护管理呈现出以下特点[43]，如图 5-34 所示。

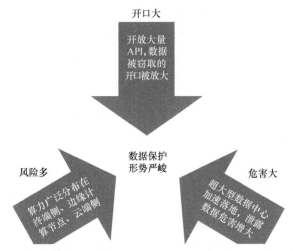

图 5-33 数据保护形势严峻的 3 个主因

数据分级分类保护制度	强化主体责任	构筑数据流通设施	安全技术创新
• 设置了不同的保护重点和流通限制 • 对重要数据和核心数据提出了更严格的安全风险评估机制和访问限制	• 广东首创数据经纪人制度 • 贵州制定了数据商的准入和退出机制	• 上海推出数据流通"黄金屋" • 中国信息通信研究院探索"可信工业数据空间" • 中国电子信息产业集团和清华大学联合打造了"数据金库"	• 推进隐私计算技术产业化

图 5-34 我国数据安全保护管理特点

第一，实行数据分类分级保护制度，对不同级别的数据采取相应的安全保护措施。在《中华人民共和国数据安全法》出台之前，金融、工业和信息化等行业就已经开展了数据流通安全保护的先行先试工作，探索了数据分类分级的标准和方法。例如，根据数据级别和业务需求，设置了不同的保护重点和流通限制，鼓励企业在做好数据管理的前提下适当共享一般数据，而对重要数据和核心数据则提出了更严格的安全风险评估机制和访问限制。

第二，强化主体责任，明确数据流通规则。为了保证数据流通的安全性和合规性，各省区市在《中华人民共和国数据安全法》等国家法律的指导下，出台了承接性的法律政策，旨在强化数据流转关键环节的主体责任，以明确数据安全管理规则，规范数据交易市场的发展。对于数据交易中介服务机构等数据流通主体，明确了它们在数据来源、身份审核、交易记录等方面的安全义务。广东和贵州两省在该方面进行了积极的探索。广东在全国范围内首创数据经纪人制度，强化数据流转的中介担保作用；贵州在国家法律的指导下，制定了数据商的准入和退出机制。此外，贵阳发布全国首套数据交易规则体系，明确数据交易的安全审查要求和流程，提出"一主体一审查""一产品一审查""一交易一审查"的管理举措。

第三，构筑安全可信的数据流通设施，促进数据要素价值高效释放。数字基础设施安全管理是数据保护的重要内容，总体来看，我国数据流通设施的创新性探索实践较为丰富。中国信息通信研究院积极探索"可信工业数据空间"，与多家企业合作搭建了"面向3D模型可信共享流通的工业数据空间测试床"；中国电子信息产业集团和清华大学联合打造出了"数据金库"，采用了物理隔离、数据托管和模型转换的方法，解决了数据存用分离的难题。

第四，重视数据流转领域的安全技术创新。数据流转过程最容易受到外部威胁，因此，数据流通安全技术是保障数据要素价值安全释放的关键技术，隐私计算被认为是当下最佳的数据流通安全技术解决方案，它有多条技术路线，包括基于密码学、人工智能和可信硬件的隐私计算技术。我国隐私计算技术产业化从2018年后快速启动，技术日趋成熟，应用场景广泛，市场规模不断扩大，具有一定的国际竞争优势。目前隐私计算技术已经在金融、政务、医疗、互联网等行业中得到应用，预计未来市场增长率将超过110%[43]。

第六章

数字产业化

第一节　数字经济的领跑者——互联网企业

数字经济在国外又被称作"互联网经济""网络经济"，被描述为传统的实体经济活动如生产、营销、管理等如何被互联网、区块链等数字技术所改变[44]。数字经济的发展越来越离不开互联网，连接的范围从人与人扩展到人与物、物与物，数字产业化的发展也更加强调 ICT 在不同业务部门中的应用。换言之，数字经济的发展要求连接范围进一步扩大，数据作为生产要素的价值进一步释放，信息技术的应用程度进一步提升。互联网企业在数字经济中发挥着不可或缺的作用，因为连接万物、数据资源和数字技术等都是互联网企业所具备的能力优势。

本节首先对互联网企业的发展历程进行梳理，分析互联网企业从服务于 C 端（ToC）走向服务于 B 端（ToB）的转型历程。其次，以腾讯为例，总结互联网企业在产业互联网中的技术优势。最后，对互联网企业在数字产业化中的角色与地位进行总结，分析互联网企业如何推动数字技术的产业化应用。

一、地位演变：从数字经济的受益者成为数字经济的优势方

互联网企业最初依靠万维网发展新的商业模式，现在字节跳动、阿里巴巴、腾讯、京东掌握着庞大的数据资源与前沿的数字技术，成为数字经济发展中不可或缺的力量。在 PC 互联网时期，互联网企业更多的是扮演信息传播者的角色，通过搭建门户网站、开发搜索引擎、开发交流论坛等活动为信息消费者提供浏览新闻、线上交流的渠道。伴随着智能手机的普及，互联网企业逐渐走向平台化与生态化，一方面，互联网企业通过为用户提供信息交流的平台如微博、微信等，扮演着平台基础设施提供者的角色；另一方面，互联网巨头不断扩大自己的商业版图，构建完整的生态体系，以稳固自身的市场地位。2018 年之后，上

网人数增速放缓，B 端产业互联网需求增长，互联网企业逐渐调整内部架构，将数字技术与数据资源应用到产业端口上。

互联网企业发展主要经历 3 个阶段，如表 6-1 所示。

表 6-1 互联网企业发展主要经历 3 个阶段

时期	时间	阶段	特征
PC 互联网	1994—2008年	起步与发展阶段 信息传播	门户网站；社交媒体；互联网企业的主营业务是推动信息传播
移动互联网	2009—2017年	积累与成熟阶段 生态化、平台化	互联网企业打造生态系统；平台经济迅速发展；互联网市场竞争加剧；资本、技术、数据等生产要素沉淀
产业互联网	2018年至今	创新与变革阶段 ToC转向ToB	上网人数增速放缓；政府加强监管；企业互联网需求显著；互联网企业数字技术落地应用

1. 起步与发展阶段：PC互联网

1994 年，中国接入了国际互联网，我国的互联网企业开始发展，进入消费互联网的初期阶段，即信息传播时期。这一阶段大致处在 1994—2008 年，诞生了阿里巴巴、腾讯、百度、新浪等互联网企业。PC 互联网时代有以下特征：门户网站迅速兴起而后又走向衰落；视频平台还是以视频网站的形式存在；社交媒体迅速成长，腾讯 QQ 快速发展。彼时，PC 互联网时期的互联网企业主营业务局限在电子邮件、即时通信、网络游戏、电子商务、新闻资讯等。

2. 积累与成熟阶段：移动互联网

2009—2017 年，此时的互联网企业逐渐发展壮大，开始抢占市场增量。在 PC 互联网时期诞生的 BAT 格局基本形成，我国互联网企业纷纷赴美上市，资本涌入互联网产业赛道，以腾讯和阿里巴巴两大巨头为代表的市场竞争格局基本形成，推动着互联网企业向平台化、生态化方向发展。除此之外，智能手机的普及带来了互联网应用场景的多元化，字节跳动、滴滴出行、小米科技、拼多多、美团点评等新型互联网企业纷纷诞生，这些企业明显与 PC 互联网时代成立的企业不同，涵盖生活娱乐、视频影音、实体制造等多个场景，互联网市场呈现出百花齐放的态势。

在技术方面，如今成为基础技术的云计算早在当时就已成为互联网企业战略布局的重点；人工智能机器人"阿尔法围棋"（AlphaGo）战胜韩国棋手李世石预示着人工智能将迎来新的发展。这些技术的积累为产业互联网的发展打下了基础。移动互联网时期被认为是互联网企业发展最为迅猛的阶段，也是中国互联网企业积累资金与技术走向成熟的阶段。当时的流量之争实际上是数据之争，也是生产要素之争，数据资源的价值开始逐步显露出来，受摩尔定律和梅特卡夫定律的影响，数字技术的加速迭代给互联网企业带来了新的活动空间，上网人数的爆炸式增长，让互联网企业获得了迅猛发展的机会。

诞生于移动互联网时期的小米手机，似乎预示着互联网将给实体产业带来新的发展机遇。在产品开发方面，小米手机操作系统（MIVI）的研发人员通过小米社区等多种形式与MIUI发烧友深入交流，实现从生产端到消费端的直接对接，不断完善产品，与传统的先生产再销售的模式形成了鲜明的对比；在分销渠道方面，小米公司早期通过提前预约制度，实现线上销售手机，在当时手机需要在实体店购买的时代具有开创性意义；在营销广告方面，小米公司的高管利用微博、网络社区等平台，将公域流量转化为私域流量，建立用户粉丝群，利用用户在网络上的分享与转发推动小米手机品牌影响力的提升；在库存管理方面，小米手机先预约后制造的模式，实现了供需平衡和库存控制。同时，小米公司及时听取用户声音，并及时推出新品和升级产品。这些打破实体产业与互联网产业界限的行为，使得小米手机获得了巨大的成功，如图6-1所示。

3. 创新与变革阶段：产业互联网

2018年之后，互联网市场的"人口红利"逐渐消失，"下沉市场三巨头"拼多多、快手、趣头条分别在电商、短视频和资讯领域"收割"了最后一部分流量，国家反垄断措施接连落地，全民关注互联网的个人隐私保护问题，消费互联网迎来发展瓶颈。在消费互联网发展低迷的同时，B端对于互联网的需求增长更加明显。钉钉、腾讯会议用户规模快速增长、各大企业对于数字化营销的需求持续增长。虽然互联网还没有渗透到全产业链条，但是互联网平台的发展不断加快数字技术的产业化应用。互联网广告市场规模及增速变化情况如图 6-2 所示。

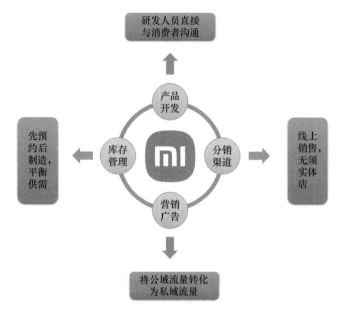

图 6-1　互联网赋能小米制造

在数字经济转型的背景下，互联网企业加大对人工智能、大数据、云计算、区块链、量子信息等前沿技术的研发投入，对自身的产品和服务进行优化和升级，以满足用户的智能化需求。在产业互联网时代，互联网企业的实践表现在 3 个方面，一是数据资源资产化、资本化，互联网企业采集到的数据不再局限于集团内部使用，而是以数据服务、数据产品的形式利用自身的数据资源为其他企业提供决策参考。二是加大对数字技术的投资，推动数字技术落地。以腾讯、阿里巴巴、华为为代表的互联网企业将大部分利润投资到技术创新方面，将技术成果应用在其他产业中。三是为其他产业提供问题解决方案，推进数字服务业的发展。

综上所述，互联网企业在数字经济中占据着资本、数据、技术、人才（一方面，互联网平台是一个共创共享的平台，有大量的"数字劳工"低成本地为平台建设提供数据；另一方面，互联网企业每年以丰厚待遇招聘大量数字人才）优势，这些优势的外溢成功为其他产业赋能，推动整个社会的数字产业化进程，如图6-3所示。

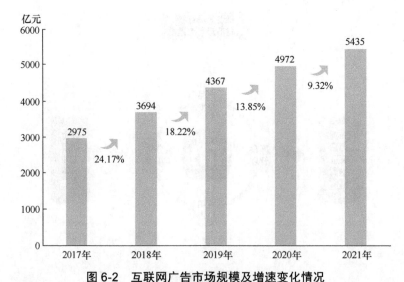

图6-2　互联网广告市场规模及增速变化情况

数据来源：中关村互动营销实验室《2021中国互联网广告数据报告》

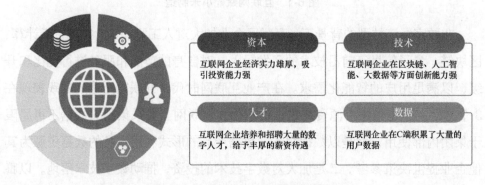

图6-3　互联网企业生产要素优势

二、赋能联网：互联网企业推动产业互联网发展

目前主流的互联网形式分为消费互联网、产业互联网和物联网，它们之间有所不同，如图6-4所示。腾讯虽然布局产业互联网较晚，但它做到了后发制

人，形成了一套独具特色的产业互联网发展规范与逻辑。

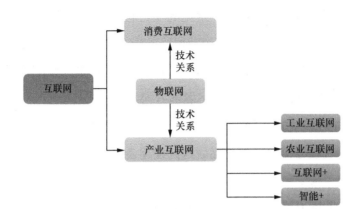

图 6-4　主流的互联网形式

1. 消费互联网、产业互联网、工业互联网和物联网概念辨析

消费互联网与消费者间的联系更为紧密，它的主要作用是给人们的衣食住行带来便利，使得消费者在社交娱乐等方面获得更好的消费体验。常见的消费场景包括网络游戏、影音视频、电商购物、社交沟通、移动支付等。换句话说，消费互联网是指主要以消费者为主体，能够满足消费者的部分需求，通过信息技术手段，实现消费者与商品或服务之间的连接和交易的网络。阿里巴巴、腾讯、字节跳动、百度等互联网企业已经成为消费互联网的巨头，市场竞争格局已经基本成熟，消费互联网的发展历程如图 6-5 所示。

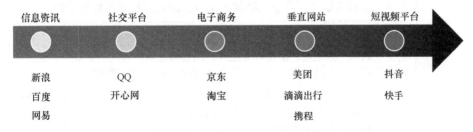

图 6-5　消费互联网的发展历程

产业互联网在早期发展阶段较为简单，主要依靠互联网企业搭建网站、实现电商运营、完成数字营销等活动，主要目的是帮助企业的产品与服务扩大影

响力、刺激销量。伴随着数字化转型的加速，产业互联网才逐渐渗透到企业生产、经营、管理、营销各个环节，常见的项目有供应链管理、仓储管理、财务管理等。当前，越来越多的互联网企业由服务于 C 端转向服务于 B 端，大数据、云计算、人工智能等技术快速发展。产业互联网可以看作"互联网 +""智能 +"等概念的整合与升级，是对未来经济发展方向的整体描述。

工业互联网最早由美国通用电气公司（GE）于 2012 年提出，连接对象从人与人转变为机器与机器，工业互联网的使用者、使用场景也和消费互联网有着较大的差异，与采矿、制造、能源、建筑等行业密切相关。

一般认为世界上第一台物联网概念设备是 20 世纪 80 年代诞生于卡内基梅隆大学的可乐贩卖机，它通过连接互联网，实时检查库存，以确定还可售卖的可乐数量。相较于消费互联网、产业互联网、工业互联网作为概念性的网络，物联网的技术属性更突出，如表 6-2 所示。物联网是指借助多种信息感应设备（如全球定位系统、红外传感器等）采集数据、交换信息，通过网络接入，实现物与物、物与人的泛在智能连接与交互，从而完成对物体的智能化感知、识别与管理。从这个角度来理解，无论是消费互联网还是工业互联网、产业互联网，都离不开物联网技术。业界对于物联网还有更多的定义与理解，但普遍认为，物联网是指使用各种技术加强对数据的采集、对终端的控制、对物体的连接，服务于各行各业的网络。

表 6-2　消费互联网、产业互联网、工业互联网和物联网概念总结

名称	核心概念
消费互联网	消费互联网是指主要以消费者为主体，能够满足消费者的部分需求，通过信息技术手段，实现消费者与商品或服务之间的连接和交易的网络
产业互联网	产业互联网可以看作"互联网+""智能+"等概念的整合与升级，是对未来经济发展方向的整体描述。产业互联网逐渐渗透到企业生产、经营、管理、营销各个环节，融入全产业链条
工业互联网	最早由美国通用电气公司提出，更加侧重第二产业的互联网应用
物联网	技术属性更突出，物联网是指使用各种技术加强对数据的采集、对终端的控制、对物体的连接，服务于各行各业的网络

2.产业互联网：互联网企业发展方向

消费互联网在经历"跑马圈地"的粗放式发展后进入存量竞争时期，互联网企业开始拓展产业互联网这一新发展方向，如阿里巴巴推出了 supET 工业互联网平台，百度推出了开物工业互联网平台，京东推出了 JD 工业互联网平台。人工智能技术的快速发展，使产业互联网接入人工智能成为新的趋势，2023年 9 月，腾讯混元大模型正式对外开发，为产业互联网赋能，当前，腾讯已经与 11000 家合作伙伴开展合作，并推出了覆盖 100 多个产业场景的行业解决方案。胡润研究院发布的《2023 胡润中国产业互联网 30 强》显示，在智能制造领域，腾讯超过了阿里云等许多互联网公司。下面将详细介绍腾讯的产业互联网建设。

腾讯的产业互联网布局分为四大部分，如图 6-6 所示。一是五大核心技术，分别是云计算、大数据、人工智能、区块链和安全技术，这些技术以腾讯云为载体，是腾讯布局产业互联网的基石，如图 6-7 所示。二是数字化应用工具，包括企业微信、腾讯会议和小程序等，这些应用程序帮助企业实现线上和线下的融合。三是行业解决方案。腾讯重点突破医疗、教育、零售和出行 4 个行业，促进行业全产业链条的数字化升级，培育腾讯在这些领域中的优势。四是共建

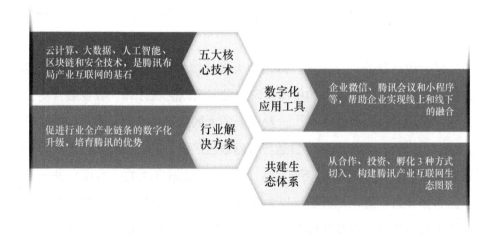

图 6-6　腾讯的产业互联网布局

生态体系。从合作、投资、孵化 3 种方式切入，构建腾讯产业互联网生态图景，形成腾讯产业互联网生态布局特色。由于云计算、大数据、人工智能、区块链和安全技术五大核心技术在互联网企业打造产业互联网方面具有普遍性，因此以下对腾讯产业互联网的五大核心进行重点介绍。

腾讯云为这些基础技术提供了广阔的算力空间和数据云存储空间

腾讯打造以大数据基础引擎为底层，以一站式大数据开发治理平台为中层，以智能推荐、隐私计算和商业智能应用为上层的国内领先的大数据产品矩阵

内部成立团队开展人工智能研发，外部孵化人工智能企业，构建生态体系

打通产业链上下游间的数据壁垒，实现数据加密传输，推动企业生态内、工业企业间、不同产业互联网平台间的数据共享

腾讯安全为腾讯所有业务保驾护航，推出通用型安全产品和行业解决方案，保障企业顺利推动数字化转型和产业互联网的接入

图 6-7　腾讯产业互联网五大核心技术

一是以云为载体，通过技术中台进行资源整合，支撑产业互联网整体架构。腾讯布局产业互联网的基石是云计算、人工智能、大数据、数据安全等技术，而这些技术离不开上云赋能。腾讯云为这些基础技术提供了广阔的算力空间和数据云存储空间。

二是大数据赋能产品矩阵。腾讯的大数据技术已经从第一代的离线计算、第二代的实时计算、第三代的机器学习，发展到以隐私计算、数智融合及云原生为代表的第四代大数据技术 [45]。腾讯云的大数据平台算力规模已经突破千万核，日实时计算量达百万亿级、日运行容器数超亿级，服务的企业客户超 2 万家，开源社区代码贡献量超 800 万行 [46]。腾讯在大数据方面的技术提升进一步凸显了其科技实力。腾讯已打造出以大数据基础引擎为底层，以一站式大数据开发治理平台为中层，以智能推荐、隐私计算和商业智能应用为上层的国内领先的大数据产品矩阵。

三是强化人工智能技术，孵化人工智能企业，打造产业互联网生态体系。目前腾讯内部布局了 3 个团队开展人工智能研发，分别是腾讯优图实验室、AI Lab 和微信 AI，聚焦语音识别、图像识别、自然语言处理和机器学习，赋能社交、游戏和内容推荐等产品，打造提供基础服务和应用服务的产品矩阵。除此之外，腾讯还于 2017 年正式开始人工智能加速器项目，通过投资支持和孵化优秀人工智能企业，将其纳入腾讯产业互联网生态体系。

四是区块链。区块链是形成产业互联网中数字生产关系的关键。随着产业互联网连接范围的扩大，亟须区块链技术打通产业链上下游间的数据壁垒，实现数据加密传输，推动企业生态内、工业企业间、不同产业互联网平台间的数据共享。腾讯于 2020 年推出区块链加速器和腾讯云产业区块链联盟两个项目，通过招募区块链技术人才、孵化优秀企业、制定行业标准、推动产品和解决方案落地，不断完善腾讯产业互联网生态体系。

五是安全技术打造重要基石。腾讯于 2006 年上线 QQ 医生，2010 年升级为 QQ 电脑管家，2012 年重组为腾讯电脑管家，随后又推出腾讯手机管家。这些应用是腾讯面向 C 端的腾讯安全产品，从根本上看，腾讯安全为腾讯所有业务保驾护航。通过与安全公司合作，腾讯不断推出通用型安全产品和行业解决方案，保障企业顺利推动数字化转型和产业互联网的接入。

三、角色定位：数字消费、数字技术、数字平台的重要主体

互联网企业以数字技术和数据资源为核心，它们的产品、服务、业务模式和竞争优势都是基于数字技术和数据资源的。因此，互联网企业对数字技术和数据资源有着深刻的理解和丰富的应用经验，能够及时对产品和服务进行创新和优化，实现业务的扩张和变革，适应市场的变化和需求，为外部公司提供数字服务。互联网企业的角色定位是数字消费、数字技术、数字平台的重要主体，如图 6-8 所示。

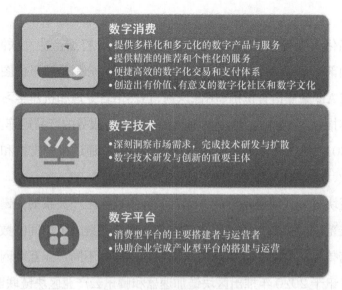

图 6-8　互联网企业的角色

1. 数字消费的满足者与引导者

2022 年，全国网上零售额为 13.79 万亿元，同比增长 4%，线上消费呈现出持续增长的趋势。直播带货、"种草"等消费领域的新动态表明了人们更加重视个性化需求，希望自身多元化的消费需求得到满足。首先，互联网企业能够提供丰富的数字产品和服务，满足消费者的个性化和多元化的需求。例如，淘宝、京东、拼多多等电商平台能够为消费者提供便利的线上消费服务；爱奇艺优酷、腾讯视频、抖音、快手、哔哩哔哩、虎牙提供各种影视剧、直播和动画剧，QQ 音乐、网易云音乐等平台提供各种歌曲。其次，互联网企业能够利用大数据、人工智能等技术，对消费者的行为和喜好进行分析和预测，提供精准的推荐和个性化的服务。此外，支付宝、微信等平台建立起便捷、高效的数字化交易和支付体系，降低消费者的交易成本和风险，提高消费者的信任度和满意度。最后，互联网企业能够创造出有价值、有意义的数字化社区和数字文化，增强消费者的参与感和归属感，提升消费者的忠诚度和产品口碑。

2. 数字技术的创新者与推动者

互联网企业是数字产业化的主要创新源泉，互联网企业能够更加精准地洞察市场需求，并针对此进行技术创新，互联网企业的发展与数字技术紧密相连，可以说数字技术是互联网企业的立身之本，因此它们热衷于投资前沿技术，加速数字技术的落地与应用。

互联网企业是数字技术研发与创新的重要主体。欧盟委员会发布的《2022年欧盟工业研发投资记分牌》显示，中国企业研发投入前3强分别为华为、阿里巴巴和腾讯，投入研发金额在13亿欧元以上的互联网企业有百度、中兴、美团、快手、网易、滴滴等，国内主要大型互联网企业的平均研发投入占净销售额的比重最高达20%，如图6-9所示。特别是在自动驾驶、云计算、数据库、区块链等前沿数字技术领域中，互联网企业已成为我国数字科技创新的重要力量。

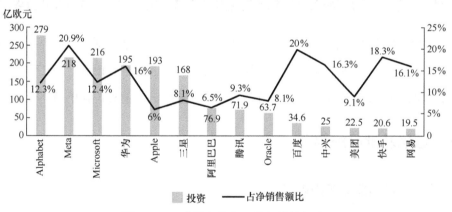

图 6-9 互联网企业在工业领域的投资

数据来源：《2022 年欧盟工业研发投资记分牌》

3. 数字平台的构建者与运营者

数字平台以互联网技术为基础，能够整合数据资源，为不同的用户和企业提供价值创造和交换。数字平台大致可以分为消费型平台和产业型平台，前者主要面向个人消费者，为其提供商品、服务和内容等，后者主要面向企业客户，为其提供工具、解决方案、数据分析服务等。

互联网企业依靠其在移动互联网时代积累的技术优势、数据优势、人才优势和管理经验等，为企业提供数字平台构建、运营与问题解决服务，助力企业实现数据的高效流动和利用，提升行业的智能化水平。

四、总结

互联网企业虽然是数字经济的领跑者，但是它们也需要依赖通信基础设施，以提供稳定和高效的网络服务。通信基础设施是数字经济新型基础设施，它为数字产业化提供了必要的条件和支撑。下一节将讨论通信基础设施在数字产业化中的重要性和作用。

第二节 数字经济的新型基础设施——通信基础设施

数字经济语境下的新型基础设施是一种基于通信网络的基础设施体系，即以5G 网络、IPv6、千兆光纤和卫星互联网等为代表的通信基础设施，为生产、生活、社会治理、数据要素流动、发展高质量产业链条提供了信息传输的技术支撑。

一、通信基础设施情况

1. 通信基础设施的内涵

《"十四五"信息通信行业发展规划》指出，通信行业的新型数字基础设施是指能够提供高速、泛在、安全、可靠的网络连接服务，包括传输、交换、接入等的通信基础设施，以及卫星、光缆、无线电等通信媒介。通信基础设施是新型数字基础设施的重要组成部分，是支撑数字信息传输与通信网络连接的基础。具体来说，5G/6G 网络、千兆光纤和卫星互联网是最具代表性的通信基础设施。

5G 能够提供高速率、低时延、高安全、高密度、大容量的无线连接。在速率方面，5G 网络的理论峰值速率为 20Gbit/s，6G 网络的理论峰值速率可达 1Tbit/s，这意味着下载同一部高清电影，6G 网络仅需几秒而 5G 网络可能需要几分钟。6G 网络是在 5G 网络的基础上进一步提升性能和能力的未来网络，预计将实现泛在协同、天地一体、云网融合、智能敏捷、绿色低碳、安全可控的网络连接。5G 和 6G 网络的普及与应用能够满足大规模机器类通信和超可靠低时延通信的需求，应用在工业互联网、智慧城市、车联网等现实生活场景中，迎来万物智联的新时代，如图 6-10 所示。

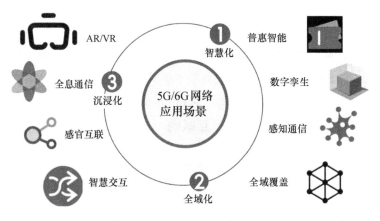

图 6-10　5G/6G 网络应用场景

卫星互联网通过卫星为全球提供互联网接入服务，具备以下优势。一是覆盖范围广，卫星互联网能够满足全球范围内的终端设备通过宽带接入互联网的需求，解决现有世界上超 30 亿人无法使用互联网、超七成地理空间未实现互联网覆盖的问题[47]；二是时延低，卫星互联网采用低轨卫星，距离地面约 500 ～ 2000km，地面和卫星之间的通信时延达毫秒级别，能够充分满足车联网、自动驾驶等应用场景的需求；三是部署灵活，与地面通信设施相比，卫星互联网受地形、气候等因素的影响小，能够适应各种复杂环境和应急需求。

近年来，我国大力发展卫星互联网计划。2018 年，"鸿雁"星座首发星成功发射，该计划由中国航天科技集团提出，计划发射 300 颗宽带通信卫星，以实现全球任意地点接入互联网的目标。2018 年年底，中国航天科工集团提出的"虹云工程"首发星即技术验证卫星被送入轨道，该工程计划发射 156 颗卫星，到"十四五"中期完成天地融合系统建设，具备面向个人用户和特殊用户开展车载、船载、机载等多模式应用的条件。此外，中国航天科工集团还提出"行云工程"，计划发射 80 颗小卫星，打造覆盖全球的天基物联网。据报道，中国已经向国际电信联盟申报了"GW"巨型星座，包含 12992 颗卫星，主要用于提供宽带互联网服务，如图 6-11 所示。

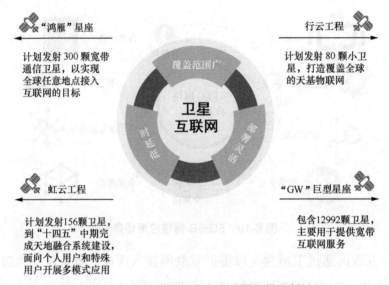

图 6-11 卫星互联网的优点及我国卫星发射计划

千兆光纤是一种使用光纤将数据从单一来源传输到多个端点的网络技术。千兆光纤网络传输速度快，它的带宽可以达到 1Gbit/s 甚至更高，比普通的铜缆网络快得多，能够支持高清视频播放、云上大型游戏、智能家居等应用；信号更加稳定，千兆光纤的信息传输不受电磁干扰，且传输距离更远；更加节能环保，光纤具有低损耗、低功耗的特点，千兆光纤网络的网络管理也是智能化的，可以根据用户的需求动态调整；成本更低，光纤材料是二氧化硅，是一种储量丰富、廉价、可再生的资源，与铜线相比，其价格更低，如图 6-12 所示。

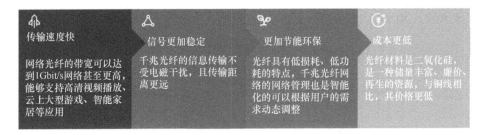

图 6-12　千兆光纤的优点

2. 通信基础设施建设现状

近年来，我国通信基础设施数量保持着稳健的增长速度，网络能力显著提高，应用业务场景日益丰富，通信技术与经济社会深度融合，数字红利不断释放，对经济社会发展起到了重要的支撑和引领作用。我国在通信基础设施建设方面取得了显著成效，截至 2022 年 12 月，我国 IPv4 地址数量为39182 万，IPv6 地址共有 67369 块 /32，同比增长 6.8%，IPv6 活跃用户数达 7.28 亿。

截至 2023 年 2 月底，我国 5G 基站总数达 238.4 万个，占全国移动基站总数的 21.9%。目前，全国所有地级市城区、超过 97% 的县城城区和 40% 的乡镇镇区实现 5G 网络覆盖，已实现了 "县县通 5G"。我国建成了全球规模最大的 5G 独立组网网络，我国 5G 基站总数在全球 5G 基站总数中的占比超过60%。移动电话用户持续增加，其中 5G 移动电话用户占比不断提升。工业和信息化部数据显示，截至 2023 年 2 月底，5G 移动电话用户达 5.92 亿户，比去年净增 3129 万户，占移动电话用户总数的 34.2%[48]。

从地区分布来看，东部地区 5G 基站建设与应用较为领先，截止 2023 年2 月末，东部地区、中部地区、西部地区和东北地区分别拥有 113.2 万个、51.6 万个、59 万个和 14.6 万个 5G 基站，分别占本地区移动电话基站总数的 23.9%、21.6%、19.3% 和 20.5%，5G 移动电话用户分别达 26364 万户、13871 万户、15198 万户和 3768 万户，占本地区移动电话用户总数的比重分别为 36%、35.1%、34% 和 31.5%[48]，如图 6-13 所示。

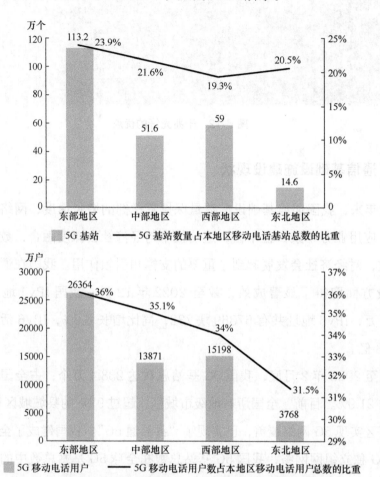

图 6-13　东部地区、中部地区、西部地区、东北地区数据对比

我国千兆光纤网络建设取得了世界领先的成就。截至 2022 年 9 月，我国 NB-IoT 基站数量达 75.5 万个，千兆光纤能够覆盖全国 80% 的家庭，即 4 亿户家庭，这一比例远高于英国、德国等发达国家。此外，千兆光纤网络在各种应用场景中发挥了重要作用，网络用户规模全球领先。截至 2022 年 9 月，工业等重点领域和港口、医院等重点场景建成并部署超 7900 张 5G 行业虚拟专网，截至 2022 年 12 月，我国千兆光纤网络接入用户达 8707 万户，用户规模排名全球第一，如图 6-14 所示。

二、通信基础设施应用场景

通信基础设施在农业和制造业领域都有着广泛的应用场景。

图 6-14　IPv6、5G、千兆光纤网络建设情况

　　农业方面，通信基础设施能够提升农业生产效率、农村治理水平和农产品销量。《中共中央 国务院关于全面推进乡村振兴加快农业农村现代化的意见》提出，实施数字乡村建设发展工程，推动农村千兆光网、第五代移动通信（5G）、移动物联网与城市同步规划建设。发展智慧农业，建立农业农村大数据体系，加强乡村公共服务、社会治理等数字化、智能化建设。通信基础设施在农业领域中的应用如图 6-15 所示。

图 6-15　通信基础设施在农业领域中的应用

　　在智慧农业上，通过利用新一代信息技术打造精准管理、高效节能、优质安全的现代农业模式。例如，使用各类传感器采集农作物的各项数据，通过通信设施将数据传输到物联网云平台上，专家通过数据分析建立模型，提出建议再返回给农业基地。2021 年，全国装备北斗导航设备作业面积超过 6000 万亩

（1亩≈666.7平方米），累计创建9个农业物联网示范省份、建设100个数字农业试点项目。

在数字乡村上，通过运用互联网信息平台、通信技术扩大基层治理触达范围，提升乡村公共服务水平和乡村治理能力。

在数字农产品上，通信基础设施的改善让农民可以通过电商、直播拓展农产品销售渠道，将农产品销售出去，实现生产直接对接消费。

工业方面，过去生产的网络连接主要使用有线网络，但随着智能化生产、柔性制造等技术的快速发展，对无线连接的需求越来越大。5G的到来将为工业生产提供更广阔的无线连接空间，成为支撑工业生产的基础设施。

三、通信基础设施建设前景

工业和信息化部于2021年11月发布了《"十四五"信息通信行业发展规划》，对通信基础设施的建设提出了新的目标与要求。通过分析，本文认为未来5年的通信基础设施建设将会向3个维度发展，一是进一步提高通信基础设施的覆盖程度，特别是对当前通信基础设施建设不完善的区域与行业；二是推动通信基础设施与其他行业的深度融合；三是提高通信基础设施的服务品质，从而带来更优质的产品，如图6-16所示。

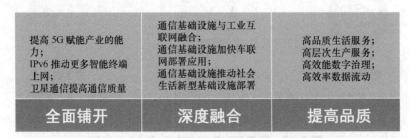

图6-16　未来5年通信基础设施建设的3个维度

1. 全面铺开

5G基础设施的建设重点是提高在流量需求密集区域和产业应用场景的覆盖程度，特别是提高中心城区、交通枢纽、大型体育场馆、旅游景点等区域的

5G 网络覆盖率，优化产业园区、港口、厂矿等场景的 5G 网络覆盖，推动 5G 行业虚拟专网建设。此外，5G 基站的大规模建设速度将会放缓，按照"集约利用存量资源、能共享不新建"的原则，实现 5G 基础设施集约共享。

在 IPv6 网络建设方面，随着互联网和物联网的快速发展，接入互联网的计算机、智能手机、智能可穿戴设备、智能家电等各种智能终端数量不断增加，IPv4 地址不足已经成为互联网应用和发展的瓶颈。IPv6 作为新一代 IP 协议，能够提供充裕的网络地址和广阔的创新空间。在 IPv6 网络下，全球每一台上网设备都可以拥有一个独立的 IP 地址。它可以为每一辆汽车、每一个信号灯、每一个智能家电等单独分配一个 IP 地址，并通过物联网集中管理它们。

在卫星通信方面，卫星通信系统建设速度将加快，形成高中低轨卫星网络协同布局的发展格局，实现 5G 地面网络和卫星通信的深度融合，初步形成全球覆盖的卫星通信网络，应用卫星通信的开发和试验产品将会增多。在北斗卫星导航系统应用方面，在全国范围内的北斗服务推广速度将会加快，北斗国际应用的空间将会拓展，一批北斗网络辅助的公共服务平台将会加速落地，从而促进北斗在移动通信网络、物联网、车联网、应急通信等领域的应用，扩大应用的市场规模，如图 6-17 所示。

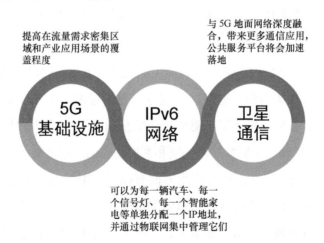

图 6-17　5G 基础设施、IPv6 网络和卫星通信下一步的建设重点

2. 深度融合

（1）通信基础设施与工业互联网融合，有着广阔的应用场景

电信企业与工业企业加快合作对接，运用5G、时间敏感网络（TSN）等先进的信息通信技术改造企业内网，构建高性能、高可靠、高安全的企业网络平台。加速工业设备网络化改造，增强工业数据采集和互通的能力。培育出一批面向重点行业的特色型工业互联网平台，发展面向特定技术领域的专业型工业互联网平台，建成面向特定区域的区域特色型平台。建成"5G+工业互联网"公共服务平台，打造国家级、区域级、行业级的多层次工业互联网平台体系[49]，提高工业互联网平台技术供给质量和应用服务水平，如图6-18所示。

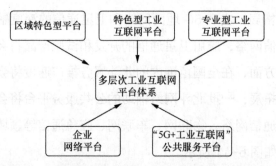

图6-18　通信基础设施推动工业互联网平台体系建设

（2）通信基础设施加快车联网部署应用

通信基础设施是加快车联网部署应用的重要因素。车联网是使用无线通信、传感探测等技术收集车辆、道路、环境等信息，通过车-车（V2V）、车-路（V2I）等实现信息交互和共享，使车和通信基础设施之间智能协同与配合，从而实现智能交通管理、车辆智能化控制和智能动态信息服务的一体化网络[50]。

通信基础设施在车联网部署应用方面有以下应用场景。一是高速网络可以实现智能汽车实时共享传感器数据和周围环境信息，预防或减少交通事故、拥堵和污染，提高交通安全水平和效率；二是互联网使得智能汽车与其他车辆和路侧基础设施协同，提升车辆的感知、决策和控制能力，实现更高级别的自动驾驶；三是通过与云端服务器或其他服务提供商通信，为驾驶员提供实时路况

信息、道路导航信息等信息，即为驾驶员智能动态信息服务。

（3）通信基础设施推动社会生活新型基础设施部署

通信基础设施能够在医疗、教育、社会治理等领域中发挥更大价值，如图6-19所示。在医疗领域，通信基础设施加快远程医疗的落地速度；在教育领域，通过推进教育虚拟专网建设能够促进东中西部教育资源平衡发展，支撑基于5G网络的高清远程互动教学、VR沉浸式教学等应用场景；在社会治理领域，通信基础设施将在环境监测、维护社会治安、应急救援等典型场景中发挥更大的作用。

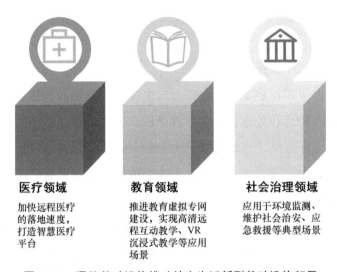

医疗领域
加快远程医疗的落地速度，打造智慧医疗平台

教育领域
推进教育虚拟专网建设，实现高清远程互动教学、VR沉浸式教学等应用场景

社会治理领域
应用于环境监测、维护社会治安、应急救援等典型场景

图 6-19　通信基础设施推动社会生活新型基础设施部署

3. 提高品质

（1）高品质生活服务

伴随着科技的进步和经济的发展，人们对便利的生活服务和高品质的生活用品有了更高的期待。通信技术使得便捷、丰富和个性化的消费方式和服务体验成为可能，也为人们创造了实现高品质学习、娱乐和沟通的机会。通信基础设施可以为人们提供更加快速、稳定、安全的网络连接，更加高效、智能、绿色的算力服务和更加丰富、多样、创新的应用场景，从而带来生活品质的提升。

5G 网络推动数字经济与经济社会深度融合。与 3G、4G 相比，5G 作为新一代通信技术具有高速率、低时延、广连接的特点，可以为用户带来更为流畅、清晰、沉浸式的数字生活体验。

千兆光纤赋能数字消费。当前的宽带技术使人们可以流畅观看高清视频和畅享游戏，而千兆光纤具有带宽高、可靠性高、成本低的特点，给消费者带来超清蓝视频的观看体验、具有强互动性的多维感知数字生活体验。

总体而言，通信基础设施的建设能够提升社会服务的品质。它不仅支持多媒体内容的传播和分享，如音乐、电影、直播等，带来在线教育、远程办公、电子商务等新型服务模式，还支持公共安全保障、环境监测、应急救援等社会公益事业。

（2）高层次生产服务

随着科技进步和社会变革，生产方式也在发生变化。信息技术为生产过程中的信息获取、传递和处理提供了有效手段，也为生产过程中的资源配置、流程优化和质量提升提供了有效支撑。通信基础设施可以为生产过程中的信息流、物流、资金流提供更高效、更可靠、更安全的网络和算力服务，更好地支撑各行各业的数字化转型。

第一，推进产业互联网建设和应用，加快智能制造进程。产业互联网是通信基础设施的重要组成部分，具有连接万物、数据驱动、智能优化等特点，可以为工业生产过程中的信息采集、传输、分析和应用提供有效支撑。通信基础设施在产业园区内的密集部署将会加快推进工业互联网建设，实现工业设备、生产线、工厂等的全面互联互通，推动产业互联网应用创新，出现更多产业云平台、产业应用软件。

第二，推动物联网建设和应用，实现智能管理。物联网也是通信基础设施的重要组成部分，具有可远程控制、自主协作等优点，新型通信基础设施可以为生产过程中的物理世界和数字世界间的数据交流提供有效支撑，实现人与人、人与物、物与物之间的智能连接与智慧管理。

第三，促进卫星互联网建设和应用，实现智能服务。卫星互联网具有覆盖范围广、传输稳定、安全可靠等特点，可以为生产过程中的远程地区和特殊环境提供有效支撑，如图6-20所示。

（3）高效能数字治理

通信基础设施可以为社会治理过程中的信息互通、协作互助、服务互惠提供更高效、更可靠、更安全的网络和算力服务，以便更好地支撑社会治理现代化、数字化，从而提高社会治理水平。

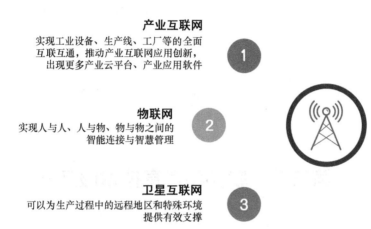

产业互联网
实现工业设备、生产线、工厂等的全面互联互通，推动产业互联网应用创新，出现更多产业云平台、产业应用软件

①

物联网
实现人与人、人与物、物与物之间的智能连接与智慧管理

②

卫星互联网
可以为生产过程中的远程地区和特殊环境提供有效支撑

③

图6-20 通信基础设施带来高层次生产服务

政务云具有资源集约化管理、服务标准、管理统一等特点，可以为政务信息化建设和应用提供有效支撑。加快推进政务云建设，实现政务数据资源的集中存储、统一管理和安全保障，构建面向各级各部门的政务云平台，打造面向公众的政务云应用。

实现智慧城市服务。智慧城市具有智能感知、数据驱动、智能优化等优势，通信技术的使用可以为城市治理和服务提供有效支撑，推动城市基础设施、公共服务、社会管理等的全面感知化和智能化，构建面向各领域的智慧城市服务平台，打造面向各场景的智慧城市应用。

（4）高效率数据流动

数据流动是指数据在不同主体、不同地域、不同场景之间的传输和交换。随着科技进步和社会变革，数据流动已成为经济社会发展的重要驱动力。通信基础设施可以为数据流动提供更高速、更稳定、更安全的网络和算力服务，更好地支撑数据资源的开发利用和共享交换，从而带来高效率数据流动。

IPv6 网络是新型通信基础设施的重要组成部分，具有地址资源充足、网络结构简单、安全性高等特点，可以为数据流动提供有效支撑。

数据中心具有可存储海量数据、计算能力强大、服务灵活等优势，能够为数据流动提供有效支撑。加快推进数据中心互联互通，实现数据中心之间、数据中心与网络之间、数据中心与云计算之间的高速直连，可以提升数据传输质量和效率。

加快完善数据安全保障体系，提供面向各对象的数据安全服务。新型通信基础设施具有保护隐私、防止数据泄露、抵御攻击等特点，可以为数据流动提供有效保障。

第三节 软件和信息技术服务业

一、我国软件和信息技术服务业数据图谱

进入 21 世纪以后，我国的软件和信息技术服务业（简称"软件业"）快速发展。随着国家和社会的数字化转型需求不断增加，该产业已成为我国最具创新力和竞争力的领域之一。据统计，2022 年，我国软件业务收入突破 10 万亿元。2022 年，全国软件和信息技术服务业规模以上企业超 3.5 万家，累计完成软件业务收入 108126 亿元，同比增长 11.2%。虽然增速有所回落，但我国软件和信息技术服务业仍逐步向高端领域稳步前进。2014—2022 年软件业务收入增长情况如图 6-21 所示。

我国软件和信息技术服务业的盈利水平保持平稳上升态势，2022 年的数据显示，软件和信息技术服务业利润总额为 12648 亿元，同比增长 5.7%，如图 6-22 所示。

图 6-21 2014—2022 年软件业务收入增长情况

数据来源：《2022 年软件和信息技术服务业统计公报》

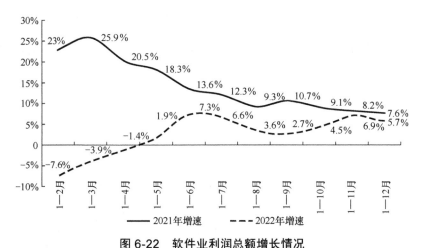

图 6-22 软件业利润总额增长情况

数据来源：《2022 年软件和信息技术服务业统计公报》

我国软件和信息技术服务业保持着从业人员数量稳步增长和收入水平稳步上升的态势。2021 年的数据显示，该行业的从业人员数量达到了 809 万人，比上年增长了 7.4%。从业人员的工资总额也同比上涨了 15%，两年复合增长率约为 10.8%，如图 6-23 所示。这一趋势反映出，该行业仍然是高收入且具有吸引力的领域之一。我国软件和信息技术服务业的就业前景较为光明，社会对高素质的软件信息服务人才的需求不断增加。一方面，产业数字化的深入发展刺激了软件和信息技术服务业的市场扩张，推动了就业岗位的增加，如软件开发、信息安全服务等领域的优秀人才倍受青睐；另一方面，科技的持续突破带来了行业的创新，也为就业市场注入了新活力，如无人驾驶软件开发、数据安全维护等领域。综合来看，未来软件和信息服务人才的需求将继续攀升。

从软件和信息技术服务业的不同类型来看，我国软件和信息技术服务业涵盖了软件产品、信息技术服务、信息安全产品和服务、嵌入式系统软件等多个细分领域，如图6-24所示。2022年，软件产品收入为26583亿元，同比增长9.9%，增速较上年同期回落2.4%，在全行业收入中所占比重为24.6%；信息技术服务收入为70128亿元，同比增长11.7%，高出全行业整体水平0.5%，在全行业收入中所占比重为64.9%，占据软件和信息技术服务业的主导地位；信息安全产品和服务收入为2038亿元，同比增长10.4%，增长潜力较大；嵌入式系统软件收入为9376亿元，同比增长11.3%，如图6-25所示。

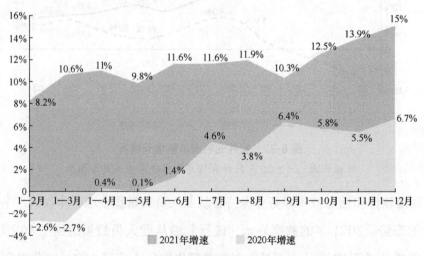

图6-23 2020—2021年软件和信息技术服务业从业人员工资总额增长情况

数据来源：《2021年软件和信息技术服务业统计公报》

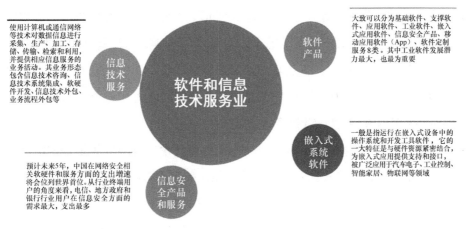

图 6-24　软件和信息技术服务业分类

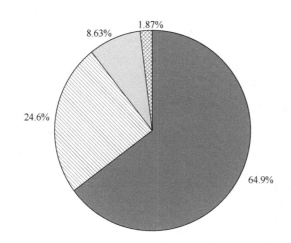

图 6-25　2022 年软件和信息技术服务业分类收入占比情况

数据来源：《2022 年软件和信息技术服务业统计公报》

　　软件产品的内涵较为丰富，既包括向普通消费者提供的应用软件、信息系统等，又包括向 B 端提供的各种软件服务。总体上，它大致可以分为基础软件、支撑软件、应用软件、工业软件、嵌入式应用软件、信息安全产品、移动应用软件（App）、软件定制服务 8 类[51]。我国软件产品收入保持了稳定的增长势头，其中，工业软件产品收入为 2407 亿元，同比增长 14.3%，高于全行业平均水平 3.1%。工业软件产品是指那些专门用在工业领域中，能够提高工业企业、制造业企业的研发、制造、生产管理水平或工业装备性能的软件。工业软件产品按照功能分类，可以分为研发设计类、业务管理类、生产调度和过程控制类、专业功能类 4 类软件 [52]。工业软件产品在智能制造、工业互联网等领域中有着广泛的应用和发展潜力，特别是在提高工业的创新能力和竞争力两个方面，能够促进传统产业的转型升级和降本增效。

信息技术服务是指使用计算机或通信网络等技术对数据信息进行采集、生产、加工、存储、传输、检索和利用，并提供相应信息服务的业务活动。其业务形态多样，包含信息技术咨询、信息技术系统集成、软硬件开发、信息技术外包和业务流程外包等 [53]。得益于云计算、大数据、人工智能等新一代信息技术的迭代发展，以及新兴技术的应用场景不断拓展，信息技术服务收入保持较快的增长速度，且占据了全行业收入的最大比重。2022 年信息技术服务相关数据如图 6-26 所示。

云服务、大数据服务
我国云服务、大数据服务等共实现收入10427亿元，同比增长8.7%，占信息技术服务收入的14.9%，占比较上年同期提高了2%

集成电路设计
集成电路设计收入2797亿元，同比增长12%

电子商务平台技术服务
电子商务平台技术服务收入11044亿元，同比增长18.5%

图 6-26　2022 年信息技术服务相关数据

信息技术服务与国民经济和社会发展密切相关，作为基础性、战略性、先导性的高科技产业，具有技术迭代速度快、产品附加值高、应用领域广、渗透能力强、资源消耗低、人力资源利用充分等突出特点，对经济社会发展具有重要的支撑和引领作用。当前，信息技术服务面临着激烈的竞争和快速变化的市场需求，需要不断提升自身的创新能力和服务质量，以适应客户和行业的多样化和个性化需要。同时，信息技术服务也需要加强与其他行业间的合作和交流，拓展新的应用场景和商业模式，为各行各业提供更高效、更智能、更安全的信息化解决方案。

信息安全产品和服务收入稳步增长。IDC 发布的《2022 年 V1 全球网络安全支出指南》显示，预计 2025 年全球网络安全相关硬软件和服务总投资规模将达到 2233.4 亿美元，在 5 年预测期内，年复合增长率将达 10.4%。同时，中国网络安全相关软硬件和服务方面的支出将以 20.5% 的增长率持续增长，预计增速将会位列世界首位。从行业终端用户的角度来看，电信、地方政府和银行行业用户在信息安全方面的需求最大，支出最多。

嵌入式系统软件收入保持了较快的增长速度。2022 年，嵌入式系统软件收入为 9376 亿元，同比增长 11.3%，占软件和信息技术服务业收入的 8.7%。但与上年相比，增速下降了 7.7%。嵌入式系统软件一般是指运行在嵌入式设备中的操作系统和开发工具软件，它的一大特征是与硬件资源紧密结合，为嵌入式应用提供支持和接口。嵌入式系统软件在多个领域中都得到了广泛的应用，并拥有巨大发展潜力，如汽车电子、工业控制、智能家居、物联网等。

从地域分布来看，东部地区软件业规模最大，但中部地区、西部地区增长速度更快。工业和信息化部发布的数据显示，2022 年，东部地区、中部地区、西部地区和东北地区的软件业务收入分别为 88663 亿元、5390 亿元、11574 亿元和 2499 亿元，分别同比增长了 10.6%、16.9%、14.3% 和 8.7%，如图 6-27 所示。其中，中部地区、西部地区的增速分别高出全国平均水平 5.7% 和 3.1%。4 个地区的软件业务收入在全国总收入中所占的比重分别为 82%、5%、10.7% 和 2.3%。

东部地区在软件产品、信息技术服务、信息安全产品和服务、嵌入式系统软件等领域保持着绝对优势，但收入增速相对放缓，尤其是在嵌入式系统软件领域中，2021 年收入增速仅为 7.1%。中部地区软件业务收入相对较低，但在软件产品和嵌入式系统软件领域中的收入增速在 4 个地区中位列首位，分别达到了 19.5% 和 26.6%，市场发展空间较大及活跃度较高，有较大的发展潜力。西部地区在信息安全产品和服务领域中的收入增速最高，达到了 29.8%，市场扩张迅速。东北地区的软件业规模较小，增速较低，市场竞争力不足 [54]。

从省市的视角来看，2022 年，软件业务收入前 5 名的省市为北京市、广东省、江苏省、山东省和浙江省，共完成收入 74537 亿元，占全国软件业务收入比重的 68.9%，较去年提升 2.9%。全国范围内，软件业务收入增速高于平均水平的省、市、自治区有 12 个，其中，增速高于 20% 的省份集中在中西部地区，包括贵州省、广西壮族自治区、湖北省等，如图 6-28 所示。

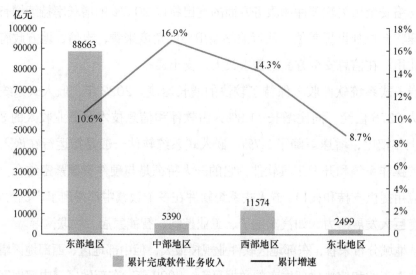

图 6-27　2022 年软件和信息技术服务业分地区收入增长情况

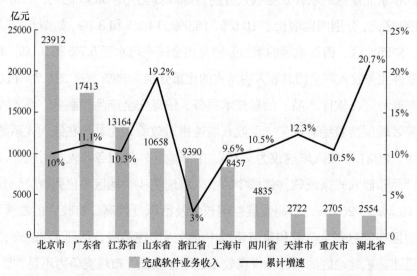

图 6-28　2022 年软件业务收入前 10 位省市的收入和收入增长情况

全国 15 个副省级中心城市[2]软件业务收入持续稳定增长，但利润总额的增速有所下滑。2022 年，这些城市共实现软件业务收入 53419 亿元，同比增长 10%，占据着全国软件和信息技术服务业的半壁江山，其中，武汉、济南、青岛和沈阳等城市的软件业务收入同比增速超过全行业整体水平，如图 6-29 所示。

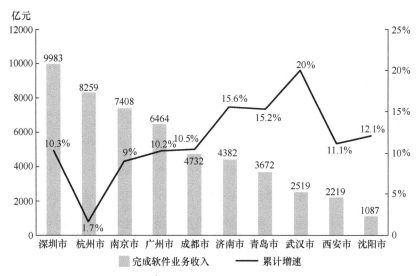

图 6-29　2022 年前 10 位副省级中心城市软件业务收入及收入增长情况

二、软件和信息技术服务业对数字经济的作用机理

在数字经济发展过程中，软件和信息技术服务业发挥着重要的作用。以下将从 3 个角度分析软件及信息技术服务业是如何支持数字经济的持续发展的。

1. 软件和信息技术服务业弥合传统产业边界

110 年前，福特汽车公司开发出了世界上第一条流水线，证实了专业分工可带来巨大的效益，而进入互联网时代后，经济更加强调"融合"，专业分工带来的边界使得各产业的信息与知识无法流畅地在各产业间传递。伴随着软件和信息技术服务业的发展，产业边界有望被打破。具体来说，企业的数据可以在同一平台上流

2　15 个副省级中心城市为广州、武汉、南京、成都、西安、杭州、济南、哈尔滨、沈阳、长春 10 个省会城市及深圳、厦门、宁波、青岛、大连 5 个计划单列市。

动与管理，实现各种数据如物流数据、制造过程数据、资金等数据的流动。软件和信息技术服务业给传统产业的分工协作模式、经营模式和管理方式等带来了冲击。

2. 生产要素的替代与渗透作用

数字经济起始于 20 世纪 90 年代，信息通信技术被认为是美国等发达国家全要素生产率得以提高的主要支撑之一。我国的电子商务平台、支付宝、在线社交平台、短视频平台等互联网应用在过去的一段时间里，在提高全要素生产率、拉动就业、提高技术创新能力、吸引投资、激活数据要素等方面所发挥的作用十分显著。

信息产业（包括软件和信息技术服务业）产品的价格下降会促使该种产品逐渐替代其他生产要素在其他产业中所发挥的作用，从而带动全要素生产率的提高。当前的研究认为，信息技术推动经济增长的重要作用在于信息技术相关的软硬件资本对其他资本的替代，在过去的几十年中，半导体制程工艺按照摩尔定律不断提高芯片的性能、降低制作成本，使得越来越多采用集成芯片的设备出现，并发挥着对其他要素的替代作用。

3. 软件和信息技术服务业与三次产业的融合

在数字化转型的过程中，软件和信息技术服务业的发展必须依赖农业、工业和服务业所提供的发展空间（创新空间和增长空间），同时，农业、工业和服务业也需要软件和信息技术服务业的支持来实现智能化升级，如图 6-30 所示。因此，只有当软件和信息技术服务业和农业、工业和服务业密切融合，才能凝聚更多的共识，实现更高效、更具前瞻性的协同发展。软件和信息技术服务业能够为不同领域的企业和机构提供数字化服务支持，如数字化管理、智能化生产、创新性产品和服务、个性化客户体验等。这些数字化服务的落地和实践将重塑传统的经济发展模式，深刻地影响

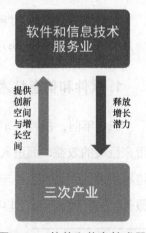

图 6-30　软件和信息技术服务业与三次产业相互影响

产业链条的各个环节及社会经济发展全局。在这样的背景下，了解软件和信息技术服务业为全面融合发展带来的积极作用，具有深远的意义和现实的价值。

在农业方面，软件和信息技术服务与传统农业的融合表现在 4 个方面，如图 6-31 所示。一是数据化管理。软件和信息技术服务的应用推动在农业领域中采用精细化监控和智能化控制，让农民能够随时随地掌握农业动态数据，通过软件进行数据的采集、分析和管理，实现对土地、天气、农作物和畜牧等的跟踪监测。二是智慧化决策。与农业相关的软件集成了大量数据与科学的算法，能够对农作物的状况进行智能化分析和预测，为农民的耕种、畜牧管理提供更加合理、科学的农业生产建议与方案。三是精准化作业。在传统农业中，对土地灌溉、施肥、农药播撒的量与时机的把控是通过农民的经验进行判断的，而基于软件的无人机、水利管理系统可以通过对参数的管理，精准地控制施肥、土地灌溉等方面的用量，在保证产量的同时，实现绿色生产。四是数字化营销。农业园区运营和农产品市场化推广依托软件和信息技术服务业达到了前所未有的高度，可以实现精准的农产品营销、自动化的线上交易、售后服务和覆盖城乡的物流网络，从而推动农业的转型升级和市场化进程。

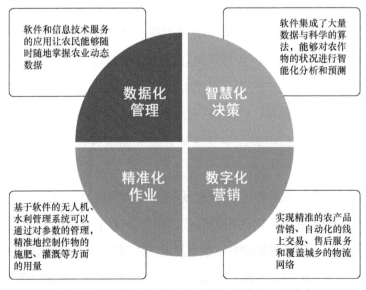

图 6-31　软件和信息技术服务与传统农业的融合

在工业领域，软件和信息技术服务的应用较早，历经"赋产""赋能""赋智" 3 个阶段，如图 6-32 所示。在信息技术刚刚兴起的时代，软件的"工具"属性更为突出，通过替换手工作业、协助人工生产的方式提高制造业的生产效率，增加产品附加值，也就是"赋产"作用，以降低劳动力成本，实现产量最大化。

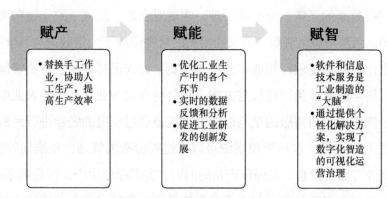

图 6-32 软件和信息技术服务业对工业领域的影响

随着数字技术的发展和消费需求的升级，工业领域更为迫切地需要与软件和信息技术服务融合，软件和信息技术服务的目的也从以往的提高产量转向提高质量。软件和信息技术服务的应用优化了工业生产中的各个环节，通过实时的数据反馈和分析，生产者可以更加准确地了解工业生产状况，并基于这些信息进行工业生产的优化和调整。此外，软件和信息技术服务的应用也促进了工业研发的创新，通过统一的数字化研发手段和互联网在线协作平台，工业研发人员可以更好地完成协同开发和团队合作，加速产品研发和创新速度。

软件和信息技术服务业的快速发展激活了软件和信息技术服务的"赋智"属性。在数字经济时代，软件和信息技术服务作为工业制造的"大脑"，通过物联网、云服务、人工智能等技术的软件化应用实现了智能制造的发展。软件和信息技术服务与硬件、网络、数据、内容等相互融合，形成了无处不在的互联智能设备，推动产业生态系统中的各要素、各环节深度融合，打破传统产业边界，重构产业生态体系，催生更多产业融合新模式。具体来看，大数据服务平台汇集了生产过程中的大量数据，实现了生产数据的可视化，为生产决策提供数据支撑；人工智能通过学习海量数据，形成自动化模型，实现生产的动态调整；云服务则为数据的传输提供了高速、便捷、安全的交互空间。

软件和信息技术服务本就是服务业的重要组成部分，同时也会给其他类别的服务业带来影响。在中国的数字经济发展过程中，服务业获益最大。"软件+服务"的新模式使得传统服务业不断探索新空间、新产品、新业态，寻找可能的发展机遇，促进数字技术和智能设备在服务业领域中得以应用，在出行旅游、家政服务、饮食娱乐等方面，用户都可以在线上获得服务，软件和信息技术服务的应用让传统的服务业扩大了服务的范围，为消费者提供更加优质的服务，实现了供给质量和供给结构的优化。

在未来，软件和信息技术服务将继续与服务业融合，开创新的发展空间和机遇。通过智能化、数字化和数据化等手段，软件和信息技术服务将帮助服务业更好地满足消费者的需求，提高消费体验，推进服务质量的提升，促进数字经济不断发展，成为新时代服务业的重要领航者。例如，在教育领域，软件和信息技术服务可以实现线上教学、个性化辅导、辅助学习等功能；在医疗领域，软件和信息技术服务可以实现远程诊断、在线问诊、虚拟家庭医生等功能；在旅游领域，软件和信息技术服务可以实现虚拟旅游、智能导游、定制旅行等功能。

三、数字经济推动软件业务转型

1. 数字经济背景下软件产业的特征

云计算、大数据和人工智能等新一代信息技术在不断推动软件产业发展的同时，软件产业的生产模式和生态环境也发生了巨大的变化，软件产业正在向云化、平台化、服务化发展。这些趋势使得软件产业产生了以下新特征，如图6-33所示。

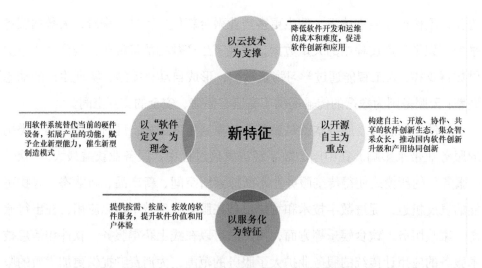

图 6-33　数字经济背景下软件产业的新特征

一是以云技术为支撑，在云平台上为 C 端和 B 端用户提供灵活度高、运行高效、信息传输安全的软件资源和服务，还能够降低软件开发和运维的成本和难度，促进软件创新和应用。二是以开源自主为重点，构建自主、开放、协作、共享的软件创新生态。当前，我国在开源领域重度依赖国外开源代码，自主性差，存在一定的安全、专利产权风险，通过打造具有自主产权的开源社区，能够集众智、采众长，推动国内软件创新升级和产用协同创新。三是以服务化为特征，随着市场对于应用软件的需求加深，软件和信息技术服务业更加重视完善自身的服务，为用户提供高效率、高质量、个性化的使用体验，提供按需、按量、按效的软件服务，提升软件价值和用户体验，这也是软件产业作为劳动密集型产业转型升级的必由之路。四是以"软件定义"为理念，软件定义的核心理念就是用软件系统替代当前的硬件设备，根据既往的经验来看，软件定义将会不断拓展产品的功能，变革产品的价值创造模式，赋予企业新型能力，催生新型制造模式[55]。

2. 数字经济时代的软件创新与发展趋势

数字经济时代的软件创新与发展趋势主要体现在需求、创新、标准、人才、安全 5 个方面，如图 6-34 所示。

图 6-34 数字经济时代的软件创新与发展趋势

数字经济对软件业务提出了新需求。随着社会数字化转型速度的加快，软件业务的需求也在不断增长和变化。从数量上来看，越来越多的企业、产业将会应用软件产品，软件产业规模将会持续增长。从质量上来看，企业和用户对软件的质量、性能、功能、安全等方面提出了更高的要求。这就要求软件产业必须能够敏感地察觉到市场变化，进行相应的改变，为用户提供多元化、个性化的服务。

数字经济给软件提供了广阔的创新空间。相较于农业经济和工业经济形态，数字经济对于创新的要求更高，而软件产业作为数字产业化的重要支撑和引领力量，需要不断强化自主创新能力，赋能各行各业，带动其他产业进行创新。未来，我们将会在更多的场景中看到软件产品的落地与应用，同时享受更优质的服务体验。

数字经济是高度互融互通的生态系统，要求软件产业的标准统一。互联网时代，融合连接的范围已经十分广阔，在数字经济背景下，融合连接的范围将会持续扩大，因此对于软件产业的标准统一提出了更高的要求，以保证软件的可靠性、可信性和可控性，满足不同企业、不同平台、不同系统对于软件的互操作性、兼容性和可移植性的要求。我国积极推动软件产业参与国际标准制定，推动国内标准与国际标准的对接与融合，提高我国在全球数字治理中的话语权和影响力。

数字经济对人才培养提出更高的要求。技术人才不仅需要掌握软件专业相关技能，还需要具备跨领域的知识和能力，因此，我国应当积极探索多元化、开放式的人才培养模式，促进软件人才的创新素质和创新能力不断提升，为软件产业提供人才支撑。

随着数字技术在各行各业中的广泛应用，软件安全问题日益突出，不仅关乎社会的正常运行与个人的隐私与权益保障，还与国家安全密切相关。因此，软件安全需求将会持续增长，软件安全市场规模也会持续扩大，培育出一批实力强劲的领军企业，为各行各业提供安全保障服务。

第七章
产业数字化

第一节 数字经济的重点与核心——数字化转型

数字经济正在重塑经济运行的逻辑规则，生产、生活、生态在新的经济范式中发生了深刻转变。马克思在《资本论》中指出："各种经济时代的区别，不在于生产什么，而在于怎样生产，用什么劳动资料生产[56]。"数字化转型必然从企业的转型开始，经过一定量变后，为整个社会带来质变，因此本节的研究重点将放到企业的数字化转型上。

中关村信息技术和实体经济融合发展联盟于 2021 年 8 月发布了团体标准 T/AIITRE 10001—2021《数字化转型 参考架构》（以下简称"标准"），该标准明确了数字化转型的概念和内涵，并提出了数字化转型的总体框架、主要任务和 5 个阶段，为企业数字化转型提供了权威的指导和参考。本节的主要观点来源于该标准，并结合笔者的理解，阐述数字化转型的基本思路和方法。

一、什么是数字化转型

数字化转型是用信息技术来创新业务和提高业务水平的过程，要从靠工业技术分工生产的方式，转向靠信息技术支持创新的方式[57]。这意味着数字化转型要求企业不断深化应用人工智能、区块链、云计算、大数据（简称为"ABCD 技术"）等新一代信息技术，来提供多种解决方案和价值主张，适应不同的客户需求和市场变化，如图 7-1 所示。对企业内部而言，要改造团队与网络，提高企业在数字经济时代的竞争力和创新力，释放数据要素价值潜力，优化业务流程，积极探索新的发展模式，培育新的增长点，创造新的价值。要正确地进行数字化转型，需要从以下 4 个方面进行分析和理解。

第一，数字化转型是一项复杂的系统性工程，需要信息技术的全面支撑。以 ABCD 技术为代表的信息技术，不仅是通用使能技术，更是新兴产业诞生、硬件标准化、软件个性化、传统创新体系、生产方式和产业结构等系统性重构的驱动力[58]。对于企业而言，信息技术应该深入企业的战略决策、能力建设、技术创新、模式创新等各个方面。

图 7-1　ABCD 技术应用

第二，数字化转型需要进行价值体系优化、创新和重构。很多企业的数字化转型追求数字技术全面铺开，将发展瓶颈寄希望于技术解决，这些数字化转型的表面功夫不能带来新的价值，反而使业务人员与管理人员的学习成本上升，企业也为此付出了巨大代价。企业的数字化转型不仅仅是技术的升级，还是通过数字化手段和工具，重新创造组织与员工的价值的过程，对传统价值进行审视，保留有增长潜力的，舍弃落后于发展的，还要善用数字技术挖掘新价值，推动企业价值体系优化、创新和重构，如图 7-2 所示。总之，数字化转型的目的是实现更高的价值的创造与利益的合理分配，以核心价值体系的优化为引领，进行数字化转型，造福企业员工、合作伙伴与社会，使企业更具有竞争优势与市场吸引力。

图 7-2　企业价值体系优化、创新重构[59]

第三，数字化转型的核心路径是新型能力建设。数字化转型需要数字技术的引入与推广，而采用数字技术的目的是提升企业的各项能力。企业在进行数字化转型过程中建设新型能力应当按照企业价值体系优化、创新和重构的要求，全方位牵引数字化转型的各项活动，重构与价值创造的载体、过程、对象、合作伙伴、主体和驱动要素有关的能力，如图 7-3 所示。

图 7-3　新型能力视角

第四，数字化转型的关键驱动要素是数据。互联网和移动终端的普及使得信息呈爆炸式增长，同时 ABCD 技术使得信息以"比特"的形式自由流动。通过数字技术，数据处理能力从 KB 级走向 PB 级，这让我们能够更好地以数字的形式了解和改变世界，不再只依赖物质。

在数字化转型的过程中，数据发挥着至关重要的作用，如图 7-4 所示。数据不仅可以让组织（企业）对内外环境有更深入的感知、理解以提升预测和决策水平，还可以推动实现信息的透明和对称，提高组织的集成水平和社会资源的配置效率。此外，数据还可以通过分析和展示，支持组织的决策与执行，提高业务水平和客户的满意度；通过共享和开放，促进组织内外的沟通与协作，提高工作的效率和质量；通过创新和应用，开发新的产品、服务和商业模式，提高组织的创造力和竞争力；通过保护和治理，确保数据的安全、合规和质量，提高组织的可信任度和责任感。可以说，数据是数字化转型的核心要素，它可以作为连接组织和产业的媒介，提升企业在集成、创造和协同方面的能力，提高社会资源在配置、利用和开发方面的水平。

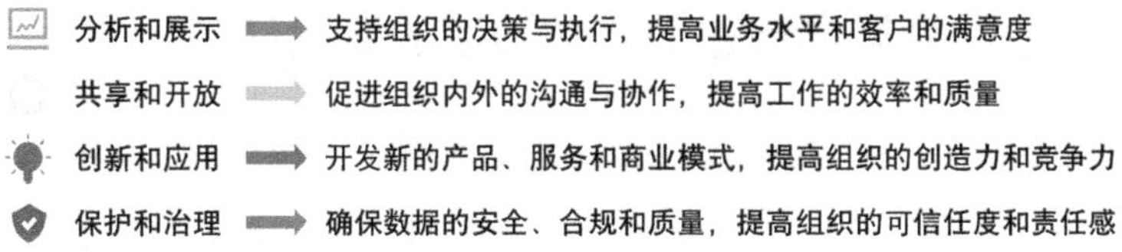

分析和展示
支持组织的决策与执行，提高业务水平和客户的满意度
共享和开放
促进组织内外的沟通与协作，提高工作的效率和质量
创新和应用
开发新的产品、服务和商业模式，提高组织的创造力和竞争力
保护和治理
确保数据的安全、合规和质量，提高组织的可信任度和责任感

图 7-4　数据作为驱动要素的作用

二、数字化转型的参考架构

数字化转型不是“点”的转型，也不是“面”的转型，而是集团内部甚至整体产业系统性创新的过程，紧紧围绕企业的“生存”“发展”两大核心问题展开。

标准为数字化转型提供了一个可供参考的框架。标准认为企业的数字化转型可以从 3 个角度进行分析，分别是主要视角（五大任务）、过程方法和发展阶段，如图 7-5 所示。其中，主要视角最基础且最重要，其拥有数量不一的子视角，为企业判断自身数字化转型的过程、阶段、现有能力和待提升之处提供了可借鉴的视角。过程方法是基于主要视角提出来的，与主要视角一一对应，具有相互作用的关系。发展阶段分别是规范级发展阶段、场景级发展阶段、领域级发展阶段、平台级发展阶段和生态级发展阶段。

过程方法
发展战略
过程联动方法
新型能力
过程联动方法
系统性解决方案（要素）
过程联动方法
治理体系
过程联动方法
业务创新转型
过程联动方法
主要视角
发展战略/价值主张
新型能力/价值创造和传递
系统性解决方案/价值支持-技术
治理体系/价值保障-管理
业务创新转型/价值获取
规范级发展阶段
场景级发展阶段
领域级发展阶段
平台级发展阶段
生态级发展阶段
发展阶段

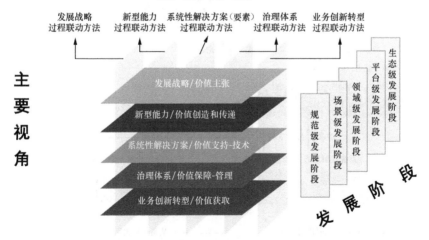

图 7-5　数字化转型参考架构的总体框架

数据来源：团体标准 T/AIITRE 10001—2021《数字化转型　参考架构》

三、以价值效益为导向推进数字化转型的五大任务

数字化转型要以价值效益为导向，从发展战略视角出发，明确企业的新价值主张，即企业通过数字化转型要达到什么样的目标，以及如何评价这些目标。为了实现新价值主张，企业需要建设支持价值创造和传递的新型能力，包括培养数字化转型所需的人才、技术等资源。同时，企业需要创新价值支持的要素实现体系，包括优化数字化转型所需的平台、工具等基础设施，形成提供价值的系统性解决方案。此外，从治理体系视角出发，企业需要变革提供价值保障的治理机制和管理模式，包括制定和执行数字化转型所需的规范、标准、流程等制度。最后，业务创新转型实现价值获取，企业需要形成支持最终价值获取的业务新模式和新业态。这五大任务是相互关联和支撑的，构成了企业数字化转型的完整过程和逻辑，如图 7-6 所示。

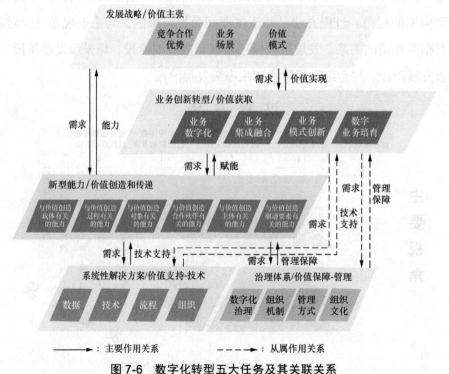

图 7-6　数字化转型五大任务及其关联关系

数据来源：团体标准 T/AIITRE 10001—2021《数字化转型　参考架构》

1. 发展战略

发展战略决定了企业数字化转型的特色、路线与成效，和数字化转型成功与否密切相关，成熟的企业应当将数字化转型战略和发展战略有机结合，形成统一的战略体系，下面将对 3 个子视角展开详细的叙述。

第一，竞争合作优势。改变固有的单纯竞争的观念，分析组织在数字化转型中的优势和劣势，以及与其他组织间的竞争、合作和互补关系，单纯竞争向多重竞争合作关系转变，提升战略柔性，以应对不确定市场的竞争合作环境。

第二，业务场景。打破基于专业分工形成的垂直业务体系，分析组织内部的业务需求、业务流程、业务模式等，找出数字化转型中可以改善和创新的业务场景和新的业务机会，构建以用户需求为牵引的技术赋能的新型业务架构。事实上，许多数字化转型较为成功的大型企业都在不断地调整内部架构，以适应动态变化的市场环境。

第三，价值模式。技术的更迭与应用会改变价值体系与价值模式，企业应该建立一个开放的价值生态系统，通过与其他组织共享资源和互赋能力，让业务能够快速更新和协同发展，从而实现长期的价值创造和传递。

2. 新型能力

在数字化时代，企业需要应对不断变化的市场需求和激烈的竞争环境。为了生存和发展，企业需要打破传统思维和模式的束缚，转而寻求新的机会和优势。这要求企业对自己的内外部能力进行全面、系统的审视，并对这些能力进行提升、整合和重构，只有这样，企业才能在数字化转型中取得成功并实现长期可持续发展。具体包含以下 6 种能力的建设，如图 7-7 所示。

第一，与价值创造载体有关的能力。这些载体可以是产品、服务、平台等，它们是企业向客户提供价值的方式。企业应该不断提高这些载体的附加价值，以满足客户的更多需求，提高客户的满意度和忠诚度。同时，企业应该缩短价值变现的周期，让这些载体能够更快地转化为收入和利润，提高企业的效率和竞争力。

价值创造载体	价值创造合作伙伴
这些载体可以是产品、服务、平台等，它们是企业向客户提供价值的方式。企业应该不断提高这些载体的附加价值，以满足客户的更多需求	加强与供应链上下游、外包公司、技术和服务提供商等合作伙伴的资源互换和业务合作，形成良性迭代、可持续发展的合作生态
价值创造过程	价值创造主体
价值创造的过程包含生产、运营等多项流程，有关能力是指诸如智能生产与现场作业管控能力、数字化运营管理能力和信息安全管理能力等	企业数字化转型首先要实现员工数字化转型。员工是企业最重要的资产，也是企业数字化转型的执行者和受益者
价值创造对象	价值创造驱动要素
这些对象就是用户，组织要为用户提供更好的服务	有关能力主要包括数据的开发运用能力。企业需要提升跨部门、跨企业、跨产业的数据管理能力；企业还需要提升数字业务培育能力，强化自身数据资产化的运营

图 7-7　新型能力子视角

第二，与价值创造过程有关的能力。价值创造的过程包含生产、运营等多项流程，与价值创造过程有关的能力是指诸如智能生产与现场作业管控能力、数字化运营管理能力和信息安全管理能力等，这些能力可以让组织更好地管理和优化生产和运营的各个环节，提高效率和质量，让组织实现全价值链、全要素（如劳动力、土地、资金、技术等）的动态配置和全局优化，提高全要素生产率在价值创造过程中的贡献能力，同时保障信息的安全。

第三，与价值创造对象有关的能力。这些对象就是用户，组织要为用户提供更好的服务，根据用户的特征和用户场景，进行个性化、场景化的用户需求分析、优化和定位；以用户为中心构建端到端的响应网络，提高快速、动态、精准地响应和满足用户需求的能力。

第四，与价值创造合作伙伴有关的能力。加强与供应链上下游、外包公司、技术和服务提供商等合作伙伴的资源互换和业务合作，打造优势互补、合作共赢的协作网络，形成良性迭代、可持续发展的合作生态。

第五，与价值创造主体有关的能力。企业数字化转型首先要实现员工数字化转型。员工是企业最重要的资产，也是企业数字化转型的执行者和受益者。如果员工缺乏相应的数字技能与素养，就无法有效地使用和创新数字化的工具和平台，企业也就无法适应数字化时代下的市场和环境。这一能力包括人才开发能力和知识赋能能力等。

第六，与价值创造驱动要素有关的能力。这一能力主要包括数据的开发运用能力。具体包括以下两个方面：一方面，企业需要提升跨部门、跨企业、跨产业的数据管理能力，进而帮助企业更好地管理数据资产，实现数据的价值最大化；另一方面，企业还需要提升数字业务培育能力，强化自身数据资产化的运营，从而帮助企业将数据转化为具有市场价值的数字业务，实现数字经济的增长。

3. 系统性解决方案

企业根据自身的业务需求和场景，选择和应用适合的信息技术，构建高效、安全、可靠、灵活的数字化平台和应用。这一任务包含4个子视角，如图7-8所示。

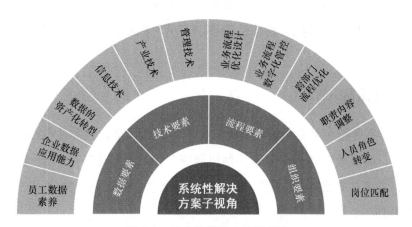

图 7-8 系统性解决方案子视角

第一，数据要素。第五章对数据的价值与重要性进行了阐述，这里只进行简要描述。企业要充分利用数据，不仅要进行数据采集、清洗，更要提升数据的应用能力，这里的应用能力包括员工的数据应用能力和企业的数据应用能力。对于员工来说，要提高数据素养，培养数据思维，掌握数据处理技能，能够有效地分析、解读和利用数据。而对于企业来说，企业要推动数据的建模运用，推出更多的数据产品，实现数据的价值化应用。

第二，技术要素。标准认为，技术要素是数字化转型的重要支撑，主要包括产业技术、信息技术与管理技术的要素集成、融合和创新等相关内容。组织应从设备设施、软硬件、网络、平台等方面，充分发挥云计算、大数据、物联网、人工智能、区块链等新一代信息技术的先导作用，系统地推进技术要素的集成、融合和创新。

第三，流程要素。流程要素主要包括相关业务流程的优化设计及数字化管控等内容。优化设计是指根据新型能力建设的目标和要求，对业务流程进行简化、标准化、集成化的改进，提升流程的效率和工作质量。数字化管控是指利用数字化手段和工具，对业务流程进行实时监测、分析、评估和优化，提升流程的透明度和可控性。

第四，组织要素。组织要素是指组织内部的结构、人员、文化等要素，它们影响着组织的运行和发展。组织要素需要根据新型能力建设的要求，进行相应的调整和优化，以适应新的业务流程、人员角色定位和岗位需求，提升组织的效率和竞争力。

4. 治理体系

治理体系是指企业要根据数字化转型的特点和风险，建立相应的组织架构、流程规范、制度政策体系、监督评估机制等，保障数字化转型的顺利实施和持续优化，主要包括数字化治理、组织机制、管理方式和组织文化 4 个子视角，如图 7-9 所示。

第一，数字化治理。标准对于数字化治理提出了以下要求，即高层领导者要具有敏锐的战略洞察力和强大的前瞻布局能力，要建立完善的数字化人才绩效考核和成长激励机制、全面自主的安全管理机制、能够动态优化和统筹协调的规范治理机制。涵盖数字化领导力培育、数字化人才培养、数字化资金统筹、安全可控建设等方面。

第二，组织机制。企业需要从组织架构设置和职能职责设置等方面进行全面改革。具体而言，企业需要建立与新型能力要求相匹配的职责和职权架构，确保各个部门和员工能够相互协调、企业能够高效运作。此外，企业还需要提高对用户需求的响应速度和柔性服务能力。这意味着企业需要不断地提高员工的技能水平和增强员工的服务意识，以便能够为用户提供个性化、高质量的服务。

图 7-9　治理体系子视角

第三，管理方式。企业要想保持竞争力，就不能停留在传统的管理方式和员工工作模式上，应该鼓励员工自主地安排工作计划，积极地学习新技能，勇敢地尝试创新方案，同时也要关注员工的个人发展和自我价值实现，让员工感受到自己的成就和价值，和组织一起进步和发展。

第四，组织文化。企业要提升新型能力，就要从内部文化着手，营造符合数字化转型的组织氛围，激发所有员工的创新意识和提高员工行动力。企业要做的事情不少，比如要及时适应新技术带来的变化，构建一种包容、创新、求变、实效的企业价值观；要制定与企业价值观相匹配的行为规范，并用数字化、平台化等手段来保证规范的执行和优化。

5. 业务创新转型

根据发展战略、新型能力、系统性解决方案和治理体系，形成支持最终价值获取的业务新模式和新业态，主要包括 4 个子视角，如图 7-10 所示。

业务数字化
业务活动的数字化、
网络和智能化发展

业务集成融合
跨部门、跨业务环节、跨
层级的业务整合、实现运
作的高效和协同的优化

业务模式创新
建立与内外部组织的价值
连接，和各方共享价值
创造的过程和结果

数字业务培育
将数据作为核心的资产
进行运营管理，从而创
造出一些新的业务形成

图 7-10　业务创新转型的 4 个子视角

第一，业务数字化。业务数字化是指业务活动的数字化、网络化和智能化发展。企业应深化新一代信息技术在产品 / 服务、研发设计、生产管控、运营管理、市场服务等环节中的应用，逐步提升各业务活动的数字化、网络化、智能化水平。

第二，业务集成融合。企业要把跨部门、跨业务环节、跨层级的业务整合起来，实现运作的高效和协同的优化。

第三，业务模式创新。企业要利用新的技术和能力，改变原有的业务模式，建立与内外部组织的价值连接，与各方共享价值创造的过程和结果。

第四，数字业务培育。企业能够充分利用已拥有的数字资源（如数据）、数字知识服务（如知识图谱、工具方法、知识模型等）和数字能力（如研发设计、仿真验证、供应链管理等数字化的业务能力），并结合新一代信息技术（如大数据、人工智能、区块链等），将数据作为核心的资产进行运营管理，从而创造出一些新的业务形式，为用户和利益相关方提供更多的价值。

四、数字化转型的 5 个发展阶段

企业的数字化转型是一个系统的、庞大的工程，不是一蹴而就的，而是经历多个发展阶段，最终实现整体的数字化转型。标准中将其分为 5 个发展阶段，每一阶段的主要视角都有不同特征，如图 7-11 所示。总体而言，数字化转型呈现由局部到整体、由内到外、由浅入深、由封闭到开放的趋势和特征。

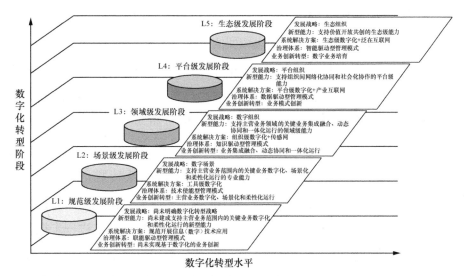

图 7-11 数字化转型的 5 个发展阶段

数据来源：团体标准 T/AIITRE 10001—2021《数字化转型 参考架构》

第一，规范级发展阶段。这一阶段处于数字化转型的初级阶段，尚未明确数字化转型战略，虽然开展了新型能力建设，但是不足以支撑主营业务范围内的关键业务数字化和柔性化运行，治理体系仍为传统的职能驱动型管理模式，不过已经有了数字技术应用的初级特征。在业务活动中，利用信息（数字）技术提升了运行的规范性；在生产经营管理活动中，能够充分利用数据支持和优化相关活动，规范开展基于数字技术的系统性解决方案策划并付诸实践，已经实施了数字技术支持下的业务活动优化，但尚未实现基于数字化的业务创新。

第二，场景级发展阶段。处于这个阶段的企业已经能够利用新一代信息技术，根据不同的业务场景，提高业务的灵活性和效率，同时也能够收集、清洗和使用数据，实现信息的共享和协作，并提高资源的配置效率。有条件的企业还会结合自己的专业技术，培育支持业务数字化、场景化和柔性化运行的专业能力，形成具有自身特色的关键业务数字场景。当然，此时的企业还存在一些问题：一是还没有明确自己数字化转型的目标和方向，只是盲目地跟随市场的变化而变化，没有形成自己的核心竞争力和差异化优势。二是治理体系方面还有较大缺口，数据要素、技术要素、流程要素、组织要素 4 个之间缺乏协调和协同，造成资源的浪费和效率的低下，导致成本的增加。此外，企业员工缺乏数字化理念和技能，难以适应数字化转型的要求。

第三，领域级发展阶段。处于这个阶段的企业已经能够利用数据和拥有新型能力，实现主营业务领域内的各个要素和环节的动态优化，提高业务之间的集成融合、动态协同和一体化运行水平，同时也能够开展数据的价值交换和业务知识的数字化、模型化、模块化和平台化，打造成数字企业。在发展战略、新型能力、系统性解决方案、治理体系、业务创新转型 5 个方面都有明确的目标和要求。此时企业应当思考以下问题：一是如何在不同的业务领域之间实现数据和知识的共享和协作，打破数据孤岛和信息壁垒，进一步提高数据和知识的利用效率和价值；二是如何在保障数据和知识安全的前提下，开放数据和知识给外部合作伙伴，实现数据和知识的价值交换和创新，提升数字企业的影响力和竞争力；三是如何在市场环境和客户需求不断变化的情况下，持续提升业务的数字化、模型化、模块化和平台化水平，提高业务知识的适用性和灵活性。

第四，平台级发展阶段。处在该阶段的企业制定了以建设平台企业为核心的发展战略，将数据作为关键的资源和驱动力，加速业务创新转型和数字业务培育。有条件的企业还能够利用数据科学，重新定义和封装生产机理，构建数据模型和网络化知识技能平台。具体来看，一是在管理方面，企业将构建平台企业作为年度计划的核心，建立全员绩效考核体系，采用数据驱动型管理模式，实现企业业务全流程和组织间业务流程的自组织管理，建立平台级数字化治理领导机制和协调机制，形成数据驱动的平台企业治理体系。二是在数据使用方面，企业实现了内外部数据的在线自动采集、交换和集成共享，建设和应用了平台级数字孪生模型。能够利用平台化和网络化的数字化手段，实现企业内外部的数据驱动和业务创新，通过数据的获取、清洗与使用，提高组织的价值创造能力和资源利用水平。三是在价值体系方面，组织实现主要或关键业务的在线化柔性运行与核心能力的模块化封装和共享应用，构建了打通组织内外部的价值网络。

第五，生态级发展阶段。作为数字化转型的高级阶段，此时的企业以构建共生共赢的生态系统为目标，企业不再仅仅追求自身的效率提升和竞争优势打造，而是致力于打造一个与众多生态合作伙伴相互依存、相互促进的生态系统，即打造支持价值开发共创的生态级能力。一是在价值创造方面，企业通过运用先进的数字技术和网络连接，实现了对生态圈数据的智能获取、开发和利用，从而提高了整个生态圈的信息流通和价值创造水平。二是在数据使用方面，企业能够利用数据科学，构建数据模型和网络化的技能平台，将数据作为驱动创新的核心要素，开展智能驱动的生态化运营体系建设。三是在发展战略方面，企业制定了以建设生态组织、构建共生共赢生态系统、发展壮大数字业务为目标的生态圈发展战略。四是在管理方面，企业采用了智能驱动型管理模式，员工成为企业的合伙人，形成以生态合作伙伴命运共同体为核心的企业价值观。总体而言，此时的企业已经形成以数字业务为核心的新型业态，生态圈数字业务成为企业主营业务的重要组成部分，充分发挥出了生态圈的创新潜能，不断开拓绿色、可持续发展的空间。

第二节　制造业数字化转型：美的——系统化的数字化转型

在很多人的印象里，美的只是一家家电制造企业，但在美的集团内部，家电业务只是美的的一项业务。除智能家居事业群板块之外，美的集团还有工业技术事业群、楼宇科技事业群、机器人与自动化事业群和创新型业务四大板块，如图 7-12 所示。大部分人对家电制造的印象还停留在依靠劳动力投入的传统制造方式上，而美的通过多次数字化转型已经实现智能化的工厂制造，成为一家以数字化和智能化为驱动力的科技集团，具备数智驱动的全价值链和柔性制造能力。

图 7-12　美的五大板块

数据来源：美的官网

一、美的数字化转型的背景与挑战

随着互联网和移动终端的发展与普及，电子商务平台如天猫、京东等迅速崛起，给传统以自建渠道为主的企业带来了巨大的渠道压力。美的作为一家传统的家电制造企业，遭遇了新的挑战，迫切需要进行数字化转型，如图 7-13 所示。

第一，"家电下乡"等优惠政策使得包含空调、冰箱、洗衣机等产品的家电市场规模高速增长，市场逐渐

图 7-13　数字化转型的背景与挑战

饱和，消费者对家电的需求从"量"转变为"质"，过去依靠低价取胜的战略已经不再适应主流市场的需求，家电行业整体需要进行转型升级。

第二，美的内部面临着组织分散的问题，出现"信息孤岛"。在 2012 年之前，美的内部的分权程度较高，各个部门之间存在着系统、数据和管理标准的差异，整个集团缺乏一致性。这样高度分散化的集团内部使得协同工作和决策执行面临困难。因此，美的迫切需要建立一套统一的信息系统和标准制度，提高内部的协同效率与决策能力。

第三，2012年之前，作为一家传统的家电制造企业，美的的营收增长主要依靠家电市场规模的扩大和制造成本的降低，然而，劳动力市场、供应链和资源链的变革带来了成本压力。因此，美的需要寻求新的发展路径，通过数字化转型来降低成本、提高效率，以在竞争激烈和市场疲软的环境中谋求发展。竞争压力也是美的数字化转型的动力之一。

第四，在家电行业中，海尔、格力和美的"三足鼎立"。海尔在全球化布局方面具有明显优势，通过收购全球物流分销资源，开拓分销渠道，拓展了在国际市场中的影响力。而格力则注重自主研发和对核心技术的掌握，并向新能源和装备制造产业拓展。面对这样的竞争压力，美的迫切需要进行数字化转型，利用互联网和新技术改造企业的管理架构、生产流程和供应链，提升自身的竞争力。

除这些挑战之外，在数字化转型的道路上，美的还面临着许多困难，如缺乏技术，庞大的组织架构如何进行数字化的调整；缺乏人才，如何快速组建起一支具有高数字素养和专业技能的专业人才队伍；缺乏经验，家电行业数字化转型的案例很少，从哪里找到可供借鉴的经验等。所幸的是，美的经过不断地摸索与调整，一步一步找到了前进的方向，重新找到了自身的发展方向与竞争优势。

二、美的数字化转型历程

陈雪频对美的的数字化转型总结出"三级跳"3个阶段[60]，本节在其观点的基础上进行分析与梳理，认为美的的数字化转型历程经历了5个阶段，其中包括3个主要阶段和2个过渡阶段，如图7-14所示。

1. 数字化1.0：由分散到统一之路

2012—2015年被认为是美的数字化转型的第一个主要阶段，也是美的数字化转型的第一步。这一阶段的美的面临的主要问题是集团内部较为分散，各事业部独立运作。面对缺乏统一标准和规范的内部系统，信息无法被有效整合与共享，数据无法被集成与难以实现跨部门联动。为此，美的在这一过程中实施了"632项目"，目的是对组织架构、流程、数据和系统的一致性进行改造。

美的对分散的集团内部进行了统一整合，为后续的数字化转型打好了基础。通过整合信息技术资源和打造统一的数字化基础设施，美的成功奠定了数字化转型的基础，进一步提升了企业的竞争力和创新能力。

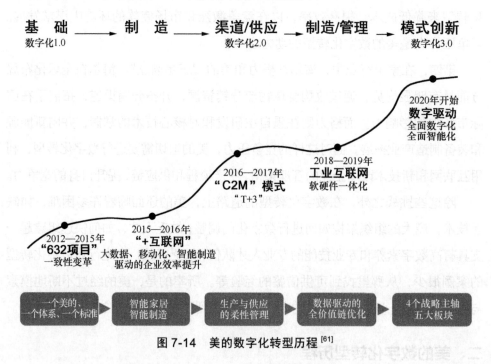

图 7-14　美的数字化转型历程[61]

2012 年，美的开展的"632 项目"的核心理念是实现"一个美的、一个体系、一个标准"，要求集团内部所有事业部都使用统一的运营系统、管理平台和技术平台，实现管理制度、管理语言、流程、经营数据、工具等的统一，构建美的全集团一致的经营管理体系。

"632 项目"是指 6 个业务系统 [PLM（产品生命周期管理）系统、APS（高级计划与排程）系统、SRM（供应商关系管理）系统、ERP（企业资源计划）管理系统、MES（制造执行系统）、CRM（客户关系管理）系统]、3 个管理系统 [BI（商务智能）系统、FMS（财务管理系统）、HRMS（人力资源管理系统）] 以及 2 个技术平台 [MIP（统一门户平台）、MDP（集成平台）]，以这一套系统来支持美的集团前台、中台、后台的一致，如图 7-15 所示。通过一致的流程、规范的数据和集中的管理系统，美的集团实现了各个事业部的协调一致，增强了内部协作能力，提升了效率和效益。整个项目推进的过程持续了近 3 年，直到 2015 年上半年才全部完成。

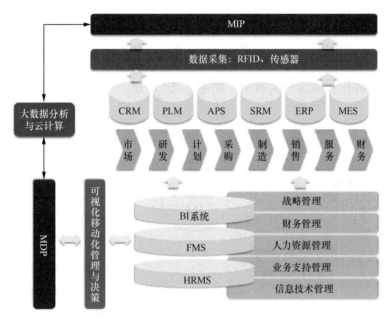

图 7-15　美的"632"智能管理与决策平台 [62]

　　不断推进"632 项目"的过程，也是不断优化美的集团内部组织架构的过程。集团层面对原来分散的信息技术、职能进行了集中，形成了以产品经理为主导的组织架构，通过不断地重组、拆分和融合，使得部门构成和组织架构更加符合发展需要，提高了组织的灵活性和适应性。为了支持"632 项目"的顺利开展，美的成立了 3 个小组，即业务小组、流程小组和信息技术小组。业务小组负责标准的建设与制定，包括业务标准、管理制度和数据标准，流程小组负责重塑和规范流程。信息技术小组负责相关信息系统建设，注重技术层面的作用，打通企业架构并保持一致。内部组织架构调整的过程使得美的认识到了数字人才的培养和引进的重要性。美的招聘了大量优秀的信息技术人才，建立了强大的信息技术团队，为后续的数字化转型提供了有力的支持。"632 项目"整合了所有信息系统，建设了数字基础设施。

2."+互联网""双智"：数字化管理与制造的前奏

这一阶段可以理解为美的集团由数字化转型 1.0 迈向数字化 2.0 的过渡阶段。美的集团在 2015 年开始了"+互联网"的改革，提出了"双智"战略，即智能家居和智能制造，利用人工智能技术和移动互联网技术，将家电产品与人、手机和设备连接起来，使得家电产品更加智能化、个性化和场景化，以满足消费者多样化和高端化的需求，如图 7-16 所示。

图 7-16　"+互联网""双智"战略的作用

在这一阶段，美的通过智能制造、大数据和移动化等数字化手段提高企业效率。智能制造工厂实现设备的自动化、标准化和数字化升级。大数据平台集成了研发、生产、销售、采购等环节的数据，实现全链路数据贯通。所有系统向移动化发展，员工和合作伙伴可通过 App 等访问系统。

总结起来，这一阶段实现了 3 个突破。一是在生产方面，美的提高了生产效率和质量。通过智能制造、大数据和移动化等数字化手段，美的大幅提升了生产的自动化、标准化水平，降低了成本和风险，提高了产品的可靠性和一致性。二是在管理方面，数据和互联网的融合显著提升了管理效率和决策能力。大数据平台通过将各环节的数据汇集起来，实现了全链路数据贯通，便于管理者进行数据分析。三是在协作方面，美的推动了全产业链条的数据共享与沟通，带来了合作效率和创新能力的提升。

3. 数字化2.0：生产与供应的柔性管理

2012 年，美的通过"632 项目"实现了内部信息系统的统一，2015 年的"+ 互联网"战略，实现了"632 项目"系统的全面移动化及智能化的改造。在 2016—2017 年这段时间里，美的开始对分销与供应系统进行改革。在数字化 2.0 战略中，美的探索"以用户为主"的模式，其中"T+3"模式和"C2M（Customer-to-Manufactory）"模式是重要驱动力。美的的数字化转型逐步从集团内部向外部延伸，需要强调的是，企业的数字化转型不是盲目跟风，应当根据企业内部的需求进行逐步转型。

"T+3"模式并非无中生有，最早可以追溯到 2002 年，美的开发了用于连接营销系统和生产系统的软件，并与经销商的相关系统进行对接，收集并分析销量和销售结构，以此对未来 15 ～ 30 天的销售情况进行预测，并相应地安排备料和生产排程。经过 10 年的努力，这项工作取得了良好效果，也培养出了一批数字人才，成为美的"T+3"模式的起点。

"T+3"模式是一种以客户为中心的产销模式，将产品从下单到交付分为 4 个步骤，分别为下单、备料、生产和发货，如图 7-17 所示。这种模式通过利用数字技术和数据，可以精确掌握每个步骤所需的时间（周期）和预测可能遇到的问题。通过分析这些数据，企业可以优化并改进生产流程，提高供货速度和效率。通过数字技术连接整个产业链，使得生产和供应更加协调，从而更快地完成供货。

"T+3"模式改变了家电行业传统的产销模式，传统的产销模式是工厂生产好产品，然后通过多级分销商卖给客户，"T+3"模式是先从一线客户那里接收到订单，然后工厂根据订单去备料、生产、发货。数字化的作用优势就凸显出来了，做到了全价值链的精简化、标准化、通用化，大幅缩短交货周期，降低库存成本。

伴随着"T+3"模式的不断推广，美的以此为基础，将这一理念进一步推广到其他领域中，提出了"C2M"模式，即以"客户定制"来带动整个研发、生产、销售价值链的变革，如图 7-18 所示。为了更好地满足客户定制、单台起订、订单碎片化的柔性需求，美的开始践行平台化和模块化策略，对产品部件进行标准化快速构造，并与供应商紧密集成、灵活协作。传统家电制造业面临的一大问题是采购物料、生产到发货整个流程的库存是非常高的，而"以销定产"的概念逻辑可以更加柔性化地管理生产，收到订单及时生产，然后马上将产品送到客户手中，从而解决库存积压的问题。

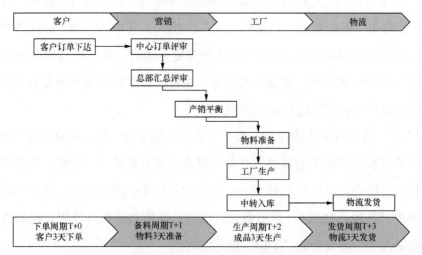

图 7-17　美的集团"T+3"全价值链数字化运营体系

资料来源：Runwise 创研院

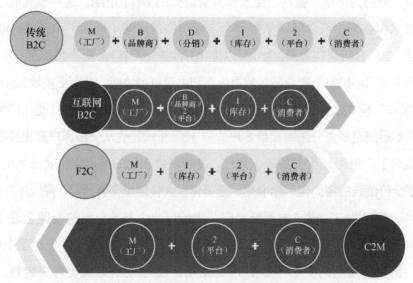

图 7-18　美的集团"C2M"模式与传统产销模式的对比 [63]

这种数字技术与数据的应用对于实现高效率的生产模式至关重要。大数据平台的数据收集和分析能够为企业提供深入的洞察，帮助美的做出更加准确的决策和预测。云计算技术提供了强大的计算和存储能力，使得数据处理起来更加高效。人工智能技术使得机器能够自主学习和自动执行任务，提升生产效率和质量。而5G技术能够支持实时数据传输和远程控制，进一步提升生产系统的灵活性和响应能力。

通过智能业务模型的应用，美的能够更好地优化资源配置、提高生产效率和质量。这种数字化和智能化的转型为美的创造了高效率的生产模式，推动企业向更加智慧和可持续发展的方向迈进。

4. 工业互联网：软硬件一体化和业务价值链的发展

2018年，美的提出工业互联网战略，目的是进一步把人、物料、设备、产品和运输连接起来，实现效率价值的最大化。这为数字化3.0提供了很好的支撑。

美的工业互联网主要围绕3个方面，即智能制造的解决方案、IoT（物联网）的数据采集与应用、互联网平台的开放与共享。具体来看，IoT采集海量数据，通过美云智数科技有限公司和分销商进行连接，将生产所有环节在线化、数据化、透明化，然后推进生产与流程的智能化和自动化，实现机器的高效运作。美的云上平台不单是一个连接设备的平台，还是借助软件生态实现覆盖订单、研发设计、计划统筹、生产过程管理、物流及售后服务各环节的云上协同平台，是对全价值链的改造。

2019年，美的提出了全面智能化战略，开始全面淡化"传统家电制造企业"的标签，向真正的科技企业转型。为此，美的从3个方面着重发力。一是使用数据和数字化手段，智能驱动经营管理，赋能经营、生产、管理流程，带动企业员工进行数字化转型。二是产品的智能化，此时的全面智能化是对以往战略的升级，使得产品更加适应用户的新需求，为用户带来全新体验。三是生产的智能化。美的在广州市南沙区打造了一个工业互联网的示范工厂，通过智能网关、工业云、人工智能等技术，实现了设备、物料、订单等方面的全面联通和优化，加上美的前期培育的软件能力和几十年积累的制造经验，打造出了"软件、硬件、制造业知识"三位一体的工业互联网平台[64]，大幅提升了生产能力和产品水平。美的还将自己积累的数字化转型经验和开发的产品输出到多个行业中，帮助更多的企业实现工业互联网的升级和创新。

典型案例为 5G 工厂。2019 年，美的联合华为和中国电信，打造了国内首批 5G 工厂，5G+ 工业互联网在美的工厂中的应用如图 7-19 所示。华为提供 5G 设备，中国电信提供 5G 运营服务，美的负责应用落地[65]。智慧工厂需要 5G 加持是因为 5G 有以下 3 个优势：速度快，时延低，容量大。尽管普通消费者对这些 5G 的优势感知不强，但是对于工厂来说，这样的变化是革命性的。

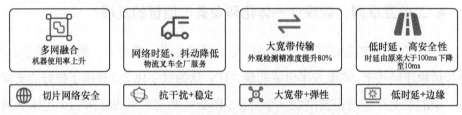

图 7-19　5G+ 工业互联网在美的工厂中的应用

在 5G 技术出台之前，工厂为了实现信息互联，一般会有 3 个主要类型的网络，分别是生产网络、办公网络和安全网络。3 个网络对于网速、稳定性和安全性的需求不同，5G 技术则可以很好地满足不同网络的需求，实现"三网融合"。此外，5G 技术的另一个优势是减少布线。以前，无线网络（4G 和 Wi-Fi）满足不了生产线之间的控制系统的速度要求，因此采用有线网络连接的形式，生产线或者工厂布局一旦调整，网络布线就会受到影响，特别是采用"C2M"模式之后，订单的碎片化和柔性定制模式使得工厂需要定期进行工艺改造，每次工艺改造都需要重新布线，这样会增加成本，周期会更长，5G 技术可以提供高速无线传输，完全替代有线网络，从而降低工艺改造的成本和缩短工艺改造的时间。

5. 数字化3.0：全面数字化，全面智能化

第一，工业互联网 2.0。2020 年，美的在北京发布美的工业互联网 2.0，

从"制造业知识、软件、硬件"三位一体的工业互联网平台（即工业互联网1.0），进化到工业互联网2.0，如图7-20所示。美的工业互联网2.0的整体框架是"四横八纵"。"四横"就是美的工业互联网2.0的4层。第一层是能力层，细分为设备层、边缘层、IaaS层和PaaS层，通过各种技术与平台为数字化转型提供支撑；第二层是应用层，应用层将抽象的能力具体化，应用到营销领域、研发领域、制造领域制造和管理领域；第三层为商业层，商业层则与8个子板块紧密联系，赋能机电、物流、楼宇等商业；第四层为产业层，美的在产业层构建了一个家电工业互联网平台，并希望能与其他行业合作，建立适应各自行业需求的工业互联网，以实现有效的互动和协作。

图7-20 美的工业互联网2.0

"八纵"是指商业层的8个子板块，分别是美云智数、安得智联、库卡中国、美的机电事业部合康新能、美的中央空调、美的金融、美的采购中心、美的模具，这些子板块以国家工业互联网标识解析和美的工业互联网应用平台为基础，形成一个工业云生态系统。它们为企业赋能，推动各领域的企业实现数字化和智能化转型，促进工业全面数字化升级，从而实现工业经济各要素的高效共享。

第二，4个战略主轴。2011年，美的发布了"产品领先、效率驱动、全球运营"3 个战略主轴,成为企业发展的指导方略,经过多年的数字化转型探索和对市场的精准洞察。2020 年,美的集团对原有的战略主轴进行了升级与挑战,提出 4 个战略主轴——"科技领先、用户直达、数智驱动、全球拓展",如图 7-21 所示。最为直观的感受是"产品领先"被"科技领先"和"用户直达"所取代,这表明美的正在从单一品类的线性竞争中走出来,构建以科技为核心的多维竞争手段。"用户直达"里面的"用户"不单指普通消费者,也包含了使用美的集团生态产品的 B 端用户,"直达"也表明了美的将会沿袭以往的数字化改革成果,以"客户定制"理念贯穿整个生产线。

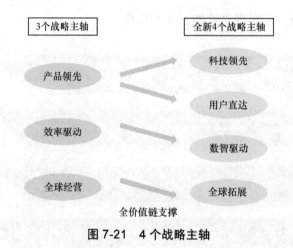

图 7-21　4 个战略主轴

"数智驱动"取代"效率驱动",则表明美的的竞争力将不再局限于高效生产产品这一维度,而是转向以"又快、又好、又省心"为目标的全价值链变革。背后的逻辑是美的既要输出优质的产品,还要为用户提供优质的服务,让消费者体验到智慧生活,与 B 端用户共享数智化成果和改革成果。

"全球拓展"取代"全球经营"。美的集团在完成全球化技术创新、制造产业园和市场营销等方面的布局后,正努力迈向新的突破。

目前,美的集团站在一个全新的起点上,从起初满足家庭消费市场的需求,到现在纵向扩展至家电产业之外的领域,如工业机器人和芯片制造等。通过这种拓展,美的集团正在打造自己的第二增长曲线,实现业务的多样化。

三、总结

伴随着 3 次数字化转型，美的集团的营业收入和盈利能力都有非常大的提高。2022 年美的的营业收入为 3457.09 亿元，比 2011 年的营业收入高出 2000 多亿元，净利润是 2011 年的近 10 倍，如图 7-22 所示。

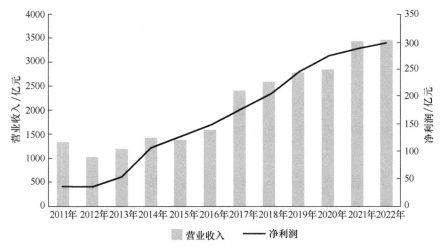

图 7-22　美的数字化转型前后营业收入和净利润

数字化转型涉及企业的整体运营模式和企业文化的变革，它要求企业将数字技术融入自己的全价值链，从而提升供应链、生产、销售、营销及客户关系等各个环节的效率和质量。数字化转型是一个持续的过程，需要企业不断地探索、创新和优化，以适应不断变化的市场和满足客户的个性化需求。这一转型过程充满了不确定性，因此企业需要专注于提高应对不确定性问题的能力，借助数字化转型注入确定性。

很多企业期待数字化转型，制定了战略愿景，甚至在财力、技术、人才等方面都做好了充分准备。然而，它们没有全部成功。通过对美的数字化转型历程进行梳理，可以看到美的的数字化转型做到了以下几点。

一是要分清主次，逐步推进。美的的数字化转型并非一步到位，而是根据时代发展的需要，逐步调整、慢慢探索，当某一种模式在一个业务板块中取得成功时，决策者需要搞清成功背后的逻辑、提质增效的原因，然后根据不同产业的特征进行灵活应用。

二是要重视技术，不盲目使用技术。面对复杂且高深的数字技术，决策者应当清楚技术的最合理的应用场景。数字技术对于数字化转型来说十分重要，但技术终归是要服务于决策、管理、生产、服务、员工和产业的。如何依托技术对企业全价值链进行改造，需要在实践中摸索与探究。

三是要提升综合能力。为了应对在数字化转型过程中可能遇到的挑战，美的采取了多项举措。首先，对人才招募策略进行了调整，重视吸纳技术和客户运营方面的人才，并通过内部培养和外部引进来满足人才的多样化需求。其次，内部框架采用"大平台、小团队"的形式，提升敏捷性和灵活性。建立数据驱动的决策文化，思维方式的改变及企业文化的与时俱进也推动着数字化转型的成功。

四是数字化转型的核心是人的转型。数字化转型必然离不开技术的作用，但是比技术更重要的是人的思维与组织的软变革。企业数字化转型需要进行企业价值体系优化、创新和重构，如果团队结构、思维方式、知识结构没有发生转变、相关能力没有提升，转型只会是空洞的口号。此外，数字化转型的成功还需要大量数字人才的支撑，需要一支甚至多支技术过硬的团队，要求熟悉数字技能和数字业务。注意、组织、文化和人才管理具备弹性。美的数字化转型经验如图 7-23 所示。

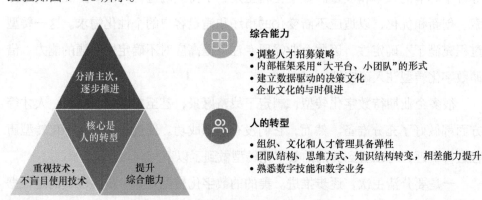

图 7-23 美的数字化转型经验

第三节　金融业数字化转型

数字技术正在改变各个行业，包括金融业。商业银行要想保持竞争力和创新力，就必须利用数字技术进行数字化转型，提供更智能、线上化和科技化的金融服务，涵盖产品创新、服务体验提升、业务运营、风险管理和财务管理等方面，为商业银行开启新发展曲线。这样，商业银行才能适应市场的变化，为超大规模市场和实体经济提供支持。

银行的发展经历了自动化和电子化两个阶段，已进入数字化阶段。在自动化阶段，银行利用机械设备替代人工完成简单重复的任务，如采用存取款机、自动柜员机和NFC（近场通信）读卡器等。这一阶段，银行注重利用机械设备提高效率，减少柜员工作量，满足用户的日常需求。随着电子商务、互联网和移动终端的普及，银行进入电子化阶段，它广泛应用计算机网络和通信技术，开展线上运营，并提供丰富的功能，如线上办卡借贷、手机银行、线上理财服务和电子支付等。目前，银行正处于数字化阶段。在这一阶段，银行的数字化转型关注点在于减少实体网点，推进实体网点的线上化，以数字银行应用为核心，为普通消费者提供服务，除此之外，还在推进应用场景的多元化、金融服务的多样化、组织管理的智能化，如图7-24所示。通过前沿技术，丰富金融产品，提高服务质量，并拓展应用场景。银行作为基础设施，与其他行业进行融合，为其提供便利，如"银行＋政务""银行＋民生""银行＋监管"等应用场景。此外，银行还拓展了产品和服务，推出更加多样、面向不同消费者群体的金融产品。对于内部管理体系而言，数字化转型也使得银行更加扁平化、科技化和智能化。

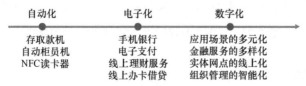

图7-24　银行发展的3个阶段

一、纵向看中国工商银行历史转型策略

"数字工行（D-ICBC）"是中国工商银行在2022年全面启动的数字化品牌，它涵盖了"数字生态、数字资产、数字技术、数字基建、数字基因"5个维度的数字化转型战略布局。这标志着中国工商银行在2015年推出互联网金融品牌"e-ICBC"后，又一次进行了数字化战略升级和创新，体现了中国工商银行遵循数字化发展理念，加快业务和管理模式的转型，提高价值创造的能力和用户服务质量，全力打造数字工行新篇章的重要决策。

中国工商银行利用第五代数智化系统——智慧银行ECOS，全方位构建数字新业态，实现零售、对公、政务、乡村等领域的协同发展，推动全行经营质量、效率和动能的提升。中国工商银行的数字化转型策略可以用"135"来简述，"1"是指创建"D-ICBC"品牌，"3"是指中国工商银行在数字化转型过程中关注的3个目标，"5"是指从5个维度布局数字化转型战略，如图7-25所示。

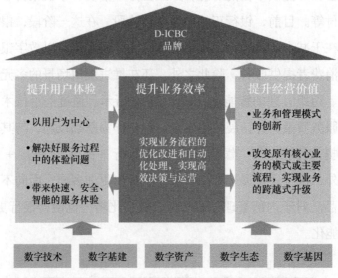

图 7-25　中国工商银行"135"数字化转型战略

1. 3个目标

中国工商银行对数字化转型提出了3个目标，分别为提升用户体验、提升业务效率、提升经营价值，具体如图 7-26 所示。

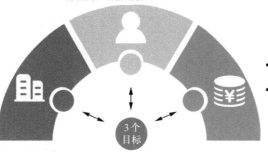

提升用户体验
- 以用户为中心
- 消除服务过程中的各种障碍与不便
- 帮助用户实现财富增值
- 降低用户的信用损失

提升业务效率
- 提高业务流程的自动化水平
- 实现高效决策和运营
- 构建企业级数据资产管理体系

提升经营价值
- 推出一系列数字化产品和服务，提升盈利能力
- 全面监测并防范各类风险，实现经营价值有效保值

3个目标

图 7-26　中国工商银行数字化转型的 3 个目标

第一个目标是提升用户体验。在数字化转型过程中，中国工商银行做到以用户为中心，尽最大可能消除服务过程中的各种障碍和不便，实现"更快速、更智能、更无感、更安全"的体验效果。为此，中国工商银行持续创新数字化产品和服务，帮助用户实现财富增值，为用户提供全方位的风险识别、评估和防范服务，降低用户的信用损失。

第二个目标是提升业务效率。中国工商银行利用数字技术不断提高业务流程的自动化水平，实现高效决策和运营。为此，中国工商银行大力推进数据要素驱动发展，构建企业级数据资产管理体系，搭建大数据服务平台，支持业务创新和管理优化。

第三个目标提升经营价值。中国工商银行在数字化转型过程中，不断创新业务和管理模式，推出一系列数字化产品和服务，提高了自有资本利润率、资产利润率等盈利能力指标，提升了盈利能力。中国工商银行的移动银行产品月活跃用户规模不断扩大，收入占比持续提高，正在成为中国工商银行收益的重要来源。另外，中国工商银行重视利用大数据技术加强风险管控，如中国工商银行的智能风险控制平台采用大数据分析方法和人工智能技术，全面监测并防范各类风险，实现经营价值有效保值。

2. 5个维度

中国工商银行从 5 个维度进行数字化转型战略各布局，即数字技术、数字基建、数字资产、数字生态、数字基因，具体解释如图 7-27 所示。

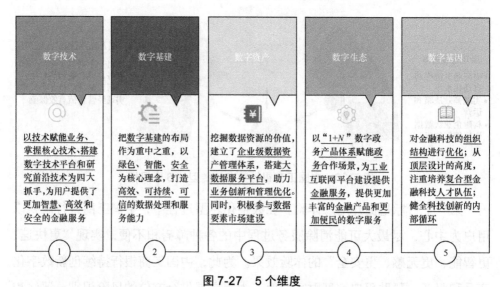

图 7-27　5 个维度

第一个维度是数字技术，深化技术赋能，技术推动金融业发展。中国工商银行以技术赋能业务、掌握核心技术、搭建数字技术平台和研究前沿技术为四大抓手，展现出了数字化时代的金融领导力，为行业发展注入了新的活力，为用户提供了更加智慧、高效和安全的金融服务。

一是以数字技术为驱动力，深耕金融领域，为业务创新注入新动能。中国工商银行运用云计算、分布式、区块链、大数据、人工智能等新技术，重塑金融服务，更好地实现以数据为驱动、以客户为中心、以技术为支撑的目标。同时，强化数字化经营、风控、服务等核心能力建设，推动数字技术与业务的深度融合，如图 7-28 所示。

二是在核心技术攻坚上勇立潮头。中国工商银行持续加强云计算和分布式两大核心技术的运维支持和信创能力。其一，建成了全球银行业规模最大的金融云平台，构建了新型金融科技基础设施，以满足数字业务快速发展的需求。

其二，中国工商银行构建了企业级自主定制、体系完备、应用广泛、行业领先的"云计算＋分布式"技术体系，实现了从传统集中式向全分布式的转型突破。该体系每日平均服务调用量超过160亿，覆盖了研发、营销、运维等各个环节，广泛应用在快捷支付、纪念币预约、大数据分析等各类业务场景中，如图7-29所示。这些举措和成果充分展示了中国工商银行在核心技术建设方面的领先地位和创新能力，为银行业的发展作出了积极贡献。

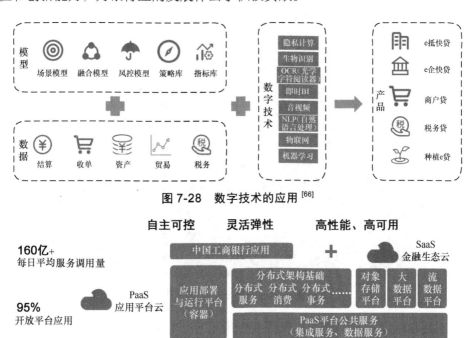

图 7-28　数字技术的应用 [66]

图 7-29　企业级"云计算＋分布式"技术体系 [66]

三是推进平台建设，提升服务能力。中国工商银行向合作企业开放 API，强化自身金融服务平台建设，API 开放平台为合作方提供（对外输出）了 16 个大类的 4600 余项服务，涵盖资金结算服务、商户收单服务、网络融资服务等服务，如图 7-30 所示。另外，中国工商银行还通过大数据、机器学习等技术开发了精准高效的智慧反洗钱产品——"工银 BRAINS"。该产品采用了"专家 + 智能 + 网络"三位一体的精准监控体系，被广泛应用在各种洗钱场景中，持续提升集团的洗钱风险防控水平。

图 7-30　API 开放平台[66]

　　四是积极探索前沿技术。除积极应用数字技术外，中国工商银行成立了金融科技研究院，广泛招揽金融技术人才，不断探索前沿技术，开展了将量子计算、元宇宙、卫星遥感等技术应用在金融行业中的研究，并取得丰硕成果。中国工商银行在北京和上海之间实现了跨 1200km 的异地数据加密传输，运用量子随机数加密标记重要交易信息，提升了金融级安全保障能力。

　　第二个维度是数字基建。中国工商银行在数字化转型过程中将数字基建的布局作为重中之重，以绿色、智能、安全为核心理念，打造高效、可持续、可信的数据处理和服务能力。在数字基建方面，中国工商银行主要做了以下 3 方面的工作。

一是中国工商银行倡导绿色数据理念，注重降低数据中心的能耗和减少碳排放量，提升数据处理的可持续性。中国工商银行大力应用绿色节能技术和清洁可再生能源，通过优化数据中心的设计、建设、运维等环节，实现数据中心的低碳化、智能化、集约化转型。

二是中国工商银行利用智能化技术，优化运维流程，提高运维效率和稳定性，实现运维的自动化、智能化、可视化，并构建覆盖全链路的监控系统和故障定位系统，提升监控智能分析能力，保证了系统的高效稳定运行。

三是中国工商银行加强安全体系建设，保障客户资金和信息的安全。中国工商银行持续提升安全保障能力，采取多层次、多维度的安全措施，保障用户数据安全。此外，中国工商银行构建了全集团统一的安全运营体系，实现了安全管理的标准化、规范化和集中化。

第三个维度是数字资产，挖掘数字资产，推动内外部数据融合。数据是金融业重要的资源，中国工商银行充分挖掘数据资源的价值，建立了企业级数据资产管理体系，搭建大数据服务平台，助力业务创新和管理优化。在推动数据融合共享与高效赋能方面，中国工商银行在营销、产品、运营、风控、决策等方面开展了许多有益的尝试和实践，实现了全集团数据的入湖集成，建立了集团内部统一的数据管理和服务平台，为管理与业务创新提供了丰富的数据产品和应用。中国工商银行也积极参与数据要素市场建设，从两个方面发挥作用：一是加强内外部数据融合，实现数据的可利用，为数据要素市场提供了有价值的资源；二是参与数据交易所建设，为社会提供更多的数据服务和解决方案，如图 7-31 所示。中国工商银行不仅促进了数据资源的有效流通和利用，还通过共建数据要素合作生态，与各行业、各领域的合作伙伴共享数据价值和智慧成果，拓展了业务边界和增长空间。

第四个维度是数字生态，优化数字生态，加快建设金融服务创新之路。中国工商银行利用金融科技加快提升专业化的科技能力，建设金融与消费互联网、产业互联网、政务互联网紧密融合的"数字共同体"。

一是在赋能政务方面。中国工商银行以"1+N"数字政务产品体系为引领，积极对接政务服务一网通办，向社保、工商等垂直领域输出"行业 + 金融"一站式服务，目前，中国工商银行已经和全国 29 个省市展开政务合作，赋能 300 多个政务合作场景，不断满足数字中国建设对金融业的要求。

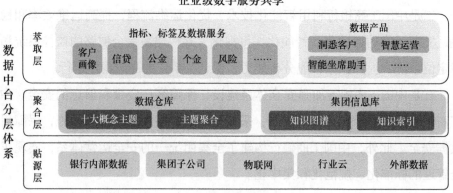

图 7-31　发挥数据要素的作用 [66]

二是在赋能数字产业方面。一方面，中国工商银行积极与三次产业领域的龙头企业对接，结合大型企业供应链场景，为企业的工业互联网平台提供安全、高效、智能的金融服务；另一方面，中国工商银行重视普惠金融的服务能力。中小企业往往在借贷、跨境贸易等领域面临着诸多困难，中国工商银行创新性地推出多种便捷业务，支持中小企业 7×24 小时一点接入全球产业链。中国工商银行还积极为中国进出口商品交易会、中国国际服务贸易交易会、中国国际进口博览会等重要国际性展会提供全面的金融服务。

除了面向 B 端用户的服务，在面向 C 端用户的服务上，中国工商银行也在不断探索新的数字产品和更加便民的数字服务，使金融服务更好地服务大众。中国工商银行通过打造云网点、云工作室、云客服等线上线下融合服务，为客户提供个性化的一站式服务，共建数字金融新生态，推动线上线下一体化，实现服务效能跨越式升级。

第五个维度是数字基因，塑造数字基因，支撑金融与科技融合创新。中国工商银行认为数字基因的深刻塑造和全面渗透是决定银行数字化转型成功与否的重要因素[67]，中国工商银行不断加快数字基因渗透，有效支撑金融与科技融合创新，推动创新成果不断涌现并加快成果的转化应用。具体来看，一是要对金融科技的组织结构进行优化，合理调整研发力量的布局，以更好地支持各项业务、基层工作和生态系统发展，并注重分行服务支持队伍的能力提升。二是从顶层设计的高度出发，培养复合型金融科技人才队伍，以更加开放的政策引进、培育人才，向科技金融创新中心转型。三是健全科技创新的内部循环，建立创新攻关的优先机制，选择在难题攻克和重点工程上进行试点。

二、横向看各大银行数字转型趋势

当前，银行业正处在数字化转型的关键时期，各大银行都在根据自身特色，提出差异化的数字化转型策略。

1. 各银行的数字化转型策略

第一，中国建设银行。中国建设银行的"Top+"战略于 2018 年提出，旨在向金融科技集团方向转型。该战略从 3 个方面推动银行的数字化转型，如图7-32 所示。

图 7-32　"Top+"战略

一是科技驱动（T）。利用前沿技术如人工智能、区块链、云计算、大数据（简称 ABCD 技术），驱动和引领金融创新，同时拓展未来的新技术（X），可总结为 ABCDX 技术能力。

二是开放合作（O）。与合作伙伴或者生态企业开放中国建设银行的业务、数据和技术能力，打造中国建设银行应用商店，与外部生态合作，实现共赢。

三是平台生态（P）。优化和融合现有的生态平台，拓展多种业务模式和业务模式组合，如住房租赁、普惠金融、智慧政务等，实现跨平台、跨场景的用户服务和价值创造。

2021年，该战略升级为"TOP+" 2.0，中国建设银行制定出台了《中国建设银行金融科技战略规划（2021—2025年）》，其核心目标是努力把中国建设银行打造成为"最懂金融的科技集团""最懂科技的金融集团"。中国建设银行的数字化经营策略为"建生态、搭场景、扩用户"，向C端、B端、G端共同推进：在C端，中国建设银行认为要根植于广大的用户心中，为用户提供有温度的服务；在B端，中国建设银行注重打造共生共荣生态圈，为企业的合作伙伴提供全生命周期的金融服务；在G端，积极融入数字中国布局及更多场景，为社会治理提供智慧解决方案。

第二，中国邮政储蓄银行。中国邮政储蓄银行的数字化转型战略布局可用"123456"来概括总结，如图7-33所示。"1"是指银行将专注于一条主线——坚持数字生态银行转型，整合其产品、服务和合作伙伴；"2"是银行推动开发数字化商业模式创新和传统银行智能化重塑两条主线，以满足其客户的需求；"3"是指传统银行的智能重塑将利用技术来提高其传统银行业务的效率和效益，主要围绕个人金融、公司金融、资金管理3个板块；"4"是指建立4个数字能力，分别是产品创新、风险防控、数据赋能和科技引领；"5"是重点突破生态、渠道、产品、运营和管理5个领域；"6"是指加强数字化转型6个支撑，中国邮政储蓄银行将会加强顶层设计、完善协同机制、打造敏捷组织、组建专家队伍、增强资源保障、强化考核激励，致力于转型为一家数字银行，为客户提供创新、高效、安全的金融服务。

第三，中国光大银行。中国光大银行提出"数字光大战略"基于"123+N"数字光大发展体系，这一体系的具体含义是指"一个智慧大脑，两大技术平台，三项服务能力，N个数字化产品"，如图7-34所示。其中，两大技术平台指的是云计算平台和大数据平台两个技术平台，三项服务能力指的是移动化、开放化、生态化的服务能力，*N*个数字化产品指的是云缴费、云支付、跨境云、普惠云等数融产品。

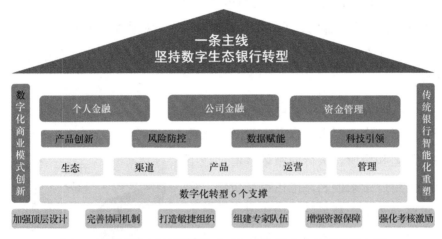

图 7-33　中国邮政储蓄银行"123456"数字化转型战略布局

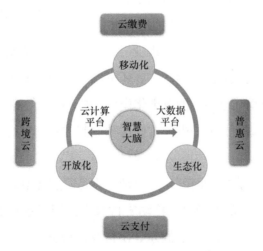

图 7-34　中国光大银行"123+*N*"数字光大发展体系

2. 银行数字化转型的5大趋势

不难看出，银行的数字化转型是一个系统化的工程，不同的银行有不同的战略和侧重点，但也存在一些共同点。横向对比这些银行的数字化转型战略，可以看出银行业数字化转型的五大趋势，如图 7-35 所示。

第一，中台建设。中台并不单指数据中台，还包括人工智能中台和业务中台。中台建设的目的是服务于银行整体的数字化转型，通过整合银行内部的各种优势资源，为不同部门、不同业务甚至合作企业提供数据和技术的支撑。这样一来，银行的金融服务将会更加标准、管理将会更加统一，业务运行将会更加高效。

第二，轻量化。无论是自动化阶段还是电子化阶段，线下网点一直是银行对外服务的主要渠道和场所。银行通常依靠增加线下网点，为用户带来便利，抢占市场份额。但盲目扩张网点的后果是运行成本过高、管理难度提升、风险也随之加大。如果网点的布局不合理，那营业网点作用的发挥就会受到极大的限制，给银行带来沉重的负担。进入

图 7-35　银行业转型五大趋势

数字化阶段，用户更加适应线上办理业务，网点转型成为银行数字化转型的一个重要趋势。但在网点转型的过程中，不同类型银行的破局之道略有差异。国有大型银行更加注重线下网点的普惠化作用，进一步优化落后地区的网点布局，裁撤发达地区线下银行网点；由农村信用社改制的农商银行逐渐走出农村，走向城市，提高服务城镇的能力。不过总体来看，银行的轻量化转型将会在线下网点布局上体现出来，"小而轻""全而精"将是网点转型的方向。

第三，"银行 +"赋能场景。移动支付极大扩展了银行的应用场景，银行的金融服务将会加速进入外卖、娱乐、出行及消费贷款等场景，深入与政务领域、产业链领域进行合作，跨域融合成为银行数字化转型的重点方向之一。

第四，全链路转型。一是要从局部的客户互动部分数字化拓展到整体流程的数字化变革。数字化转型不再局限于部分流程，而是要覆盖银行业务的前端、中台和后端 3 个层面。二是要实现以部门或产品为导向到以企业层面问题为导向。根据具体问题的定位，数字化变革可以集中在业务领域或产品线上进行重

点改进，也可以从全银行的角度促进企业层面的变革。

第五，向金融科技集团转型。可以从以下 4 个方向洞悉到这一趋势。

一是各银行纷纷成立金融科技子公司，或是入股投资各种保险、理财、证券公司，向金融科技集团转型。如中国建设银行旗下的建信金融科技有限责任公司、兴业银行旗下的兴业数字金融服务（上海）股份有限公司，华夏银行旗下的龙盈智达（北京）科技有限公司和浙商银行旗下的易企银（杭州）科技有限公司，商业银行成立金融科技子公司的主要目的在于承担本行的数字化转型任务，同时还要进行技术输出，为其他企业提供解决方案，并扩大营业收入来源。

二是科技投入及科研人员所占比重不断上升。商业银行为了促进数字化转型，通常会设立专门的金融科技事业部门，并安排首席信息官等职位。此外，为了提升科研水平，商业银行也在加大招聘科技人员的力度。

三是各大银行不断增加科研资金的投入。公布的年报数据显示，各大银行将越来越多的营业收入用于科研，并且这个比例还在增加。

四是科技部门与业务部门融合。各银行部门之间的界限开始变得模糊。在传统模式下，商业银行的不同部门有着明确的职责划分，然而，在数字化转型的过程中，这种界限被打破了，因为数字化转型需要调动全银行的资源，特别是需要前线业务部门的参与，以便将业务痛点反馈给后台，共同解决问题。因此，前线业务部门也需要增加具备科技背景的员工，以更好地推动银行的数字化转型。

第四节　快消品行业数字化转型

本节将对快消品行业的数字化转型进行总结，探讨在该行业的数字化转型过程中展现出的独特趋势和特点。

一、快消品行业的特点

快消品（FMCG）是指那些销售周期短、购买频率高、价格相对低廉、利润率较低的消费品，通常包括食品饮料、日用化妆品、清洁用品、个人护理用品、烟草制品等。快消品行业具有以下几个显著特点，如图 7-36 所示。

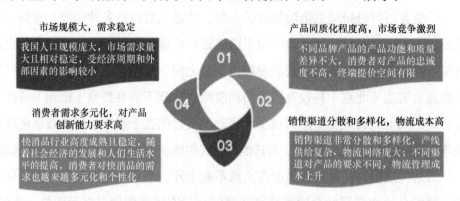

市场规模大，需求稳定
我国人口规模庞大，市场需求量大且相对稳定，受经济周期和外部因素的影响较小

产品同质化程度高，市场竞争激烈
不同品牌产品的产品功能和质量差异不大，消费者对产品的忠诚度不高，终端提价空间有限

消费者需求多元化，对产品创新能力要求高
快消品行业高度成熟且稳定，随着社会经济的发展和人们生活水平的提高，消费者对快消品的需求也越来越多元化和个性化

销售渠道分散和多样化，物流成本高
销售渠道非常分散和多样化，产线供给复杂、物流网络庞大；不同渠道对产品的要求不同，物流管理成本上升

图 7-36 快消品行业特点

第一，市场规模大，需求稳定。快消品与人们日常生活紧密相关。我国人口规模庞大，市场需求量大且相对稳定，受经济周期和外部因素的影响较小。2022 年我国快消品销售额达 35860 亿元，如图 7-37 所示。

图 7-37 2017—2022 年我国快消品销售额

第二，产品同质化程度高，市场竞争激烈。快消品的技术含量较低，不同品牌产品的产品功能和质量差异不大，消费者对产品的忠诚度不高，容易受价格、促销、渠道等因素的影响而改变购买决策。因此，快消品行业的竞争非常激烈，终端提价空间有限，企业只能在供应链管理、产品制造、渠道优化和内

部管理几个方面降本增效，以控制成本，获取市场份额，提升利润空间。

第三，销售渠道分散和多样化，物流成本高。不同于任何一个行业，快消品的销售渠道非常分散和多样化，产线供给复杂、物流网络庞大，通过超市、便利店、批发市场、电商平台、社区团购等各种渠道，都可以进行快消品的销售。不同渠道对产品的需求量、需求时效、配送方式等有不同的要求，给企业的物流管理带来了挑战，增加了成本。同时，由于快消品的保质期较短，库存管理也是一个不容忽视的难题，需要平衡好供需关系，避免出现库存过剩或缺货的情况。

第四，消费者需求多元化，对产品创新能力要求高。快消品行业是一个高度成熟且稳定的行业，其市场规模和市场规模增长速度与国民经济和人均收入水平密切相关。随着社会经济的发展和人们生活水平的提高，消费者对快消品的需求也越来越多元化和个性化，如健康、环保、定制、优质体验等需求。这就要求企业能够及时捕捉代表消费者需求变化的动态数据，不断推出新产品和新服务，提升产品附加值和差异化竞争力，这对企业的制造能力提出了更高要求。

二、快消品行业数字化转型方向

从行业角度来看，快消品行业的竞争格局呈现出多元化和分化的特点。一方面，国际知名品牌在全球范围内有占据较大的市场份额并有较大的影响力，如宝洁、联合利华、可口可乐、雀巢等。这些品牌凭借其强大的研发能力、品牌影响力、渠道优势、供应链管理能力等，在各个细分领域中形成了较高的壁垒和用户忠诚度。此外，本土品牌和新兴品牌搭乘中国数字经济快速发展的"快车"挑战国际品牌的地位，如伊利、蒙牛、海天等。这些品牌更能洞悉本土市场的变化和消费者的需求，能够更快速地创新产品和服务，利用电商平台、社交媒体等新兴渠道进行营销和分销，逐渐赢得了消费者的关注与喜爱。随着物联网、大数据、人工智能、5G等数字技术的发展和应用，快消品行业将进一步实现数字化转型，提升生产效率、降低运营成本、优化供应链管理、摸清用户喜好、强化客户关系管理。数字化转型不仅是提升企业竞争力的必要手段，也是满足消费者多元化需求的重要途径。由此可见，快消品行业正朝着以下6个方向进行数字化转型，如图 7-38 所示。

第一，多元化需求。不同品牌的产品差异不大，注重微创新、满足不同人群的需求成为快消品企业需要重点关注的方向。这就要求企业在产品研发、生产工艺、原料选择等方面进行创新和改进，以更好地利用数据资源，洞悉不同人群的消费偏好，推出差异化的产品，同时也要利用数字技术和渠道，实现与消费者的个性化互动和沟通。

图 7-38 快消品行业数字化转型方向

第二，强化客户关系管理和数字化智能营销。通过大数据系统化分析，快消品企业可以精准评估、预测不同区域及人群的市场需求并匹配相关策略，进行营销资源的规划和营销工作的执行，实现产销协同。利用电商平台、社交媒体、社区团购等数字化渠道，快消品企业可以实现产品的线上线下融合销售，扩大市场覆盖范围和提升市场渗透率。

第三，提升生产效率和质量管理水平。通过引入智能工厂、物联网、大数据、人工智能等数字技术，快消品企业可以实现从原料到成品，再到终端的全链路的数字化生态系统，实现生产过程的自动化、智能化、可视化和可控，提升生产效率和质量管理水平，缩短研发周期，降低运营成本和不良品率。

第四，优化供应链管理和物流配送。特别是食品行业，企业上游的供应链、终端的物流配送和仓储管理，是企业需要重点关注的领域。通过建立供应链管理系统、质量管理平台、收购管理系统、客户关系管理系统等数字化平台，快消品企业可以整合供应链上下游的商流、信息流、资金流、物流信息，打造完整的产业链信息平台，可以实现供需平衡，动态调整库存，实时追踪物流，提高供应链管理的效率。

第五，数据安全和隐私保护风险。数字化转型需要快消品企业收集和处理大量的数据，包括企业内部数据、供应链数据、用户数据等。这些数据对于企业的决策和运营具有重要的价值，但也存在数据被泄露、篡改、滥用等风险。因此，快消品企业需要加强数据安全和隐私保护的措施，保护自身利益和用户权益。

第六，组织结构和文化变革。数字化转型需要快消品企业进行组织结构和文化变革，打破原有的部门壁垒，建立跨部门的协作机制，提升组织的敏捷性和创新性。同时，快消品企业也需要培养和引进数字人才，提升员工的数字素养和能力，形成数字化的思维和企业文化。这些变革对于快消品企业来说是一个长期的过程，需要克服各种阻力和困难。

三、伊利数字化转型的历程

伊利集团作为影响力较大的中国乳制品企业，其产品涵盖液态奶、奶粉、酸奶、冷饮、奶酪等，拥有安慕希、畅意100%等多个知名品牌。伊利在快消品行业中占有较大的市场份额，并拥有较大的影响力，但也面临着激烈的竞争和消费者多元化的需求。

伊利在乳业领域乃至快消品行业中都是数字化转型的先行者。早在1996年，伊利就开启了企业信息化的道路，购买了美国四班公司的 MRP II（物料需求计划）系统，极大地提高了生产计划的准确性，2012年之后，伊利注重利用数字技术对硬件设备进行改造，整体进入业务数字化阶段。伴随着业务数字化转型的深入，伊利也由此进入了智能数字化阶段。伊利的数字化转型可分为以下3个阶段，如图7-39所示。

第一阶段是信息数字化阶段。2012年之前，伊利通过采用世界领先的设备与制造管理体系，利用数字技术对信息进行收集和管理，建立奶粉数字追溯系统、部署 VPN（虚拟专用网）、ERP 系统、OA（办公自动化）平台、HRMS（人力资源管理系统)、BI 体系,使得伊利的整体信息化水平行业领先。这一阶段满足了伊利各项业务的发展需要,为后续的信息化建设提供了有力的支撑和保障。

信息数字化阶段	业务数字化阶段	智能数字化阶段
2012年之前	2012—2019年	2019年之后
利用数字技术对信息进行收集和管理	利用数字技术对硬件设备进行改造,实现软硬件的深度结合	从牧场再到工厂再到终端的全链路数字化生态系统,更加智能

图 7-39　伊利数字化转型 3 个阶段

第二阶段是业务数字化阶段。2012 年,伊利实现自动化加工、数据信息的智能化采集。这标志着伊利开始大规模地利用数字技术对流程进行优化,实现资源的优化配置,缩减工序,减少人力,降低能耗,提高生产效率。2013 年,伊利提出了"互联网 +"战略,将数字化作为企业发展的重要驱动力。2015 年,伊利部署客户关系管理系统高级计划与排程系统、电子采购平台、电子订单。同年,伊利提出了"智慧乳业"战略,这一战略是全球首个针对"互联网 + 乳业"的前瞻性、系统性思考。在信息数字化阶段,企业只是实现了利用数字技术对信息进行收集和管理,如果企业开始利用数字技术对信息进行分析和应用,实现流程的智能化和自动化,同时如前所述,开始利用数字技术对硬件设备进行改造,实现软硬件的深度结合,那么它就进入了业务数字化阶段。

第三阶段是智能数字化阶段,如图 7-40 所示。2019 年之后,伊利成立了数字化管理中心,该中心负责推进企业数字化转型的规划和实施。伊利的数字化转型旨在构建从智能牧场到智能工厂再到智能研发生态的全链路数字化生态系统,并打造智能工厂、智能供应链、智能营销和智能服务等多个领域的数字化平台与解决方案。这一转型旨在提升企业在效率、质量、创新、服务等方面的水平,以满足消费者多元化需求,并增强企业竞争力和可持续发展能力,最终实现数字化的能力与企业品牌力、产品力、渠道力的进一步融合,伊利将能够更好地适应市场变化，提高运营效率，并为客户提供更优质的产品和服务。

1. 全链路数字化生态系统

伊利利用数字技术实现了从牧场到工厂再到终端的全链路数字化生态系统，提高了生产效率和质量管理水平，缩短了研发周期，降低了运营成本和不良品率。具体措施包括以下3点，如图7-41所示。

全链路数字化生态系统

构建从智能工厂到智能牧场再到智能研发生态的全链路数字化生态系统，提高生产效率和质量管理水平，缩短了研发周期，降低了运营成本和不良品率

智能数字化

企业内部管理的数字化

伊利通过数字化管理中心、产品质量管理系统、客户关系管理系统和奶源管理系统，整合了供应链上下游的信息流、资金流、物流等信息，形成了完整的产业链条信息平台

数字化消费者运营平台

依靠大数据系统摸准消费者脉搏，利用数字化营销手段提升品牌影响力，拓展数字化渠道，提升产品覆盖度，使用数字技术提升服务的智能水平

图7-40　伊利数字化转型的智能数字化阶段

建立智能牧场
对奶牛的健康状况、营养水平、产奶量等数据的实时采集和分析，提高了奶牛的养殖效率和奶源质量

打造智能工厂
牵头"乳业智能制造标准研究"项目，为中国乳业智能工厂建设制定了标准

构建智能研发生态
打造了15个研发创新中心，与多个国家和地区的科研机构、高校、企业等合作伙伴进行深度合作

图7-41　从智能牧场到智能工厂到智能开发生态的全链路数字化生态系统

一是建立智能牧场。伊利在牧场引入了智能监测系统、智能喂养系统、智能管理系统等系统，实现了对奶牛的健康状况、营养水平、产奶量等数据的实时采集和分析，提高了奶牛的养殖效率和奶源质量。

二是打造智能工厂。伊利成功牵头"乳业智能制造标准研究"项目，为中国乳业智能工厂建设制定了标准。在奶粉领域，伊利对智能工厂进行了系统性优化。例如在呼和浩特的智慧健康谷，伊利建立的液态奶和奶粉的全球智造标杆基地已经陆续投入生产。伊利在工厂引入了智能设备，以及智能检测系统、智能调度系统等系统，实现了生产过程的自动化、智能化、可视化和可控性。

三是构建智能研发生态。伊利在全球打造了 15 个研发创新中心，引入了人工智能、大数据、云计算等技术，并与多个国家和地区的科研机构、高校、企业等合作伙伴进行深度合作，共同探索乳制品领域的前沿技术和市场需求。

2. 企业内部管理的数字化

伊利通过数字化管理中心、产品质量管理系统、客户关系管理系统和奶源管理系统，整合了供应链上下游的信息流、资金流、物流等信息，形成了完整的产业链条信息平台。伊利内部管理的数字化如图 7-42 所示。

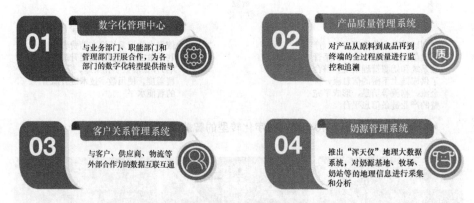

图 7-42　伊利内部管理的数字化

2019 年，伊利成立了数字化管理中心，这是为企业的数字化转型而成立的独立部门，通过与业务部门、职能部门和管理部门进行合作，为其提供从评估到落地执行的数字化转型全方位建议、指导。此外，数字化管理中心还承担着为公司培养数字人才的任务。

在产品质量管理方面，伊利在国内乳业率先建立了奶粉数字追溯系统。该系统通过在每个奶粉罐上打印唯一的二维码，用于记录奶粉的生产日期、批次、原料来源、检验结果等信息，消费者可以通过扫描二维码查询奶粉的质量信息。伊利通过产品质量管理平台实现了对产品从原料到成品再到终端的全过程进行质量监控和追溯，实现了产品质量的可视化和可控，提高了产品的质量和安全性。

在客户关系管理方面，伊利部署了客户关系管理系统、高级计划与排程系统等系统，实现了与客户、供应商、物流等外部合作方的数据互联互通。该系统通过建立客户档案、分析客户需求、优化生产计划、追踪物流状态等，提高了企业服务水平、供应链协同效率和市场反应能力。

在奶源管理方面，伊利推出"浑天仪"地理大数据系统，对奶源基地、牧场、奶站等的地理信息进行采集和分析。该系统通过采集各种地理数据，如土壤、水源、气候、植被等方面的数据，并结合卫星遥感技术，构建了一个覆盖全国的奶源地理数据库，对奶源区域进行评估和优化，为奶源布局和管理提供科学依据。

3. 数字化消费者运营平台

由于快消品行业的消费者需求多元化，伊利充分利用数据资源，精准评估、预测和匹配不同区域和人群的市场需求和策略，进行营销资源的规划和营销工作的执行，实现产销协同。伊利数字化消费者运营平台如图 7-43 所示。

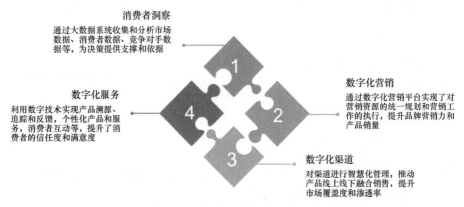

图 7-43 数字化消费者运营平台

大数据系统实现精准消费者洞察。伊利通过大数据系统收集和分析了来自各个渠道的海量数据，包括市场数据、消费者数据、竞争对手数据等，实现了对市场需求、消费者行为、竞争态势的深入洞察和预测，为产品研发、市场营销、渠道管理等提供了数据支撑和决策依据。

数字化营销推动品牌影响力提升。伊利通过数字化营销平台实现了对营销资源的统一规划和营销工作的执行，包括品牌宣传、产品推广、促销活动等，实现了营销效果的可视化和可评估，提升品牌营销力和产品销量。

数字化渠道加速线上线下融合销售。快消品的消费渠道较为分散，管理难度较大，伊利通过数字化渠道信息管理平台实现了对各个渠道（包括超市、便利店、批发市场、电商平台、社区团购等）的统一、智慧化管理和协调，推动了产品的线上线下融合销售，提升市场覆盖度和渗透率。

数字化服务提升消费者满意度。伊利通过数字化服务平台实现了对消费者的全方位服务，包括产品溯源、追踪和反馈，个性化产品和服务，消费者互动等，提升了消费者的信任度和满意度。

四、伊利数字化转型的经验

数字化转型是快消品行业发展的必然趋势和必要手段，伊利数字化转型是快消品行业的一个典型案例，其对快消品行业的启示和借鉴主要体现在以下两个方面，如图7-44所示。

数字化转型需要全面系统的规划与实施。数字化转型不是一蹴而就的，而是一个长期的过程，需要全面系统的规划与实施。伊利在数

转型要点	伊利的实践
全面系统的规划与实施	"互联网+"战略 "智慧乳业"战略 数字化管理中心 打造多个领域的数字化平台和解决方案 全链路数字化转型
注重用户体验和价值创造	个性化、智能化的服务体验 创造更多的价值

图 7-44 伊利数字化转型的经验

字化转型方面具有超前意识和较早的行动，从2013年提出"互联网+"战略，到2015年发布"智慧乳业"战略，再到2019年成立数字化管理中心，可以

看出其对数字化转型的重视和投入。同时，伊利也将数字化转型贯穿于从牧场到工厂再到终端的全产业链各个环节，打造了智能工厂、智能供应链、智能营销、智能服务等多个领域的数字化平台和解决方案，全面系统地推进数字化转型，实现全链路数字化转型。

数字化转型需要注重用户体验和价值创造。数字化转型不是为了数字化而数字化，而是为了给用户带来更为个性化、智能化的服务体验，在提升效率的同时创造更多的价值。

五、快消品行业数字化转型的注意事项

麦肯锡咨询公司提出了指导企业进行数字化转型的 4 个方法，分别是制定正确的战略、大规模能力建设、打造快速敏捷的企业文化、组织与人才的调整。结合伊利数字化转型的经验来看，快消品的数字化转型应当注意以下 7 点，如图 7-45 所示。

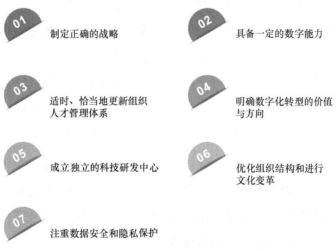

图 7-45　数字化转型的 7 点注意事项

第一，制定正确的战略。企业应当清楚地认识到自身所面临的数字机遇和挑战，根据市场变化和客户需求，选择合适的数字化举措，如进行业务模式转型、紧跟潮流、重新配置资产或提高效率，并将数字化战略融入企业的整体发

展战略。

第二，具备一定的数字能力。数字化转型要求企业具备一定的数字能力，如搭建模块化/数字化的平台、实现数字技术支撑、基于大数据的决策、与消费者建立联系、流程自动化等，以实现对战略的快速创新和响应。

第三，适时、恰当地更新组织人才管理体系。采用非传统结构，如人才中心、首席数字官或委员会等，以确保有专业的人才或组织对数字化转型提供支撑。

第四，明确数字化转型的价值与方向。快消品企业在进行数字化转型之前，需要明确自身的发展战略和目标，以及数字化转型的意义和价值。数字化转型不仅涉及技术的变革，还涉及企业整体发展方向、竞争优势、市场定位等多个层面。因此，快消品企业需要根据自身的实际情况和市场需求，制定出符合自身特点和发展目标的数字化转型战略，明确数字化转型的范围、内容、步骤、指标等。

第五，成立独立的科技研发中心。通过伊利的数字化转型案例我们可以看到，成立科技研发中心可以保证数字化转型的顺利进行和持续优化。物联网、大数据、人工智能等数字技术是数字化转型的基础和核心。充分这些技术不仅需要大量的资金、人力、物力等资源的支持，还需要企业敏锐地洞察并跟踪技术的发展和变化，否则可能会导致数字化转型失败。

第六，优化组织结构和进行文化变革。数字化转型不仅是技术的变革，更是组织和文化的变革，涉及企业内部的组织结构、流程、制度等多个方面。因此，企业需要打破管理人员与其他员工的固有思维，营造数字化的文化氛围。

第七，注重数据安全和隐私保护。数据既是数字化转型的重要资产，也是潜在的风险源。如果数据被泄露、篡改、滥用等，可能会给企业带来严重的损失和影响，也会降低用户对企业的信任度。因此，快消品企业需要加强数据安全和隐私保护，建立完善的数据治理体系。

第八章

数字化治理

第一节　多元治理：数字化治理新思路

城市治理涉及多方利益和需求，单一的政府主导的治理模式已经不能满足城市发展的多样化需求。在这种情况下，分布式和去中心化的多元治理模式应运而生。这种模式强调利用数字技术构建一个开放、透明、协作的治理平台，实现政府、市民、企业、社会组织等多方参与者之间的信息共享、资源协调、决策协商和行动协作，从而提高城市治理的效率和效果。这种模式不仅能够充分发挥社会主体的主动性、创造性，保障社会主体的多样性，也能够更好地适应智慧城市的发展趋势，实现城市治理的创新和转型。

一、多元协同：数字化转型背景下的公共治理与服务创新

公共治理与服务伴随着时代的发展而不断变化。在数字经济时期，社会治理呈现新的特点与发展趋势。

1. 数字化治理的历程：信息化、互联网化到数字化，从服务供给走向价值共创

在过去的几十年里，政府的信息化或者数字化程度有了深刻的变化，这些变化不仅影响了政府的运行方式，也改变了公共服务的供给模式。我们可以将这些变化分为 3 个阶段，即信息化、互联网化和数字化。

信息化阶段，政府的数据管理和业务流程从线下转移到线上，实现了电子政务，提高了政府治理的效率和透明度，为后续的发展打下了坚实的基础，其中最具代表性的工程是"一站两网四库十二金"的建设，如图 8-1 所示。在这个阶段，公共服务的提供主要采取线上线下相结合的方式，政府是服务的提供

者，公众是服务的接受者。

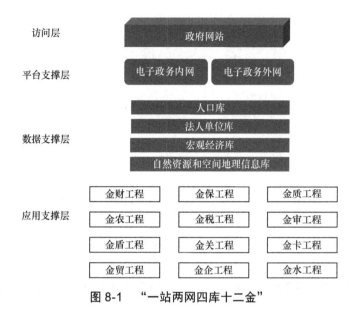

图 8-1　"一站两网四库十二金"

互联网化阶段，政府利用互联网技术和平台，实现了政务云、政务大数据、政务社交等新型应用，拓展了政府的服务渠道和服务范围，提升了政府的互动性和协同性。在这个阶段，政府是服务的协调者，公众是服务的参与者。

数字化阶段，政府借助人工智能、物联网、区块链等技术，建立了智慧政务、智慧城市、智慧社会等新型模式，提高了政府的服务质量和效果，提升了政府的创新性和智能化程度。在这个阶段，政府是服务的引领者，公众是服务的共创者。

这些变化带来了公共服务模式、内容和机制的全新变化，并改变了公共服务的底层逻辑。为多元主体参与和共同创造价值提供了广阔的空间。这种变革性的数字化转型正推动着服务供给走向更加注重价值共创的方向。

与信息化和互联网化阶段注重利用技术资源和能力来改善行政流程和管理方式以提高服务质量和效率不同，数字化转型强调从传统治理向数字化治理的模式变革，更加强调技术与组织的适配性[68]，如图 8-2 所示。

为了满足公众对于社会治理与公共服务日益多元的需求，市场力量也加入了公共服务创新的供给，形成了多元主体参与的生态系统，这使得公共服务的供给主体更加多样化，公共部门与其他主体协同合作，构建了一个公共服务创新的系统，推动了从服务供给走向价值共创。

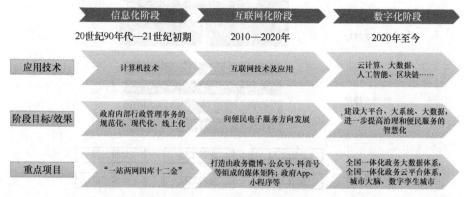

图 8-2　政府的信息化、互联网化和数字化 3 个阶段示意

2. 数字化治理现状：数字化转型下的社会治理，治理维度复杂、治理场域丰富

第一，治理维度更加复杂。纵向来看，组织之间、上下级之间沟通的信息、渠道越来越多，基层人员既要将各种数据上传到信息网络平台上，又要整理好纸质材料，做好备份、留档、上报等工作，而庞杂的数据常常会被低效使用，数据赋能地方治理的情况面临诸多问题，信息的上传下达、任务执行效率需要进一步提高。横向来看，社会治理问题横跨的领域越来越多，对于某一事件的处理常常要多个部门共同参与才能解决，存在工作流程不统一、跨部门协调难度大等问题，特别是信息材料的重复审批现象较为严重[69]，需要做好不同政府部门间的管理对接。伴随着社会力量和企业力量的崛起，如何实现组织内部与外部的资源整合、相互监督成为新的思考方向。

第二，治理场域更加丰富。数字技术为人类社会提供了虚拟的生活空间，"物理—社会—信息" 3 个维度的空间交叠重复，成为数字时代人类生存发展环境的基本特征。这 3 个空间相互影响，产生了新的治理问题，如网络安全保障、数据隐私保护、数字鸿沟等方面的问题。这些问题的特点是变化快、不确定性高、涉及多方利益，因此需要多元协同的治理方式。

3. 数字化治理展望：智慧城市产业生态，数字化转型的新动能

党的十八大以来，我国大力推进数字化、网络化、智能化发展，建设数字中国、智慧社会。根据《中华人民共和国国民经济和社会发展第十四个五年规划和 2035 年远景目标纲要》，分级分类推进新型智慧城市建设继续成为落实数字化转型战略的重要抓手，在地方层面，各省在"十四五"规划中都提到了数字化转型战略部署，带动我国智慧城市产业进一步发展。

智慧城市的建设不能只靠政府的财政投入，还需要有良好的运营和管理机制，才能保证智慧城市的长效运营和长期发展。因此，需要发展智慧城市产业，形成一个有多方参与、多种资源、多样服务的智慧城市产业生态系统，为智慧城市的运营和发展提供更多的支持和动力。

综上总述，数字化治理的历程、现状与展望如图 8-3 所示。

数字化治理的历程：信息化、互联网化到数字化，从服务供给走向价值共创
- 信息化阶段重视计算机技术的应用，为互联网化和数字化打下坚实基础
- 互联网化阶段推出了多项便民应用，打造媒体矩阵
- 数字化阶段重视智慧城市的建设，提升人民群众的幸福感

数字化治理现状：数字化转型下的社会治理，治理维度复杂、治理场域丰富
- 治理维度更加复杂，横向来看，需要做好不同政府部门间的管理对接，纵向来看，信息的上传下达、任务执行的效率需要进一步提高
- "物理—社会—信息" 3 个维度的空间交叠重复

数字化治理展望：智慧城市产业生态，数字化转型的新动能
- 分级分类推进新型智慧城市建设继续成为落实数字化转型战略的重要抓手
- 智慧城市的建设不能只靠政府的财政投入，还需要有良好的运营和管理机制，才能保证智慧城市的长效运营和长期发展

图 8-3　数字化治理的历程、现状与展望

二、多元治理的含义与价值

城市是人们生活与发展的重要场所，城市的生活质量影响着民众的获得感与幸福感。但是，城市也面临着各种问题，如环境污染、交通拥堵、社会治安等，这些问题从工业革命开始就一直影响着城市化进程，如果说工业经济催生了现代城市，那么数字经济则需要让生活在城市的人们的获得感、幸福感、安全感

更高且可持续，生活更加充实、更有保障[70]。

1. 多元治理的含义

在多元治理中，政府不再是唯一的治理主体，政治通过良性互动，与企业、社会机构和公民共同解决公共事务。由此，一种多元主体参与、多层次、多渠道、多方式的治理模式形成了。多元治理强调政府的开放性、透明性和可问责性，市场的竞争性、效率性和创新性，社会的包容性、协作性和自组织性，公民的主体性、参与性和责任感。多元治理旨在通过数字化手段，搭建一个平台化、网络化、数据化、智能化的治理架构，实现信息共享、资源整合、决策协商、行动协调等功能，提高治理质量和效果。多元治理的特性如图8-4所示。

图 8-4　多元治理的特性

多元治理是一种全新的治理模式，它涉及各个主体之间的协作与互动。这种治理模式强调通过协商和协作来解决各个主体共同面临的问题，同时也尊重各个主体的自主性和各个主体间的差异性。多元治理的核心理念是合作与共治，它强调各个主体之间的协作和互动，以实现公共利益的最大化。这种治理模式不仅有助于提高政府治理的效率和水平，同时也可以激发市场和社会各方面的积极性和创造力，推动社会的全面发展。

在多元治理的实践中，政府应当发挥主导作用，同时也要充分尊重市场和社会的主体地位。政府应当采取积极的措施，为市场和社会提供必要的支持和保障，促进各个主体之间的合作与共治。同时，政府也需要建立公开透明、公正合理的治理机制，保障各个主体的合法权益，促进多元治理的持续发展。

2. 多元治理的价值

多元治理能够充分利用数字技术的优势，形成智能化、数据化、自动化的治理系统，为公众提供更高效、更公正的治理服务。多元治理的价值如图 8-5 所示。

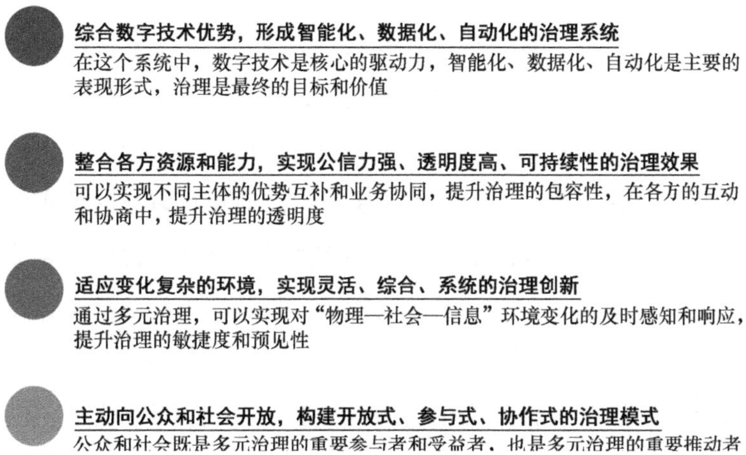

综合数字技术优势，形成智能化、数据化、自动化的治理系统
在这个系统中，数字技术是核心的驱动力，智能化、数据化、自动化是主要的表现形式，治理是最终的目标和价值

整合各方资源和能力，实现公信力强、透明度高、可持续性的治理效果
可以实现不同主体的优势互补和业务协同，提升治理的包容性，在各方的互动和协商中，提升治理的透明度

适应变化复杂的环境，实现灵活、综合、系统的治理创新
通过多元治理，可以实现对"物理—社会—信息"环境变化的及时感知和响应，提升治理的敏捷度和预见性

主动向公众和社会开放，构建开放式、参与式、协作式的治理模式
公众和社会既是多元治理的重要参与者和受益者，也是多元治理的重要推动者

图 8-5　多元治理的价值

综合数字技术优势，形成智能化、数据化、自动化的治理系统。治理系统是指社会治理的组织架构和运行机制，用于管理和协调社会的各种活动和资源，在这个系统中，数字技术是核心的驱动力，智能化、数据化、自动化是主要的表现形式，治理是最终的目标和价值。例如，在城市交通管理中，通过运用人工智能技术，可以实现对交通流量、路况、事故等方面的实时监测和预测，从而优化交通信号控制、调度公共交通、规避拥堵路段等，提高城市交通的效率和安全性。

整合各方资源和能力，实现公信力强、透明度高、可持续的治理效果。各方在治理中有不同的角色和职责，也有不同的利益和需求，通过多元治理，可以实现不同主体的优势互补和业务协同，提升治理的包容性，在各方的互动和协商中，提升治理的透明度，实现各方的互助和共赢，提升治理的有效性和可持续性。

适应变化复杂的环境，实现灵活、综合、系统的治理创新。环境是治理的外部条件和影响因素，和谐稳定的治理环境也是治理的目标和结果。通过多元治理，可以实现对"物理—社会—信息"环境变化的及时感知和响应，提升治理的敏捷度和预见性。此外，多方主体的参与和贡献可以实现对环境问题的多角度分析与妥善解决，提升治理的系统性和综合性。

主动向公众和社会开放，构建开放式、参与式、协作式的治理模式。公众和社会既是多元治理的重要参与者和受益者，也是多元治理的重要推动者。通过网站、应用、社交媒体等开放渠道，公众可以以表达诉求、提出建议、参与决策等形式参与治理，提升决策质量，另外，政府也可以及时公布信息、征集意见、接受监督等，提升信息的公开度和沟通的互动性。协作主要体现在多元主体通过项目合作、共同行动、共享资源等，群策群力解决社会存在的复杂问题。

无论是政治、经济、社会、文化、生态等领域，还是国家、地方、社区等层次，都将实现多元治理的覆盖，形成一个由多个节点组成的治理网络。这个网络将具有高度的连接性和互动性，能够有效地传递信息、资源，实现治理资源的协调与目标的一致。

三、多元主体参与社会治理的实践：智慧城市建设

2021 年 12 月，中国信息通信研究院发布了《新型智慧城市产业图谱研究报告（2021 年）》，总结出了智慧城市产业的七大环节，分别是顶层设计、标准规范、基础设施、智能中枢、应用服务、城市运营和网络安全，每一个环节都需要几十个企业群策群力。不难看出，想要实现城市治理能力和治理体系的现代化，不是仅靠一个主体、一个企业就能完成的任务，而是需要多元主体的广泛参与。

从以下 3 个角度着手，可以更好地实现多元主体参与治理：一是政府引导，政府要发挥对社会资本、多元主体参与智慧城市建设的鼓励与引导作用，企业等社会主体要发挥技术支撑、创新引领作用；二是多元产业驱动，更多主体要参与到智慧城市建设的全链条当中，政府部门、私营企业、社会机构、专家学者、普通群众等要积极参与协商与合作；三是数字孪生城市建设，打造支持混合所有制的企业作为运营主体、上下游产业链企业积极参与的智慧城市产业生态系统，深挖数字孪生增值服务[71]，如图 8-6 所示。

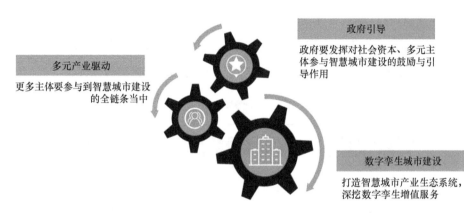

图 8-6　多元主体参与智慧城市建设

智慧城市建设为多元主体参与数字化治理提供了很好的范例，各主体分别在不同的层级上发挥着不同的作用。智慧城市建设的 5 个层次如图 8-7 所示。

图 8-7　智慧城市建设的 5 个层次

1. 引导层：政府主导，顶层设计为多元主体参与指明方向

智慧城市建设是一个复杂而系统的工程，需要政府的宏观规划与长期引导。在这个过程中，智慧城市顶层设计是一个关键环节，不仅要符合智慧城市总体规划的要求，也要为具体建设规划提供指导和支持，是保证智慧城市建设质量和效果的关键。不同类型和层级的城市会根据自身的发展需求、特点和优势来规划智慧城市的顶层设计方案。

经济较为发达、城市化进程快、人口多的中心城市的智慧城市发展水平相对较高，现阶段顶层设计更强调创新治理理念、整合辖区统一架构、重点项目突出覆盖全面。例如，2020 年，长沙市人民政府发布了《长沙市新型智慧城市示范城市顶层设计（2021—2025 年）》，具体内容如图 8-8 所示。

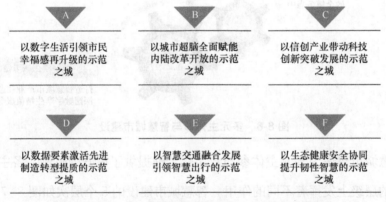

图 8-8　长沙新型智慧城市顶层设计六大战略定位

地级市的整体设计，更多围绕拉动经济增长，推动城市建设、社会治理智慧化，加快政府能力建设等方面。例如，亳州市围绕城市治理、便民利民、特色产业 3 个方向，以打造"智慧药都"为发展方向。县级市受限于资金、人才、技术等条件，智慧城市建设处于启动阶段。当前，在推进智慧城市建设的县级行政单位中（主要是各地级市中的区），总体规划更注重解决某一具体问题，如防洪防涝、泥石流滑坡预警等，而较少关注城市服务整体等方面。

因此，在进行智慧城市顶层设计时，需要根据自身的实际情况，制定符合

本地区特色和需求的发展目标和实施路径，同时也要借鉴其他城市的成功经验和创新做法，形成具有差异化的智慧城市建设方案。

2. 基础层：多元主体积极参与，企业优势与城市发展紧密结合

数字孪生城市是新一代信息技术在城市的综合集成应用，通过数据采集、传输、分析、建模、仿真等手段，实现对城市物理空间的数字化映射和动态演化，形成与实体城市高度一致、实时互动、高效运行的数字化平台，是"城市大脑"的重要组成部分。在智慧城市基础层的建设中，需要多元合作，企业与运营商携手，共同打造不同的城市底座，如图 8-9 所示。

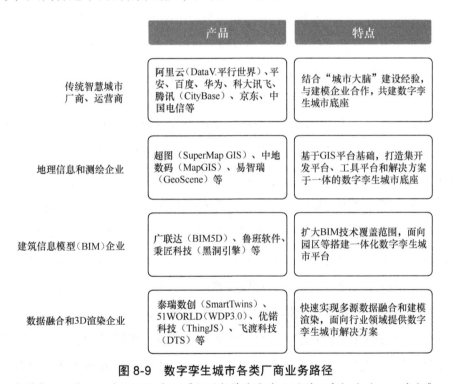

	产品	特点
传统智慧城市厂商、运营商	阿里云（DataV.平行世界）、平安、百度、华为、科大讯飞、腾讯（CityBase）、京东、中国电信等	结合"城市大脑"建设经验，与建模企业合作，共建数字孪生城市底座
地理信息和测绘企业	超图（SuperMap GIS）、中地数码（MapGIS）、易智瑞（GeoScene）等	基于GIS平台基础，打造集开发平台、工具平台和解决方案于一体的数字孪生城市底座
建筑信息模型（BIM）企业	广联达（BIM5D）、鲁班软件、秉匠科技（黑洞引擎）等	扩大BIM技术覆盖范围，面向园区等搭建一体化数字孪生城市平台
数据融合和3D渲染企业	泰瑞数创（SmartTwins）、51WORLD（WDP3.0）、优锘科技（ThingJS）、飞渡科技（DTS）等	快速实现多源数据融合和建模渲染，面向行业领域提供数字孪生城市解决方案

图 8-9　数字孪生城市各类厂商业务路径

资料来源：中国信息通信研究院《新型智慧城市产业图谱研究报告（2021 年）》

例如，杭州与阿里巴巴合作开发"城市大脑"，打造了以云计算、大数据、人工智能等技术为支撑，以数据中台为核心，以政务服务、民生服务、产业服务为主要应用场景的数字底座。该数字底座实现了政务数据的全面开放共享，

提升了政务服务效率和便捷度；推动了民生数据的精准分析和应用，提升了民生服务品质和市民满意度。特别是探索出了城市治理与产业发展的新商业路径，提升了杭州市产业服务创新能力。

3. 保障层：信息技术应用创新，为智慧城市产业安全保驾护航

智慧城市保障层是指以网络安全为核心，通过建立完善的网络安全体系和机制，实现对智慧城市的数据、技术、应用等方面的全面保护和防御，为智慧城市的发展提供坚实的安全基础。智慧城市保障层由以下几个方面组成。

政府网络安全标准制定。政府机构制定统一的网络安全标准和要求，规范智慧城市的网络安全行为和责任，提高智慧城市的网络安全水平和能力。例如，制定智慧城市数据安全管理规范，明确数据的分类、标识、存储、传输、使用等方面的安全要求和保护措施；制定智慧城市网络安全评估规范，明确对网络安全风险的识别、分析、评估、处置等方面的方法和流程。

企业网络安全技术支撑。企业运用先进的网络安全技术和手段，实现对智慧城市的网络安全威胁的有效检测和应对，提升智慧城市的网络安全防护和恢复能力。例如，运用云计算、物联网、边缘计算等技术，实现对针对智慧城市的网络攻击行为的快速响应和处置，提升网络安全应急处置和恢复能力。

网络安全生态建设。通过构建多元化的网络安全合作伙伴关系，实现对智慧城市的网络安全资源的有效整合和共享，促进智慧城市的网络安全技术、治理体系的创新和发展。一方面，可以构建政府、企业、社会等多方参与的网络安全技术、治理体系的治理体系，实现对智慧城市的网络安全政策、法规、监管等方面的协调和配合；另一方面，还要构建学校、科研机构、行业组织等多方参与的网络安全人才培养体系，实现对智慧城市的网络安全人才的培育，对网络安全技术、产品等的推广。

4. 运营层：本地化运营机构多元化发展

互联网巨头凭借其强大的科技实力和人才队伍为智慧城市的发展提供解决

方案，但是不同城市的具体发展状况不同、具体需求不同，因此，依靠政府力量，经过市场化运作的智慧城市平台企业纷纷成立，这些企业可以对当地的智慧城市进行长期运维。它们不仅承担了智慧城市信息基础设施和各类智慧应用的建设与维护工作，同时还抓住了数据要素市场化配置和数字经济发展的机遇，进一步拓展了业务领域，打造符合当地特色的数字经济生态圈，带动了当地数字产业链条的发展。部分智慧城市运营机构情况如图 8-10 所示。

机构名称	所在地区
盐城市大数据集团有限公司	盐城
长沙数智科技集团有限公司	长沙
中关村科学城城市大脑股份有限公司	北京海淀
数字重庆大数据应用发展有限公司	重庆
数字广西集团有限公司	南宁
中国雄安集团数字城市科技有限公司	雄安新区
数字广东网络建设有限公司	广州

图 8-10　部分智慧城市运营机构情况

资料来源：中国信息通信研究院《新型智慧城市产业图谱研究报告（2021 年）》

5. 应用层：科技体现城市的温度

智慧城市要做到对更多主体的照顾，重视老年人、残障人士等弱势群体需求。消除数字鸿沟，打造信息无障碍环境已成为我国智慧城市建设的重要组成部分。除政府出台政策进行引导之外，越来越多的企业和社会团体也积极行动起来，加快相关产品和服务的研发与推广。例如，主流手机厂商（如华为、小米、vivo、OPPO 等）在终端智能设备上为老年人提供长辈模式。

一些学术机构也积极开展相关研究活动，成立了无障碍研究中心、无障碍信息传播研究院等专门的研究机构。

这些努力使得智慧城市的多元服务得以实现，让每个人，特别是弱势人群都能够享受到数字化和智能化带来的便利和福利，智慧城市建设的包容性和可持续发展理念得以体现。

第二节　数字技术＋治理：杭州"城市大脑"

2023 年 2 月，中共中央、国务院印发《数字中国建设整体布局规划》，其中明确提出："强化数字化能力建设，促进信息系统网络互联互通、数据按需共享、业务高效协同。"这为发展高效协同的数字政务指明了方向。随着人工智能、区块链、云计算、大数据等数字技术的快速发展，政府数字化治理进入了"快车道"，催生了"电子政务""网上政府""智慧政府"等新一轮政府治理变革浪潮。这些变革不仅简化了行政审批流程，还促进了政民沟通，提高了体制机制的效率、效能。

事实上，多个主体参与的数字治理平台在多个领域中已有了实践探索。例如，在传媒领域，新华社打造了"媒体大脑""人工智能主播"和智能编辑部，以便更好地监测舆情；在防治电信诈骗领域，公安部联合阿里巴巴推出"钱盾反诈机器人"，该机器人可有效识别不同类型的电信网络诈骗话术，切实维护了人民群众的财产安全；在司法领域，"智慧法院"可以大幅减少律师工作内容，为调解员智能推送同类案例，让当事人感受到法律的公正。这些实践为打造综合性更强的"城市大脑"奠定了坚实的基础。"城市大脑"将推动城市的管理与服务向着迅速反应、精准决策、智能调控、降低成本、节约资源等方向智慧转型，如图 8-11 所示。

图 8-11　数字技术＋治理的应用

一、技术融入社会治理：问题思考与基本逻辑

1. 技术融入社会治理前需要思考的问题

社会治理的核心目标是保持社会的稳定与活力，也就是既要保障社会按照法制和公序良俗的基本框架运行，还要充分调动多元主体（如人民群众、组织企业等）的积极性。这其中迫切需要解决两个问题，一是作为社会治理主体的政府如何把握动态的社会治理需求，二是如何构建有效的社会协同机制，使多元主体能够在共同的价值观和利益诉求下，形成合力。

在当前的社会治理实践中，组织内部多层级的管理阻碍了信息自下而上的流动、影响了执行行动自上而下开展的效率。因此，引入数字工具来实现流程再造、逻辑重塑被认为是推进社会治理体系和能力走向现代化的重要解决方案。

由于盲目引入数字技术，"技术盆景[3]"现象比较严重，"信息形式主义""智能官僚主义"等形式主义新变种时有发生。具体表现为政务 App 种类繁多但使用率不高；基层公务员加入的"微信工作群"很多，但缺乏有效沟通；数据信息反复填报，过度"留痕"等问题[72]。数字技术嵌入社会治理的过程，不一定会保证"善治"的完美实现，有可能会诞生新的问题与面临新的挑战，技术融入社会治理前需要思考的问题如图 8-12 所示。

如何把握动态的
社会治理需求

如何实现流程再造
与逻辑重塑

如何构建有效的
社会协同机制

如何避免"技术盆景"
和形式主义新变种

图 8-12　技术融入社会治理前需要思考的问题

3　技术盆景是指引入先进的数字技术，但未能充分发掘和利用其潜力。这些技术更多是起到装饰和观赏的作用，但并未真正发挥其应有的技术价值和实用性。简而言之，技术盆景是一种技术应用的表面化现象，未能实现技术的真正价值和意义。

2. 技术嵌入视角下政府治理的基本逻辑

技术嵌入视角下政府治理的基本逻辑包括管理上实现纵向管理与横向沟通、主体上实现多元主体协同治理、理念上实现技术与价值的互动融合，如图 8-13 所示。

第一，管理上实现纵向管理与横向沟通。信息技术固有的数字化特征推动着政府组织与管理体系逐渐向扁平化和透明化趋势发展。数字化治理所倡导的是政府作为治理主体能够积极与治理客体（如社会民众、企业机构等）进行有效的信息互动，同时治理客体也应当利用各种技术与应用参与到社会事务的治理中 [73]。换言之，数字治理的一个显著标志是纵向管理的扁平化和横向沟通与服务的便捷化。

管理上实现纵向管理与横向沟通
信息技术固有的数字化特征推动着政府组织与管理体系逐渐扁平化和透明化，数字化治理所倡导的是治理主体与治理客体进行有效的信息互动

理念上实现技术与价值的互动融合
数字技术与社会治理之间是一种表征关系，而不是线性关系，融入数字技术后的数字化治理，数字化治理不仅为政府提供了一个或多个基于数字技术的解决方案，还融入了符合社会需要的价值观念

主体上实现多元主体协同治理
技术赋能提升民众参与公共治理的可及性和便捷性，数字技术能够在一定程度上激发多元主体参与公共议题治理的主动性

图 8-13 技术嵌入视角下政府治理的基本逻辑

第二，主体上实现多元主体协同治理。数字化社会治理与传统社会管控之间的最大区别在于数字化治理强调多元主体的重要性，数字技术能够为多元主体协同治理模式的发展提供可靠的支撑。一方面，技术赋能推动去结构化的信息互通平台和开放、虚拟的公共网络空间形成，提升民众参与公共治理的可及性和便捷性，可以有效降低多主体之间的互动成本，推动民众从形式参与走向实质性参加；另一方面，便捷、去中心化的数字技术能够在一定程度上激发多元主体参与公共议题治理的主动性。此外，利用信息技术能够采集到一些难以察觉的公众需求和行为特征，这些数据经过可视化、定量化、标准化的处理，就能够反映出社会组织和民众参与社会公共治理的意愿和能力，从而提升他们在治理过程中的影响力。

第三，理念上实现技术与价值的互动融合。社会数字化治理的关键在于治理，数字技术只是作为治理工具而被引入的。在组织进行内部管理及与外界社会成员的互动过程中，技术手段的应用程度是衡量数字化治理变革程度的重要指标，但治理变革程度不仅由技术决定，还与信息系统相关的认知行为和文化变革有关 [74]。数字技术与社会治理之间是一种表征关系，而不是线性关系，只有在技术与管理体系、制度、文化等社会系统相适配的情况下，我们才能更好地理解和使用技术，社会治理水平才能螺旋上升。

数字化治理不仅为政府提供了一个或多个基于数字技术的解决方案，而且还融入了符合社会需要的价值观念。具体来说，在数字经济背景下，数字化治理应当是对原有治理模式、治理体系和治理手段的完善，是对新问题、新挑战、新困境的突破。也就是说，数字化治理既要解决已有的各种社会问题，还要应对发展过程中出现的新问题。

二、杭州"城市大脑"实现过程

已有学者总结出杭州"城市大脑"的 4 个建设与发展阶段 [75]，在此基础上，本书整理出 5 个阶段。在这个过程中，"城市大脑"的应用领域从交通扩展到各个领域，由探索到实践，再到推广，如图 8-14 所示。

图 8-14　杭州"城市大脑"发展阶段

1. 项目建构阶段

2016 年 4 月，阿里巴巴向政府提出了在杭州建设"城市大脑"的构想，并得到了政府的支持。这一前瞻性的计划于 7 月取得了实质性的进展，杭州"城市大脑"的运营中心在云栖小镇成立，受到了杭州市政府的重点关注与支持。在这个运营中心中，一支专业团队致力于将先进的数字技术与城市治理相融合。

交通拥堵是杭州这个千万级人口城市的"城市病"之一，道路资源供需矛盾尖锐，通勤时间主干道严重拥堵，部分路网节点常态化拥堵；汽车、自行车、电瓶车及行人混行，影响正常的交通秩序；在综合治理方面，不同部门的协同性不强、交警资源有限；在智能交通方面，大量智慧化的设备发挥不出作用。已有的治堵手段难以适应交通环境的快速发展。

针对此类问题，"城市大脑"以治理交通堵塞为首要目标，在杭州市萧山区开展了道路交通初步试验并取得了明显效果。2016 年 12 月，杭州成立了专门的领导小组，汇集了政府单位、企业等各方力量。这意味着，"城市大脑"项目为城市治理带来的效果得到了政府的认可，杭州"城市大脑"项目获得了技术与组织上的支持，开始正式建设。

2. 项目初始阶段

2017 年 1 月，杭州市数据资源管理局成立，负责整合各部门的数据，数据资源管理局的成立具有标志性意义。2017 年 7 月，"城市大脑 V1.0"平台上线，在杭州主城区范围内接管了 128 个信号灯路口。这一平台利用普通摄像头读取车辆的运行状态和轨迹，并实时分析来自交通局、气象局、高德地图、公交公司等 13 家机构的海量数据，对信号灯的变换时间进行实时调控，这样的综合分析使得车辆通行时间减少了 15.3%，大幅改善了通勤时段和主干道上的车辆拥堵情况。这一创新技术的运用为城市交通拥堵问题提供了解决方案，使得城市居民的出行更加便捷和高效。同年 11 月，杭州"城市大脑"入选首批国家新一代人工智能开放创新平台。

3. 项目拓展阶段

"城市大脑"始于交通治理，但应用的范围远不止于此。2018 年 5 月，杭州市数据资源管理局发布了全国首个城市"数据大脑"规划——《杭州城市数据大脑规划》，明确了杭州市未来5年"城市大脑"的建设方向。同年9月，"城市大脑V2.0"平台在云栖大会上正式发布。同年12月，杭州"城市大脑"综合版上线，这标志着其应用领域的扩展，从此前单一的交通治理逐渐扩展至城市管理等更多领域，实现了从"单一治堵"向"全面治城"的转变，涵盖了停车、医疗、文旅、基层治理等9个惠民领域。通过"城市大脑"这一综合平台，杭州市实现了为民生提供服务和支撑决策的目标，"城市大脑"成为杭州真正的智慧城市中枢系统，为城市的可持续发展和保证居民的生活质量提供了全面的支持，为构建更智慧、更宜居的城市作出更大的贡献。

4. 项目完善阶段

2019年1月，《城市大脑建设管理规范》正式实施，为"城市大脑"的规范建设和对外推广提供了指导。2019年7月，发布了一系列重点惠民应用，包括舒心就医、便捷泊车和街区治理等。这些应用推动着"城市大脑"朝惠民和便民的方向发展。2019年9月，杭州"城市大脑"的"数字驾驶舱"正式上线运行，这标志着杭州"城市大脑"实现了从市级到街道级各部门信息的互联互通。同年12月，"城市大脑"中枢系统升级至3.0版，覆盖了全市49个市级单位、15个区县市、13个街道及2个区级部门，共计148个"数字驾驶舱"。这些"数字驾驶舱"为城市决策者和管理者提供了全面的数据分析结果和业务洞察。杭州"城市大脑"的不断演进和拓展，使其在城市治理和发展中发挥着重要作用，为杭州打造智慧城市奠定了坚实基础。

5. 项目推广阶段

2020年3月，习近平总书记考察"城市大脑"的建设情况，"城市大脑"的发展迎来了新的机遇。一方面，"城市大脑"作为智慧城市治理的代表性案例得到了推广，不少城市、社会组织纷纷对其进行调研，另一方面，"城市大脑"的惠民利民范围也进一步拓展，注重解决与市民生活密切相关的问题，一步一步向更多的应用场景延伸，覆盖了 11 个重点领域的 48 个应用场景，以满足市民的实际需求，让市民能够切实地感受到城市治理明显改善。

三、杭州"城市大脑"的整体框架

1. 一个大脑，多个系统

"城市大脑"依靠的是阿里巴巴强大的人工智能技术、云平台技术、算法技术、深度学习与机器学习技术、数据存储与处理技术、强大的算力系统和积累多年的算法模型。简单来说，"城市大脑"是一个庞大的数据共享与处理平台，数据作为城市的"血液"，在不同的系统之间流动，各个系统围绕数据进行整合、计算和应用，形成了一种以数据为基础的治理模式，即"用数据说话、用数据决策、用数据管理、用数据创新"。城市管理者能够更准确地了解城市的运行状况和需求，从而更好地进行决策和规划。

同时，通过对数据的整合和分析，城市的资源可以得到更有效的配置和利用，以提高效率和效益。这种数据驱动的治理模式促进了城市治理的创新，使城市能够更好地应对不断变化的挑战和需求。

"城市大脑"是一个开放、共享的"大脑"，不是一个简单的信息管理系统或控制系统，如图 8-15 所示。它由数据采集系统、数据交换系统、开放算法平台、超大规模计算平台和数据应用平台 5 个部分组成 [76]，对应信息采集、传输、学习分析、决策与执行功能。

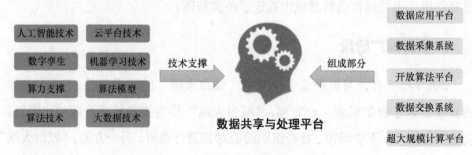

图 8-15 杭州"城市大脑"示意

一个城市只需要一个"大脑"，各组织单位可建设不同领域的"系统"，不同的政府部门或者其他组织可以建设不同的行业"系统"，而"城市大脑"是杭州的智能核心，包含着公安、城管、卫生、教育、乡村等"系统"。作为城市的智能中枢和数据交换中心，"城市大脑"将成为未来智慧城市建设的重要基础设施。

2. "城市大脑"平台的逻辑架构

"531"是杭州"城市大脑"的逻辑架构，如图 8-16 所示。在这个架构中，"5"代表了 5 个"一"。

图 8-16 "城市大脑"平台的逻辑架构

打通"一张数据网"。通过统一数据标准，确保数据无障碍流通，更好地为城市大脑提供数据支撑。

打造"一朵资源云"。这朵云将不同类型的云资源连接在一起，主体构建在杭州市政务外网上，以确保数据的安全性，并支持与外部的互联互通。

汇集"一个数据库"。杭州"城市大脑"汇集了各个组织单位的数据，将这些数据从各自的"小库"集中到一个"大库"中，以便更好地进行数据治理，确保数据的及时性和在线性。

建设"一个核心中枢"。作为数据和各个系统之间互通互联的核心层，这个核心中枢能够实施系统接入、数据融合和反馈执行的功能。

加强"一个大脑"。"城市大脑"采用统一的架构是为了实现整个城市的统一和综合执行，摆脱零散和孤立的传统建设模式，推动市和区之间建立协作联系，防止重复建设。

"3"代表"3个连接"。第一个"连接"是市、区（县）、部门之间的相互连接。杭州的政务信息化工作走在全国前列，但仍然存在着条块分割和自成体系的问题，甚至在同一部门，此类现象也时有发生，这就是"城市大脑"需要解决的问题与挑战。第二个"连接"是指各系统、各平台和各应用场景之间的相互连接。杭州将围绕中央枢纽系统，将系统延伸到整个城市，将场景延伸到整个地区。目前的中央枢纽系统已经连接了多个部门、区县（街道）和公共服务机构。第三个"连接"是政府和市场之间的相互连接。杭州旨在探索以政府为主导、以市场为驱动的"城市大脑"建设机制。目前，已有50多家企业参与到"城市大脑"的建设中，并成立了云栖城市大脑科技（杭州）公司、城市大脑停车系统运营股份有限公司等，实施市场化运作。

"1"是指"一个城市基础设施"。杭州"城市大脑"的全面整合能力使得其能够集中管理和分析来自不同领域的数据，包括交通、环境、能源等方面的数据。通过对这些数据的智能化分析和挖掘，"城市大脑"可以提供实时的城市运行状态和趋势预测，从而为市民提供更智能、更高效的服务。除了基础设施的优化，"城市大脑"还可以提供个性化的服务。通过对个人行为和偏好的分析，"城市大脑"可以为居民提供个性化的建议，如推荐适合的餐馆、购物场所或娱乐活动，提高居民的生活品质。

在建设过程中，杭州"城市大脑"注重提升系统的整合性和协同性。为了实现这一目标，杭州积极推动多个组织单位之间的协作，共同参与"城市大脑"的建设与运营。这种协同合作的方式可以最大程度地整合各方资源，提升系统的综合能力和服务水平。通过多个组织单位的协同努力，杭州"城市大脑"将成为一个集数据、技术和决策为一体的智能化平台，为城市治理提供强有力的支持。

未来，随着杭州"城市大脑"平台的不断发展和完善，杭州的居民将能够享受到更多智能化、个性化的城市服务。"城市大脑"将为杭州的发展和居民的生活带来更多的便利。

四、杭州"城市大脑"的价值与意义

近些年来，杭州在数字经济领域中的发展表现非常出色。借助"城市大脑"平台的数据驱动能力和智能化决策支持，杭州积极探索数字经济的发展路径，推动创新创业、数字产业的蓬勃发展，这使得杭州成为国内领先的数字经济中心之一，并吸引了大批的科技企业和创新人才，促进了就业增长和经济持续增长。"城市大脑"的价值与意义如图 8-18 所示，具体介绍如下。

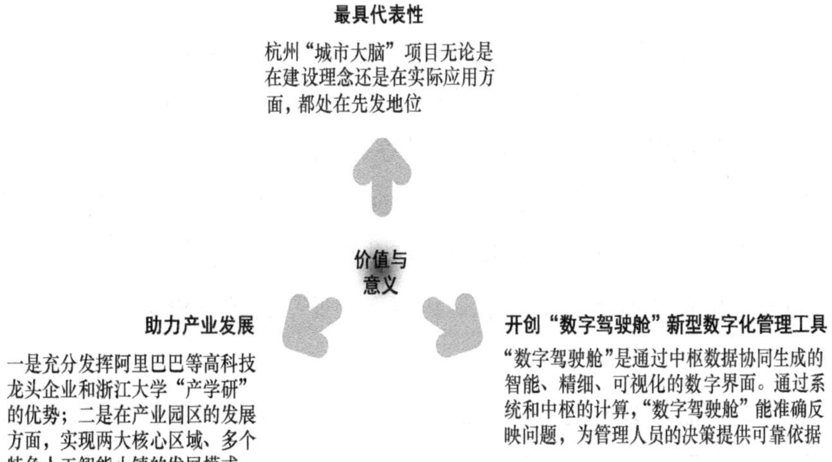

最具代表性

杭州"城市大脑"项目无论是在建设理念还是在实际应用方面，都处在先发地位

价值与意义

助力产业发展

一是充分发挥阿里巴巴等高科技龙头企业和浙江大学"产学研"的优势；二是在产业园区的发展方面，实现两大核心区域、多个特色人工智能小镇的发展模式

开创"数字驾驶舱"新型数字化管理工具

"数字驾驶舱"是通过中枢数据协同生成的智能、精细、可视化的数字界面。通过系统和中枢的计算，"数字驾驶舱"能准确反映问题，为管理人员的决策提供可靠依据

图 8-17　"城市大脑"的价值与意义

第一，最具有代表性。杭州"城市大脑"项目无论是在建设理念还是在实际应用方面，都处在先发地位。"城市大脑"平台建设经验也在省内外被推广，推动了合肥"城市大脑"、无锡"城市云脑"、台州"城市大脑"等的建设。

第二，助力产业发展。在产业发展方面，以打造"城市大脑"为契机，杭州充分发挥阿里巴巴等高科技龙头企业和浙江大学"产学研"的优势，发布《杭州城西科创大走廊发展"十四五"规划》、人工智能人才新政 12 条、《浙江省促进新一代人工智能发展行动计划（2019—2022 年）》等文件。在产业园区发展方面，杭州高新技术产业开发区和杭州人工智能小镇被确定为产业园区发展的两大核心区域，同时，杭州也诞生和发展了其他特色人工智能小镇，如萧山信息港和萧山机器人小镇等。

杭州高新技术产业开发区作为产业发展的重要支撑，致力于引进和孵化高科技企业，并提供优质的创新资源和服务。同时，杭州人工智能小镇作为人工智能产业的创新聚集地，吸引了众多的人工智能企业和创新团队，形成了创新生态系统。这两大核心区域的协同发展进一步提升了杭州在人工智能领域中的竞争力和影响力。除此之外，人工智能小镇各具特色，共同推动了杭州人工智能产业的发展。通过协同发展，不同人工智能小镇之间可以相互借力，形成合力，实现资源共享、优势互补，进一步提升全市人工智能产业的整体实力和发展水平。在国内人工智能领域中，杭州的人工智能产业发展已处于第一梯队[77]。

第三，开创"数字驾驶舱"新型数字化管理工具。"城市大脑"由中枢、系统与平台、"数字驾驶舱"和应用场景等要素组成。其中，"数字驾驶舱"是通过中枢数据协同生成的智能、精细、可视化的数字界面[78]。在以往的政府工作中，自上而下和自下而上的信息双向流动存在着效率偏低、时效滞后、信息失真等问题，杭州"城市大脑"的"数字驾驶舱"为这一难题提供了很好的解决方案。

一方面，在面对政府的非理性决策时，我们常常发现其根本原因是政府对实际问题了解得不准确、不及时、不全面，这些问题不仅增加了公共服务供给的成本，也限制了决策的准确性和效果。为了解决这些问题，"数字驾驶舱"应运而生。

另一方面，通过系统和中枢的计算，"数字驾驶舱"能准确反映问题，为管理人员的决策提供可靠依据。以城市数据为基础，"数字驾驶舱"实现了数据互联和即时在线、全面分析城市运行情况、提升业务实时掌控的能力，并提供综合信息服务。通过"数字驾驶舱"，政府能够更好地了解城市的实际运行情况，及时掌握各项指标数据，并作出精准的决策。它的引入将打通信息孤岛，实现各个部门和系统之间的互联互通，从而提高整体决策效能和公共服务水平。

杭州城市大脑有限公司产品矩阵如图 8-18 所示。

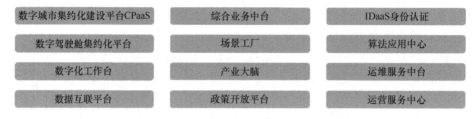

数字城市集约化建设平台CPaaS	综合业务中台	IDaaS身份认证
数字驾驶舱集约化平台	场景工厂	算法应用中心
数字化工作台	产业大脑	运维服务中心
数据互联平台	政策开放平台	运营服务中心

图 8-18　杭州城市大脑有限公司产品矩阵

第三节　数字化公共服务：腾讯的文化科技

近年来，虚拟现实、物联网、区块链等数字技术不断促进服务优化，为公共服务发展提供有效的技术支持，智慧水利、智慧电网、乘车码、数字文旅、互联网医院等公共服务的新型数字化应用层出不穷，"数字技术 + 公共服务"应用场景如图 8-19 所示。

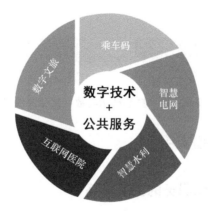

图 8-19　"数字技术 + 公共服务"应用场景

随着社会数字化转型的加快，数字治理也逐渐成为国家 5 年规划和政府转型的关键词。《中华人民共和国国民经济和社会发展第十四个五年规划和2035 年远景目标纲要》强调，要加快数字社会建设步伐、提高数字政府建设水平,提升公共服务和社会治理的数字化与智能化水平。此外,各省市出台的"十四五"规划,都重点强调了公共服务的数字化转型。使用数字化手段驱动公共服务变革成为"十四五"期间推进社会主义现代化建设的关键因素,也为公共服务高效率发展指明了路径。

数字技术是公共服务效率提升的推动器、质量提升的保障器[79],多元主体既是数字化公共服务的享受者,又是公共服务的贡献者,数字技术、多元主体与数字化公共服务之间形成了相互配合的互动关系,如图 8-20 所示。数字赋能的公共服务创新是一项跨领域、跨层级、跨界别的系统性变革,是包括政府、企业、公众及其他组织在内的多元主体协作的系统性创新,即价值共享。腾讯集团利用文化科技在数字化公共文化服务方面进行了积极的尝试与探索。

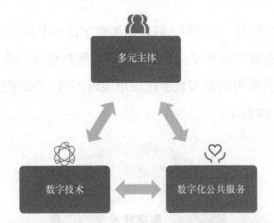

图 8-20　多元主体、数字技术与数字化公共服务间的关系

一、数字化公共文化服务

1. 数字化公共文化服务的发展脉络

数字经济在深入发展时,数字经济的理念也逐渐被公共文化服务领域所采用,并推动着文化普惠更多群众。以《中华人民共和国国民经济和社会发展第十四个五年规划和 2035 年远景目标纲要》为主轴,我国公共文化服务数字化建设层层递进,其发展脉络如图 8-21 所示。

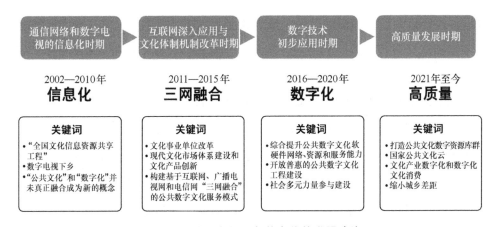

图 8-21 公共文化服务数字化的发展脉络

（1）通信网络和数字电视的信息化时期（2002—2010 年）

我国有关公共文化服务的数字化探索最早是 2002 年的"全国文化信息资源共享工程[80]"。当时，重点是建设覆盖全国的文化共享网络和发展数字电视。"十一五"期间，国家扩大了公共文化服务的范围，强调文化资源的共享利用，通过各种公共文化设施实施惠民工程[81]。同时，公共数字文化的内涵也发生了变化，更加注重推进数字电视和网络信息系统在农村的普及。在这期间，"公共文化"和"数字化"并未真正融合成为新的概念，只是实现了网络技术和数字技术在公共文化领域中的部分应用，国家从农村基层着手，以惠民工程为重点，以消除数字鸿沟、缩小城乡差距为主要方向，带动广大乡村地区跟上信息化发展的步伐。

（2）互联网深入应用与文化体制机制改革时期（2011—2015 年）

"十二五"期间，《中华人民共和国国民经济和社会发展第十二个五年规划纲要》对于文化产业的体制机制提出了新的要求，包括文化事业单位改革、现代文化市场体系建设和文化产品创新。为进一步加强公共数字文化建设，2011年 12 月，文化部、财政部共同出台了《关于进一步加强公共数字文化建设的指导意见》，对于公共数字文化建设提出了更为确切的要求，明确了公共数字文化建设的发展方向，重点是建设数字图书馆、未成年人公益性上网场所等[82]。

同时，还要扩大项目的覆盖范围，推进数字美术馆、数字文化馆、数字博物馆、数字爱国主义教育基地等的建设，构建基于互联网、广播电视网和电信网"三网融合"的公共数字文化服务模式。

（3）数字技术初步应用时期（2016—2020年）

"十三五"时期，文化部印发了《文化部"十三五"时期公共数字文化建设规划》，明确了"十三五"时期公共数字文化建设的5个发展方向与6项重点任务，如图8-22和图8-23所示。其中，5个发展方向是建设覆盖全国的公共数字文化服务网络，实现基层图书馆和文化馆的无线网络覆盖；增加并提高公共数字文化资源的数量和质量；提升公共数字文化服务的水平；鼓励社会力量参与公共数字文化平台的开发；完善公共数字文化的管理监督保障制度。6项重点任务是构建互联互通的公共数字文化服务网络；打造分级分布式的公共数字文化资源库群；创新针对性强、实效性高的数字化服务方式；推进开放普惠的公共数字文化工程建设；推进多元合作的公共数字文化建设；加强科学规范的公共数字文化建设管理。

图 8-22　"十三五"时期公共数字文化建设的 5 个发展方向

相较于上一个阶段，公共文化服务体系建设的重要性得到了提高，也更加强调数字技术的应用，大幅推动了公共文化服务的网络化和数字化进程。

（4）高质量发展时期（2021年至今）

"十四五"时期，中共中央办公厅、国务院办公厅印发了《"十四五"文化发展规划》，在数字化公共文化服务方面，文件强调要打通各层级公共文化数字平台，打造公共文化数字资源库群，缩小城乡差距，建设国家公共文化云，建设智慧博物馆，打造智慧广电等信息数字化服务平台，其中，特别强调了要积极发展云展览、云阅读、云视听等云端服务应用。2022 年 5 月 22 日，中共中央办公厅、国务院办公厅印发了《关于推进实施国家文化数字化战略的意见》，对于公共文化服务数字化提出更为细致和具体的要求，该意见提出了 8 项重点任务，如图 8-24 所示，使得这一时期的数字化公共文化发展方向更为清晰和明确。

图 8-23　"十三五"时期公共数字文化建设的 6 项重点任务

图 8-24　8 项重点任务

2. 数字化公共文化服务的特点

公共文化资源与公共文化服务数字化是指以满足公众基本的文化需求为目标，通过数字化重点技术和各种类型的公共文化机构（如图书馆、文化馆和博物馆等），对公共文化资源进行数字采集、数字处理、数字保存和管理的过程。

数字化具有跨时空传播、虚拟现实性和复制成本低等特点，非常适合公共文化的传承与传播。数字技术使公共文化能够突破时间和地域的限制，得以保存和传承；数字技术提供虚拟的交互体验，使观众能够身临其境，提升参与感和沉浸感；数字技术使得公共文化资源能够以较低的成本复制和传播，方便获取和分享；数字技术使得检索、传输和分享文化资源更为高效与便捷，如图8-25所示。

跨时空传播

数字技术使公共文化能够
突破时间和地域的限制，
得以保存和传承

虚拟现实性

数字技术提供虚拟的交互体
验，使观众能够身临其境，
提升参与感和沉浸感

低成本复制

数字技术使得公共文化资
源能够以较低的成本复制
和传播，方便获取和分享

高速传输与检索

数字技术使得检索、传输
和分享文化资源更为高效
与便捷

图 8-25　数字技术在公共文化服务方面的优势

二、腾讯：数字化公共文化服务的引领者与实践者

数字技术在文化领域具有重要的影响和作用。随着科技的迅速发展，数字技术为文化传承、创新、传播和参与提供了新的机遇。

1. 腾讯的优势

腾讯在技术研发与创意设计能力、用户基础、平台效应、数据安全能力、数字人才管理方面具有明显优势，如图8-26所示。

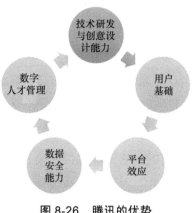

图 8-26　腾讯的优势

第一，强大的技术研发和创意设计能力。腾讯在云计算、大数据、人工智能、物联网、区块链等数字技术领域中处于领先地位，能够为公共文化服务提供数字化解决方案，实现文化资源的数字化保护、展示、传播和创新。2022年6月，腾讯与敦煌研究院合作成立"腾讯互娱 × 数字敦煌文化遗产数字创意技术联合实验室"，利用数字孪生技术，以1∶1的比例还原敦煌藏经洞，并且将一些已经流失在海外的文化遗迹在洞窟中"重现"。利用虚拟现实技术，不仅能更好地实现对文物古迹的存储与保护，还能够为用户提供沉浸式的在线参观体验。

第二，庞大的用户基础。腾讯旗下的两大社交平台拥有数以亿计的用户，庞大的用户基础为腾讯提供了一个广阔的平台，可以将公共文化服务传达给更多的人群。微信和QQ作为社交平台，具备强大的社交功能和信息传播能力，成为用户获取并分享文化内容的重要渠道，进而可以扩大文化的传播范围。

第三，强大的平台效应。除强大的社交效应之外，腾讯还能够为用户提供丰富的数字功能和工具，使得公共文化服务能够以更多样化的形式呈现给用户。文化机构、艺术家和爱好者可以通过开设公众号、订阅号自主创作和发布文化内容，与用户进行互动和交流。这种多样化的内容形式和个性化的交互方式使得公共文化服务更加丰富、更有吸引力，并能够更好地满足用户的需求和兴趣，为公共文化服务的可持续发展提供了支持。同时，腾讯的平台效应还为公共文化服务的可持续融资提供了机会，如通过广告、付费服务和赞助等形式，为文化项目提供经济支持。

第四，健全的数据安全能力。数字化公共文化服务的发展也需要重视数据安全和隐私保护，腾讯集团拥有先进的技术和管理体系，为公共文化服务提供安全和可信的数字化环境，实现文化资源的安全存储和合规使用。腾讯云在2020年通过了国家信息安全等级保护三级测评认证，腾讯成为国内首家产品通过该认证的云服务提供商。在实践方面，腾讯云与国家图书馆合作建设"国家图书馆数字资源云平台"，利用云计算、大数据、人工智能等技术，为国家图书馆的数字资源提供安全、稳定、高效的存储、计算和分析服务。

第五，专业的数字人才管理。腾讯注重内容质量和文化品位，能够利用专业的团队和机制，为公共文化服务提供优质的数字化内容，实现文化资源的精准呈现和优雅表达。例如，腾讯视频与中国美术馆合作推出"美术馆大片"系列节目，利用高清摄像、专业解说等手段，为用户呈现中国美术馆的珍贵藏品和展览精华。

2. 腾讯利用数字技术赋能公共文化服务的案例

在推动数字化公共文化服务发展方面，腾讯凭借其独特的优势和创新能力，成为重要力量。同时，腾讯通过运用一系列数字工具和技术，形成了推动数字化公共文化服务发展的实际案例。深入研究腾讯的经验与探索路径可以更全面地认识数字化公共文化服务的现状和发展前景，为进一步推进数字化公共文化服务提供有益的启示和借鉴，如图8-27所示。

第一，文化遗产保护。虚拟现实技术赋能文化遗产的保护，数字技术可以有效地推进文化遗产的数字化虚拟保存，也为文化遗产的物理实体保护提供了有效的手段。龙门石窟是中国四大石窟之一，也是世界文化遗产，拥有千年历史和丰富的文化内涵。为了让更多人能够欣赏龙门石窟和了解龙门石窟的魅力，腾讯与龙门石窟景区合作，利用数字孪生技术和人工智能技术，对龙门石窟景区周边 31.7km² 地形地貌、石窟内外壁画、彩塑等进行了高精度的数据采集、数字化还原和数字化展示。通过微信小程序"云游龙门""龙门石窟智慧导览"，用户可以在手机上实现线上游览、线下导览、云端分享等功能，为用户带来沉浸式的文化体验。此外，腾讯还利用人工智能技术对龙门石窟中的佛像进行了智能识别和分类，为研究者提供了便捷的查询和分析工具。通过数字技术，可以高分辨率地对文物、艺术品和历史遗迹进行数字化记录，并在虚拟环境中进行展示和保存。

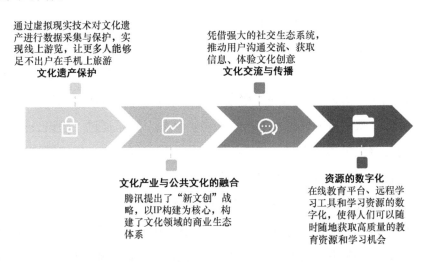

通过虚拟现实技术对文化遗产进行数据采集与保护，实现线上游览，让更多人能够足不出户在手机上旅游
文化遗产保护

凭借强大的社交生态系统，推动用户沟通交流、获取信息、体验文化创意
文化交流与传播

文化产业与公共文化的融合
腾讯提出了"新文创"战略，以IP构建为核心，构建了文化领域的商业生态体系

资源的数字化
在线教育平台、远程学习工具和学习资源的数字化，使得人们可以随时随地获取高质量的教育资源和学习机会

图 8-27 腾讯集团赋能公共文化服务的方向

第二，文化产业与公共文化的融合。数字技术为艺术家和创意人才提供了广阔的创作和表达平台。通过数字媒体、虚拟现实、增强现实等技术，艺术家可以创造出全新的艺术形式，为用户带来全新的艺术体验，拓展了艺术表达的边界。腾讯提出了"新文创"战略，以 IP 构建为核心，构建了横跨文学、动漫、游戏和影视四大领域的商业生态体系，将文学作品改编成动漫、游戏和影视作品，或者将影视作品改编成游戏和文学作品，实现了 IP 在不同媒介之间的跨界转化和价值放大。

第三，文化交流与转播。数字平台推动文化交流与传播。数字技术可以打破地域和时间的限制，促进全球范围内的文化交流和传播。通过互联网和社交媒体，人们可以与全球范围内的文化内容创作者进行互动和分享。腾讯与河南省文化和旅游厅、开封市人民政府等合作，启动了"老家河南 黄河之礼"项目，通过聚焦河南黄河流域的非物质文化遗产资源，开发了一系列的文旅创意产品，如 QQ 非遗太极拳表情包、QQ 非遗手办、黄河非遗文创礼物等，用户可以通过社交媒体和电商平台，了解和购买黄河文化的相关产品，同时当地也通过这些活动向广大群众展示中国传统文化的魅力。

第四，资源的数字化。资源的数字化带来教育与公共服务的普惠化。数字技术为推动公共教育发展提供了全新的可能性。在线教育平台、远程学习工具和学习资源的数字化，使得人们可以随时随地获取高质量的教育资源和学习机会。腾讯通过旗下教育平台与高校的合作，推动了在线教育的发展，提供了灵活、普惠的学习方式。腾讯还积极参与社会公益事业，通过数字技术为教育、医疗、环保、扶贫等领域提供支持和服务。例如，腾讯通过"腾讯公益"公众号等，为公益组织和个人提供了募捐、宣传、管理等功能。腾讯还打造了"腾讯乡村教育计划""腾讯乡村医生计划""腾讯乡村振兴计划"等项目，为乡村地区提供了教育资源、医疗服务、产业扶持等帮助。

腾讯作为一家领先的科技公司，凭借其强大的技术实力和广泛的用户基础，在各数字技术领域与文化领域中占据了一定地位。通过腾讯公益平台的建设、数字化文化传承与创新的实践及对在线教育发展的推动，腾讯在数字化公共文化服务方面发挥了积极的作用。同时，腾讯在文化传承、打造文化创意产业和推动教育普惠化等方面也发挥了重要的作用，并为未来数字技术在文化领域中的应用提供了有益的启示。

参考文献

[1] TAPSCOTT D. The Digital Economy: Promise and Peril in the Age of Networked Intelligence[M]. New York, NY: McGraw-Hill, 1996.

[2] 姜奇平 .21 世纪数字经济与企业未来 —— 本刊主编姜奇平在英特尔 " 企业决胜世纪论坛 " 上的主题讲演 [J]. 互联网周刊，1998（6）:7.

[3] 杨佩卿 . 数字经济的价值、发展重点及政策供给 [J]. 西安交通大学学报（社会科学版），2020，40（2）:57-65，144.

[4] 翟云，蒋敏娟，王伟玲 . 中国数字化转型的理论阐释与运行机制 [J]. 电子政务，2021（6）:67-84.

[5] 二十国集团数字经济发展与合作倡议 [R]. 2016.

[6] 国务院 ." 十四五 " 数字经济发展规划 [R]. 2022.

[7] 何枭吟 . 数字经济与信息经济、网络经济和知识经济的内涵比较 [J]. 时代金融，2011（29）:47.

[8] 潘彪，黄征学 . 数字经济概念演变、内涵辨析与规模测度 [J]. 中国经贸导刊，2022（5）:52-55.

[9] 刘尚希 . 数字经济是未来经济的主导形态 [EB]. 2022.

[10] 国家统计局 . 数字经济及其核心产业统计分类（2021）[Z]. 2021.

[11] 张云勇 . 从 " 两化 " 到 " 四化 " 数字经济的维度你了解吗？ [N]. 人民政协报，2020.

[12] 佟家栋，张千 . 数字经济内涵及其对未来经济发展的超常贡献 [J]. 南开学报（哲学社会科学版），2022（3）:19-33.

[13] 肖洁，杨东 . 浅析科研项目背后的现象 —— 对高校科研项目经费审计的思考 [J]. 经济论坛，2013（18）.

[14] 吴军 . 反摩尔定律 [J]. 中国经济和信息化，2011（18）:76.

[15] 龙自云 . 知识经济中的收益递增与竞争影响 [J]. 商业时代，2004（21）:4-5.

[16] 刘峰.互联网进化论 [M].北京：清华大学出版社，2012.

[17] 井骁.浅析车联网技术与应用 [J].上海汽车，2019（4）:9-12.

[18] 袁勇，王飞跃.区块链技术发展现状与展望 [J].自动化学报，2016，42（4）:481-494.

[19] 中华人民共和国国家发展和改革委员会："十四五"规划《纲要》名词解释之 11| 量子信息 [N].2021.

[20] LI F. The Digital Transformation of Business Models in the Creative Industries: A Holistic Framework and Emerging Trends[J]. Technovation，2017，68:4-20.

[21] 王振，惠志斌.数字经济蓝皮书：全球数字经济竞争力发展报告（2021）[M].北京：社会科学文献出版社，2022.

[22] 张茉楠.全球数字治理：分歧、挑战及中国对策 [J].开放导报，2021（6）:31-37.

[23] 国务院.中华人民共和国国民经济和社会发展第十四个五年规划和 2035 年远景目标纲要 [Z].2021.

[24] 工业和信息化部.2022 年通信业统计公报 [Z].2023.

[25] 北京市互联网信息办公室.数字中国建设发展成就与变革 [R].2022.

[26] 中国信息通信研究院.全球产业创新生态发展报告——打造具有全球影响力的数字创新高地（2022 年）[R].2022.

[27] 中国信息通信研究院.大数据白皮书（2022 年）[R]. 2022.

[28] 中国信息通信研究院.中国数字经济发展研究报告（2023 年）[R].2023.

[29] 北京市互联网信息办公室.数字中国发展报告（2021 年）[R]. 2021.

[30] 联合国贸易发展会议.2021 数字跨国企业 TOP100[R].2021.

[31] 中国信息通信研究院魏亮.产业数字化让传统赛道产生新赛道 [EB].2022.

[32] 中国信息通信研究院.全球数字经济白皮书（2022 年）[R]. 2022.

[33] 腾讯研究院.中小企业数字化转型发展报告（2022 版）[R]. 2022.

[34] 360 天枢智库 . 2022 中小微企业数字安全报告 [R]. 2022.

[35] 国务院 . 数字中国建设整体布局规划 [Z]. 2023.

[36] 易观分析 . 数字经济全景白皮书中国产业数字化趋势报告 2023[R]. 2023.

[37] 中国信息通信研究院 . 数据价值化与数据要素市场发展报告（2021 年） [R]. 2021.

[38] 中国信息通信研究院 . 数据标准管理实践白皮书 [R]. 2019.

[39] 中国信息通信研究院 . 数据要素化与数据市场发展报告（2021 年） [R]. 2021.

[40] 中国信息通信研究院 . 数据要素白皮书（2022 年）[M]. 2023.

[41] 彭慧波，周亚建 . 数据定价机制现状及发展趋势 [J]. 北京邮电大学学报，2019，42（1）:120-125.

[42] 唐斯斯，刘叶婷 . 我国大数据交易亟待突破 [J]. 中国发展观察，2016（13）:19-21.

[43] 中国信息通信研究院 . 数据要素流通视角下数据安全保障研究报告（2022 年）[R]. 2022.

[44] BUKHT R，HEEKS R . Defining，Conceptualising and Measuring the Digital Economy[J]. SSRN Electronic Journal，2017.

[45] 央广网 . 腾讯云首次对外公布新一代大数据产品矩阵全景图 [EB]. 2022.

[46] 深度学习与 Python. 算力规模突破千万核，腾讯云大数据产品全景图长啥样？ | Q 推荐 [EB]. 2023.

[47] 赛迪顾问物联网产业研究中心 . " 新基建 " 之中国卫星互联网产业发展研究白皮书 [R]. 2020.

[48] 2022 年 1—11 月通信业经济运行情况 [J]. 通信企业管理,2023(1):22-25.

[49] 工业和信息化部 . 工业互联网创新发展行动计划（2021—2023 年）[Z]. 2020.

[50] 余意，李松，王艳芬 . 车联网场景联合缓存及内容请求策略 [J]. 高技术

通讯，2022，32（5）:502-510.

[51]　江苏省经济和信息化委员会 . 江苏软件与信息服务业年鉴(2017 卷)[M].
　　　南京 : 南京大学出版社，2017.

[52]　蒋昕昊，张冠男 . 我国工业软件产业现状、发展趋势与基础分析 [J]. 世
　　　界电信，2016（2）:13-18.

[53]　钱明辉 . 2015 中国信息资源产业与政策研究报告 [M]. 北京 : 知识产权
　　　出版社，2016.

[54]　2022 年中国软件业市场规模及区域竞争格局分析 哪里是软件业 " 蓝海 "
　　　「组图」[EB]. 2022.

[55]　黄鑫 . " 十四五 " 软件业开源生态加快构建 [J]. 国家电网报，2021（3）.

[56]　马克思 . 哲学的贫困 [M]. 北京 : 人民出版社，1965.

[57]　T/AIITRE 10001—2021《数字化转型 参考架构》标准 [S]. 北京 : 中国
　　　标准出版社，2021.

[58]　赵泠淼 . 数据驱动下制造企业数字化转型升级策略研究 [D]. 湘潭 : 湘潭
　　　大学，2021.

[59]　数字化转型知识方法系列之一 : 数字化转型的基本认识与参考架构
　　　[EB]. 2020.

[60]　陈雪频 . 美的数字化转型 " 三级跳 ":9 年 120 亿 [J]. 国企,2021(19):70-72.

[61]　陈雪频 .9 年 120 亿，美的数字化转型纪实 [EB]. 2022.

[62]　赵剑波 . 数字化企业的成长路径 [J]. 清华管理评论，2019（9）:94-101.

[63]　为什么电商巨头纷纷投身于 C2M 模式？必要商城为你揭秘 [EB]. 2021.

[64]　石嘉伟，林新奇 . 数字化转型对制造业企业管理变革的影响 —— 基于
　　　美的与海尔的案例研究 [J]. 晋阳学刊，2022（5）:106-116.

[65]　陈雪频 .9 年投入超过 120 亿，美的数字化转型 " 三级跳 "[J]. 上海国资，
　　　2021（9）:84-87.

[66]　一个品牌、三个提升、五维布局丨工行数字化转型的思路和实践 [EB].
　　　2023.

[67] 吕仲涛.数字化变革激发新动能 工行高质量发展谱新篇[J].金融电子化，2022（5）:8-10.

[68] DUNLEAVY P. New public management is dead: Long live digital-era governance[J]. Journal of Public Administration Research & Theory, 2006, 16（3）:467-494.

[69] 黄璜，谢思娴，姚清晨，等.数字化赋能治理协同:数字政府建设的"下一步行动"[J].电子政务，2022（4）:2-27.

[70] 周瑜，刘春成.雄安新区建设数字孪生城市的逻辑与创新[J].城市发展研究，2018，25（10）:60-67.

[71] 杜伟杰，李俊锋.深化数字孪生应用 提升城市大脑能力[J].信息化建设，2023（2）:46-48.

[72] 李思琪.干部群众眼中的信息形式主义和智能官僚主义:表现、危害及治理[J].国家治理，2020（25）:3-8.

[73] 黄璜.对"数据流动"的治理——论政府数据治理的理论嬗变与框架[J].南京社会科学，2018（2）: 53-62.

[74] 竺乾威.公共行政理论[M].上海:复旦大学出版社，2012.

[75] 本清松，彭小兵.人工智能应用嵌入政府治理:实践、机制与风险架构——以杭州城市大脑为例[J].甘肃行政学院学报，2020（3）:29-42，125.

[76] 孙封蕾."城市数据大脑":比智慧城市高深了[EB].2016.

[77] 每日商报.杭州人工智能产业已进入国内第一梯队[EB].2019.

[78] 杭州市人大常委会.杭州城市大脑赋能城市治理促进条例[EB].2020.

[79] JIANG Y, JING J, FENG C, et al. Digital-Enabled Public Service Innovation in China's eHealth Sector: An Institutional Logics Perspective[J]. IEEE Transactions on Engineering Management, 2020, 67（6）:1449-1466.

[80] 陈慰，巫志南.推动公共文化数字化建设的基本路径研究[J].图书与情

报，2021（1）:38-44.

[81] 中华人民共和国国民经济和社会发展第十一个五年规划纲要 [N]. 人民
日报，2006（1）.

[82] 财政部.关于进一步加强公共数字文化建设的指导意见 [EB]. 2011.